TRAITÉ

THÉORIQUE ET PRATIQUE

DE LA

CONCURRENCE DÉLOYALE

PAR

Alcide **DARRAS**

DOCTEUR EN DROIT

Extrait du Répertoire général alphabétique du droit français

PARIS

LIBRAIRIE DU RECUEIL GÉNÉRAL DES LOIS ET DES ARRÊTS
ET DU JOURNAL DU PALAIS

L. LAROSE, ÉDITEUR
22, RUE SOUFFLOT, 22

1894

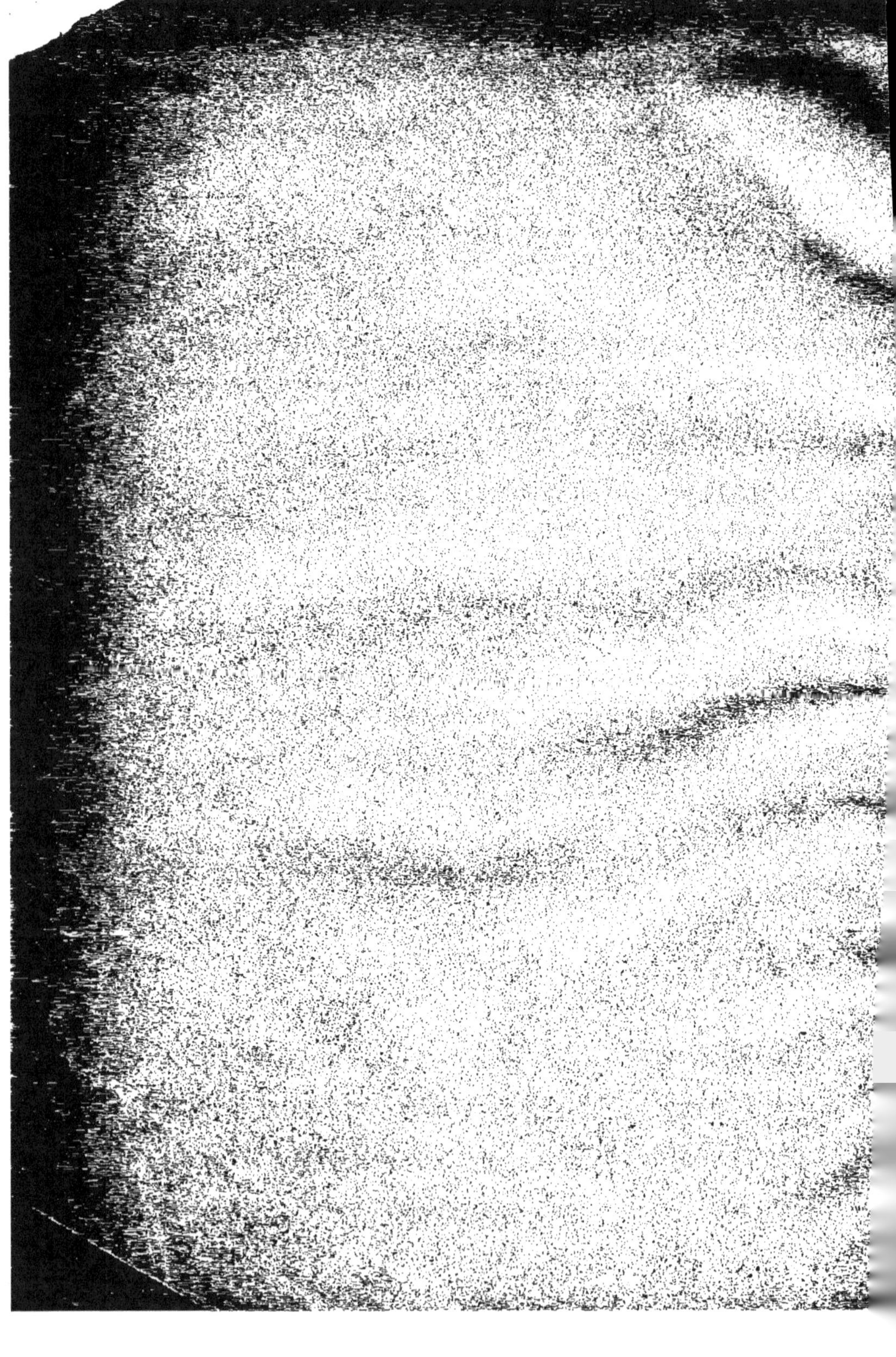

TRAITÉ

THÉORIQUE ET PRATIQUE

DE LA

CONCURRENCE DÉLOYALE

IMPRIMERIE
CONTANT-LAGUERRE
LUX VITAM
BAR-LE-DUC

TRAITÉ

THÉORIQUE ET PRATIQUE

DE LA

CONCURRENCE DÉLOYALE

Alcide DARRAS

DOCTEUR EN DROIT

Extrait du Répertoire général alphabétique du droit français

PARIS

LIBRAIRIE DU RECUEIL GÉNÉRAL DES LOIS ET DES ARRÈTS
ET DU JOURNAL DU PALAIS

L. LAROSE, ÉDITEUR

22, RUE SOUFFLOT, 22

1894

TRAITÉ

THÉORIQUE ET PRATIQUE

DE LA

CONCURRENCE DÉLOYALE.

LÉGISLATION.

C. civ., art. 1382 et s.

BIBLIOGRAPHIE.

OUVRAGES GÉNÉRAUX. — Allart, *Traité théorique et pratique de la concurrence déloyale*, 1892, 1 vol. in-8°. — Amar (Moïsé), *Dei nomi dei marchi e degli altri segni e della concorrenza nell' industria e nel commercio*, Turin, 1893, 1 vol. in-8°. — Bédarride, *Questions de droit commercial et de droit civil*, 1883, in-8°, p. 224 et s.; — *Le commis d'une maison de commerce peut-il, en s'établissant, se donner comme lui ayant appartenu? Peut-il exercer un commerce similaire dans la même ville que cette maison? Caractère de l'interdiction qui en résulterait* — Bert (Emile), *De la concurrence déloyale*, 1888, 1 vol. in-8°. — Blanc (Étienne), *Traité de la contrefaçon en tous genres et de sa poursuite en justice*, passim, 1855, 4° édit., 1 vol. in-8°. — Brany (Alexandre), *Nouveau traité des marques de fabrique et de commerce, du nom commercial et de la concurrence déloyale*, Bruxelles, 1880, 1 vol. in-8°. — Calmels (E.), *Des noms et marques de fabrique et de commerce et de la concurrence déloyale*, 1858, 1 vol. in-8°. — Carrel, *Traité des noms et marques de fabrique et de la concurrence déloyale*, 1880, 1 vol. in-8°. — De Maillard de Marafy, *Grand dictionnaire international de la propriété industrielle au point de vue commercial, des marques de fabrique et de commerce et de la concurrence déloyale*, 6 vol. gr. in-8°. — Gastambide (A.), *Traité théorique et pratique des contrefaçons en tous genres*, 1837, 1 vol. in-8°. — Huard H., *Répertoire de législation, de doctrine et de jurisprudence en matière de marques de fabrique, noms, enseignes, etc.*, 1885, 1 vol. in-12. — Joubert (Raoul), *De la concurrence déloyale ou de l'apposition frauduleuse d'une marque ou d'un nom français sur des produits fabriqués à l'étranger*, 1890, 1 vol. in-12. — Lallier (J.-A.), *De la propriété des noms et des titres*, passim, 1890, 1 vol. in-8°. — Lestra (Jean), *De la concurrence déloyale*, Lyon, 1879. — Mayer (G.), *De la concurrence déloyale et de la contrefaçon en matière de noms et de marques*, 1879, 1 vol. in-8°. — Plocque (Aug.), *De la concurrence déloyale par homonymie*, 1893, 1 broch. in-8°. — Pouillet, *Traité des marques de fabrique et de la concurrence déloyale en tous genres*, 1892, 1 vol. in-8°, n. 459 et s. — Pouillet, Martin, Saint-Léon et Pataille, *Dictionnaire de la propriété industrielle, artistique et littéraire*, 1887, 2 vol. in-8°. — Rendu (A.), *Traité pratique des marques de fabrique et de commerce et de la concurrence déloyale*, 1858, 1 vol. in-8°. — Ruben de Couder, *Dictionnaire de droit commercial*, v° Concurrence déloyale. — Sollier (F.), *Traité de la concurrence déloyale en matière commerciale*, 1 vol. in-12. — Teulet, *Journ. des trib. comm.* (Le Hir) : Rev. de dr. comm. — X..., *Modèle de fabrique*, 447 et s., 466.

OUVRAGES PÉRIODIQUES. — *Exposition universelle, médailles et mentions honorables, droits qui en résultent* (Bertin) : Ann. prop. ind., année 1856, p. 1. — *De la concurrence commerciale, similitude des noms, pouvoirs des tribunaux* (Calmels) : Ann. prop. ind., année 1856, p. 33. — *De la concurrence commerciale dans ses rapports avec le contrat de louage d'immeubles* (de Villepin) : Ann. prop. ind., année 1866, p. 177. — *Quel est le tribunal compétent pour connaître, entre commerçants, d'une contestation relative à un fait de concurrence déloyale, spécialement lorsqu'il s'agit de l'usurpation d'un nom commercial* (G. Blin) : Bioche, J. de proc. civ. et comm., année 1867, t. 33, p. 47. — *De la concurrence déloyale, droit des étrangers* (Bert) : Le droit industriel, janvier-mars 1888. — *Du conflit des lois en Allemagne en matière de marques de commerce et de concurrence déloyale (affaire de la main noire)* (Otto Mayer) : Journ. du dr. int. pr., année 1886, p. 385. — *De la protection en Allemagne des marques de fabrique ou de commerce étrangères* (Kohler) : J. dr. int. pr., année 1887, p. 39 et s., 161 et s., et particulièrement, p. 164 et 165.

INDEX ALPHABÉTIQUE.

DIVISION.

CHAPITRE I.

NOTIONS GÉNÉRALES. — CARACTÈRES CONSTITUTIFS
DE LA CONCURRENCE DÉLOYALE.

1. — La concurrence déloyale est l'acte pratiqué de mauvaise foi, à l'effet de produire une confusion entre les produits de deux fabricants ou de deux commerçants, ou qui, sans produire de confusion, jette le discrédit sur un établissement rival. — Trib. Seine, 8 mai 1878, Rowland, [S. 80.2.113, P. 80.458, D. 79.3.61] — Trib. comm. Nantes, 6 mars 1880, Pellier frères, [*Ann. propr. ind.*, 83.133] — *Sic*, Pouillet, n. 459 *bis*; *Propriété industrielle* (de Berne), 1892, p. 155; Allart, n. 1; Amar, n. 357; Plocque, p. 7; Lyon-Caen, *La grande Encyclopédie*, v° *Concurrence*, *in fine*, t. 12, p. 326.

2. — Il importe peu, pour qu'il y ait concurrence déloyale, qu'on ait attaqué les productions, la fabrication du concurrent ou sa situation commerciale, son honorabilité personnelle, puisque les deux modes de procéder atteignent le même but. — Lyon, 2 août 1878, Bassat, [*Ann. propr. ind.*, 82.260]

3. — Une action en concurrence déloyale ne peut donc se justifier que s'il y a eu emploi de moyens illégaux ou de manœuvres et procédés blâmables, tendant à surprendre la confiance des acheteurs, à l'aide d'une confusion, ou à discréditer des produits rivaux et la spéculation industrielle de leur auteur. — Paris, 13 nov. 1861, Dalbanne et Petit, [*Ann. propr. ind.*, 61.414]

4. — Remarquons, à ce sujet, que l'emploi des cartes, circulaires, enveloppes, prospectus, et tout autre moyen de publicité n'est régi par aucune loi spéciale et ne donne lieu à des dommages-intérêts qu'autant que les objets employés sont conçus de manière à amener une confusion dans l'esprit de l'acheteur, et à causer un préjudice à une maison déjà existante. — Limoges, 19 déc. 1874, Chauchard et Hériot, [S. 75.2.167, P. 75.689, D. 76.5.366] — *Sic*, *Tr. des contref.*, n. 427 et s.; Sellier, *Tr. de la concurr. déloy.*, n. 43 et 44; Huard, *Rép. de législ., de doctr. et de jurispr. en matière de marques de fabriques*, etc., 3° part., p. 131, n. 201 et s.; Calmels, *De la propr. et de la contref.*, n. 189 et *Des noms et marq. de fabr.*, n. 184 et s., Pataille et Huguet, *Code intern. de la propr. ind.*, p. 92; Rendu, *Tr. prat. de dr. industr.*, n. 692 et *Tr. prat. des marq. de fabr.*, etc., n. 500; Schmoll, *Trait. prat. des brev. d'inv.*, etc., p. 203.

5. — Il suffit, d'ailleurs, pour constituer une concurrence déloyale, de la possibilité d'une confusion voulue et cherchée, par la réunion d'éléments divers, dont chacun pris isolément ne serait pas critiquable, mais dont la réunion et la disposition sont coordonnées en vue du but à atteindre. — Trib. comm. Seine, 4 avr. 1894, Guesquin, [*J. la Loi*, 17 avr. 1894]

6. — Au début de toute étude sur la concurrence déloyale, il faut, se bien pénétrer d'une idée féconde que pourrait reléguer au second plan l'accumulation des nombreuses espèces rapportées, dans lesquelles il y a eu poursuite en concurrence déloyale et condamnation à des dommages-intérêts : nous voulons parler du grand principe de la liberté du commerce et de l'industrie, qui fut proclamé dans la loi du 2 mars 1791; il en résulte qu'en thèse générale et sauf dérogation expresse dans des textes particuliers, tout industriel ou commerçant peut exploiter son établissement comme bon lui semble, pourvu, d'ailleurs, qu'il ne lèse pas le droit d'autrui. — Allart, n. 2; Pouillet, n. 459; Mayer, n. 5; Ambr. Rendu, *Marques de fabrique*, n. 466. — V. *Rép. du dr. fr.*, v° *Chemin de fer*, n. 344 et s., n. 3545 et s. — V. encore *Rép. du dr. fr.*, v° *Commerçant*, n. 513 et s.

7. — C'est ainsi que ne se rend pas coupable de concurrence déloyale celui qui, dans des affiches et des annonces, s'efforce, par l'emploi de grands mots à effet, d'éblouir le public sur l'importance de son commerce de marchand forain, et sur les prétendus avantages qu'offriraient les marchandises de son déballage, alors qu'on ne trouve pas dans le charlatanisme de sa réclame, une allégation précise et déterminée constituant l'acte de mauvaise foi nécessaire pour caractériser la concurrence déloyale. — Amiens, 3 mars 1892, Gazove, [*Journ. Aud. Cour Amiens*, 92.57] — *Sic*, Pouillet, n. 616.

8. — ... Le cafetier qui, pour attirer la clientèle dans son établissement, fait distribuer, le jour de l'ouverture, des prospectus indiquant qu'on trouvera chez lui des consommations « hors concours », alors surtout que cette indication est reconnue exacte, et que les circonstances de la cause établissent la bonne foi du cafetier. — Trib. comm. Montpellier, 12 déc. 1893, Danvers, [*Monit. jud. du Midi*, 28 janv. 1894]

9. — De même, un industriel ne dépasse pas son droit de réclame en qualifiant sa maison de « seule maison artistique », puisque, quelle que soit l'exagération des termes employés, ceux-ci n'ont pas pour effet d'amener une confusion entre deux maisons rivales, ni de constituer une concurrence déloyale pouvant donner lieu à une critique malveillante visant, par des allusions plus ou moins voilées, l'autre maison ni les produits vendus par elle, dans le but de les déprécier. — Trib. comm. Romans, 26 août 1885, [S. *Ann. propr. ind.*, 88.144]

10. — N'offrent pas non plus les caractères d'une concurrence déloyale, des publications et des agissements dictés à une personne par l'intention d'exalter son entreprise et d'y attirer les actionnaires, plutôt que par celle de nuire à un concurrent et de détourner la clientèle de celui-ci, alors d'ailleurs que le concurrent n'indique aucune circonstance où une confusion se serait produite. — Trib. comm. Nantes, 12 mars 1881, Victor Tertrais, [*Ann. prop. ind.*, 83.137]

11. — Ce qui est vrai des réclames effrénées, est aussi exact des critiques adressées aux produits de l'industrie d'autrui, pourvu, d'ailleurs, qu'elles ne dégénèrent pas en dénigrement. — Jugé, en ce sens, que ne présentent aucun moyen de concurrence déloyale les prospectus qui, n'attaquant aucun commerçant pris dans son particulier, ni dans son honorabilité, ni dans son industrie, critiquent, d'une manière purement impersonnelle, les produits d'une industrie prise dans son ensemble. — Paris, 31 janv. 1865, Piant, [*Ann. prop. ind.*, 65.139] — *Sic*, Allart, n. 198; Pouillet, n. 616. — Sur le dénigrement constitutif de la concurrence déloyale, V. *infrà*, n. 665 et s.

12. — Spécialement, un magnétiseur ne peut se plaindre de ce qu'une personne s'attache à ses pas dans le but de contrefaire et de critiquer ses expériences, alors que cette personne discute non l'homme, mais le principe qu'il donne à ses expériences, les prétendus phénomènes du magnétisme, et que si les affiches du défendeur sont faites sur le même modèle que celles du demandeur et reproduisent en partie les mêmes dénominations, c'est là une des conséquences de la discussion à laquelle le défendeur a certainement le droit de se livrer. — Trib. comm. Nantes, 10 juin 1880, Donató, [*Ann. prop. ind.*, 87.200]

13. — Il suffit qu'il ne puisse en résulter une erreur, pour le public, sur le nom de l'industriel qui doit exécuter ces expériences, pour qu'il n'y ait dans ces faits aucune manœuvre de nature à constituer la concurrence déloyale. — Même jugement.

14. — De même, il n'y a que l'exercice d'un droit incontestable dans le fait, par le directeur d'un établissement, de dévoiler les trucs employés par un établissement rival pour accomplir certains tours de physique amusante, alors qu'on ne peut reprocher à ce directeur d'avoir dénigré, par ses affiches ou explications verbales, l'établissement rival, ses artistes ou ses employés. — Trib. comm. Marseille, 4 janv. 1893, V. Pompéé et Cie, [*Gaz. Pal.*, 93.1, supp. 24]

15. — L'inventeur d'un remède ne peut agir en responsabilité contre le médecin qui, même en termes inconvenants, aurait critiqué le remède, devant un client et dans son cabinet, alors qu'il est établi que ces propos n'ont été inspirés ni par une intention méchante, ni dans la pensée de nuire à l'inventeur. — Bordeaux, 25 févr. 1873, Dutaut, [D. 73.5.407]

16. — On ne saurait admettre la demande en dommages-intérêts formée par un éditeur contre un de ses collègues qui, éditeur d'un livre analogue à l'un de ceux qu'il a lui-même fait paraître, publie une brochure dans laquelle l'auteur de l'œuvre rivale attaque le travail de son devancier. — Trib. comm. Seine, 30 janv. 1857, Delalain, [D. 58.3.40]

17. — Cette décision est conçue en termes trop généraux, et, avec Pataille, nous pensons de l'auteur que « s'il arrivait que sa critique ne fût pas désintéressée et que, pour faire valoir ses œuvres personnelles, il dépassât les limites d'une appréciation purement scientifique et littéraire...; qu'en un mot, si, au lieu d'un acte d'indépendance, il ne faisait qu'un acte de concurrence déloyale, nous ne voyons pas pourquoi il jouirait d'une immunité qui n'est écrite nulle part dans la loi ». — Pataille, *Ann. prop. ind.*, 1857 p. 37. — V. Paris, 30 déc. 1871, Fayard, [*Ann. prop. ind.*, 73.316]

18. — Le principe de la liberté du commerce a fait rejeter assez souvent des poursuites en concurrence déloyale; les applications qui en ont été faites seront signalées dans la suite de ce travail; nous signalerons cependant dès maintenant quelques espèces qui permettent de mettre ce principe en pleine lumière. Jugé à cet égard que comme la contenance d'un récipient quelconque ne peut être une propriété exclusive, que toute personne peut faire fabriquer des récipients de la même contenance que celle dont un autre a fait usage le premier, surtout lorsque cette contenance se traduit par une mesure légale, il ne saurait y avoir concurrence déloyale de la part du marchand de beurre qui, désirant se livrer au commerce d'exportation, fait fabriquer des fréquins devant avoir la même contenance que ceux employés par un autre marchand. — Trib. Havre, 3 juin 1859, Levigoureux et Postel, [*Ann. prop. ind.*, 59.279] — *Sic*, Allart, n. 133; Pouillet, n. 483.

19. — ... De la part de celui qui adopte pour la désignation de ses produits le mode de classification précédemment employé dans ses tarifs par une maison rivale, alors que ces analogies, résultant de la nature même des produits, ne permettent néanmoins aucune confusion entre chacun des deux tarifs, à raison des nombreuses différences existant aussi bien dans le format et la nature du papier, que dans le mode d'enveloppage et l'ornementation des deux tarifs. — Douai, 15 juill. 1887, Wallaert frères, [*Ann. prop. ind.*, 91.306]

20. — Le fait, par des négociants, d'avoir fait connaître leur établissement comme ne vendant qu'au prix unique de 12 fr. 50 ne saurait constituer un privilège exclusif de propriété à cette énonciation; ceux-ci ne peuvent donc agir en concurrence déloyale les personnes qui emploient les mêmes énonciations. — Trib. comm. Seine, 20 janv. 1888, Blum, [*Ann. prop. ind.*, 90.102]

21. — Tout négociant est en droit d'apposer sur les produits de son industrie, en entier ou par abréviation, son nom patronymique qui est sa propriété, de se servir, pour contenir les marchandises qu'il fabrique, de tels récipients qu'il juge à propos d'employer, si leur forme ou leurs détails n'appartiennent point déjà à autrui; cette liberté ne peut être entravée par d'autres commerçants, sous le prétexte qu'en la limitant et restreignant sous certaines conditions déterminées, leur propre industrie serait plus à l'aise et s'exercerait plus commodément. — Rennes, 27 avr. 1893, Ducasse et Guiballe, *Jurispr. comm. et marit. de Nantes*, 93.1.273]

22. — Spécialement, un fabricant de gâteaux peut reproduire ses initiales sur chacun d'eux, bien qu'un de ses concurrents ait précédemment agi de même, lorsqu'à raison de la différence des initiales, tout acheteur, tant soit peu soucieux de ne point commettre d'erreur, peut facilement s'assurer, par la simple inspection des lettres, de l'origine des marchandises; il en est ainsi, lorsque les premières initiales adoptées étant les lettres L. V., les autres sont les lettres D. C. — Même arrêt.

23. — Un directeur de spectacles ne peut non plus être poursuivi pour concurrence déloyale à raison de ce qu'il aurait imité le genre de spectacle d'un autre directeur et de ce qu'il aurait notamment annoncé comme lui un lutteur masqué, si d'ailleurs il n'a pas, dans ses annonces, cherché à déprécier le lutteur engagé par l'autre directeur. — Trib. comm. Seine, 2 oct. 1867, Julian, [*Ann. prop. ind.*, 67.418] — *Sic*, Allart, n. 237.

24. — Un négociant ne saurait se plaindre de ce que par suite des agissements d'une maison concurrente il a été obligé de faire comme celle-ci et d'offrir à ses représentants des droits de commission plus élevés. — Aix, 4 avr. 1883, Bernon et Cie, [*Ann. prop. ind.*, 86.426] — V. *Rép. du dr. fr.*, v° *Coalition*.

25. — Des agents de compagnies d'assurances à prime fixe qui n'invoquent aucune manœuvre dolosive, aucun acte déloyal, aucune allégation fausse et de mauvaise foi dirigées contre les sociétés qu'ils représentent ne peuvent agir pour concurrence illicite contre une société d'assurances mutuelles sous le prétexte que celle-ci violerait ses propres statuts et notamment promettrait la fixité de la prime d'assurances malgré sa qualité de société d'assurances mutuelles. — Trib. Nantes, 5 juin 1893, G..., [*J. Le Droit*, 25 juin 1893]

26. — Des négociants ne dépassent pas la limite de leurs droits en ne consentant à charger un journal de leur publicité qu'à la condition qu'il ne prêterait plus son concours à leurs concurrents. — Paris, 15 févr. 1875, Cte des calorifères Garney, [D. 75.5.362]

27. — Ce fait ne saurait davantage être reproché au directeur et au fermier des annonces du journal, lorsque ceux-ci n'étaient tenus par aucun engagement vis-à-vis de ces concurrents. — Même arrêt.

28. — Lorsque des propriétaires de journaux ont affermé les colonnes de leurs publications à diverses compagnies de chemins de fer pour servir d'indicateur de leur service de correspondance et se sont interdits d'annoncer les autres entreprises de correspondances, les propriétaires de journaux peuvent refuser les insertions qui n'émanent pas des compagnies ou de ses ayants-cause. On ne saurait prétendre qu'il y ait alors complicité dans un fait de concurrence déloyale. — Trib. comm. Seine, 13 janv. 1860, Métivier, [*Ann. prop. ind.*, 60.127]

29. — Un commerçant établi dans les magasins d'un industriel qui, précédemment, exerçait un commerce similaire, ne commet pas un acte de concurrence déloyale en refusant les lettres et colis adressés à ce dernier sans donner en même temps sa nouvelle adresse. — Paris, 16 mars 1889, [*Dr. industr.*, 89.363]

30. — Mais le principe de la liberté de l'industrie doit se combiner avec un autre principe promulgué antérieurement, et renfermé dans l'art. 17, des Droits de l'homme et du citoyen, du 26 août 1789, c'est-à-dire avec celui du respect et de l'inviolabilité des droits d'autrui. — Poitiers, 18 déc. 1873, Dupré, [*Ann. prop. ind.*, 74.136]

31. — Ceux-ci sont déterminés soit par les principes généraux du droit qui commandent de ne point causer par sa faute un dommage immérité à autrui, soit par des lois spéciales qui, pour des motifs économiques ou financiers consacrent, au profit de l'Etat ou des particuliers, certains monopoles en vue de les rémunérer de leurs travaux ou qui assurent aux auteurs, aux artistes, aux inventeurs, etc., un droit exclusif de reproduction ou de fabrication. Il ne sera question dans cette étude que des limitations à la liberté de la concurrence qui découlent des principes généraux du droit et qui trouvent leur formule dans l'art. 1382, C. civ. Nous ne parlerons pas des violations dont peuvent être l'objet les lois qui ont établi certains monopoles et nous ne parlerons des atteintes portées aux droits des auteurs, des artistes, des inventeurs, etc., qu'autant que, par suite des circonstances, les lois spéciales de 1791, de 1793, de 1806, de 1844, etc., ne peuvent recevoir leur application. — V. Allart, n. 3; Pouillet, n. 459 *bis*; Amar, n. 359; Lyon-Caen, *Grande encyclopédie*, v° *Concurrence*, in fine, t. 12, p. 326. — V. *Rép. du dr. fr.*, v^{is} *Allumettes chimiques*, *Armes*, *Brevet d'invention*, *Dessin et modèle de fabrique*, *Propriété littéraire et artistique*.

32. — C'est, sous la même distinction, que nous parlerons des usurpations des noms de fabricants, de certains noms de lieu et de marques de fabrique ou de commerce; celles-ci, pourvu que soient remplies certaines conditions à déterminer ultérieurement, sont réprimées par des lois du 28 juill. 1824 et du 23 juin 1857; il ne sera parlé ici que des usurpations de noms ou de marques qui ne tombent point sous l'application de ces lois ou pour lesquelles cette application n'aura pas été demandée, c'est-à-dire pour lesquelles une véritable action en contrefaçon n'aura pas été intentée. — V. Allart, *loc. cit.*; Pouillet, n. 459 *bis*, 469; Lyon-Caen, *loc. cit.*; Lallier, *De la propriété des noms et des titres*, n. 197. — V. Orléans, 20 févr. 1882, Chauchard et Cie, [cité par Maillard de Marafy, t. 5, p. 267.

33. — L'action en contrefaçon et l'action en concurrence déloyale sont, d'ailleurs, deux actions essentiellement différentes; elles n'ont ni la même cause, ni le même but; la première a pour cause une propriété industrielle et pour but la conservation de cette propriété et la réparation de la violation; tout au contraire, cette cause et ce but sont totalement étrangers à l'action en concurrence déloyale qui existe ou peut exister indépendamment et en dehors de toute propriété industrielle. — Lyon, 25 mars 1863, Jaricot, [*Ann. propr. ind.*, 63.245]

34. — Différant ainsi, par leur cause et par leur but, ces deux actions ne peuvent être considérées comme implicitement comprises l'une dans l'autre; par suite, les juges d'appel ne peuvent statuer sur le mérite d'une action en concurrence déloyale, lorsque les premiers juges n'ont été saisis que d'une question de contrefaçon. — Même arrêt.

35. — De même, on ne peut, en appel, substituer une action en concurrence déloyale à une action en contrefaçon de marque de fabrique; les magistrats d'appel rejettent donc à bon droit comme non pertinente et inadmissible l'offre de prouver certains faits qui seraient de nature à justifier cette nouvelle demande

— Cass., 30 déc. 1874, Gallet-Lefebvre, [*Ann. prop. ind.*, 76.314]

36. — Jugé cependant qu'une demande de dommages-intérêts pour contrefaçon peut être transformée en appel en une demande de dommages-intérêts pour concurrence déloyale; ce n'est pas là une demande nouvelle. — Lyon, 8 juill. 1887, Royer, [S. 90.2.241, P. 90.1.1342, D. 88.2.180]

37. — Les circonstances particulières de la cause expliquent d'ailleurs cet arrêt dans une certaine mesure, puisque celui-ci prend soin de spécifier qu'il en est surtout ainsi alors que, dans l'exploit introductif d'instance portant assignation en dommages-intérêts pour contrefaçon, le demandeur alléguait déjà l'existence de la concurrence déloyale. — Même arrêt.

38. — Ces limites une fois tracées, il est bon de revenir sur la notion de concurrence déloyale. Tout d'abord, et ainsi que son nom même l'indique, il faut, pour qu'il y ait concurrence déloyale qu'il y ait compétition entre deux personnes se livrant à un commerce ou à une industrie au moins analogue; hors ce cas, il peut sans doute y avoir lieu à dommages-intérêts, mais il n'y a pas véritablement concurrence déloyale. — Maillard de Marafy, t. 3, p. 230; Pouillet, n. 507, 675.

39. — Ainsi, bien que cette distinction n'ait point toujours été faite par la jurisprudence et que certains auteurs semblent même l'ignorer, il a été jugé, à juste raison, qu'il n'y a ni contrefaçon, ni imitation frauduleuse de marque, ni même concurrence déloyale, au cas où le propriétaire d'une marque reproche à un débitant d'avoir vendu ou livré à des consommateurs un produit similaire au sien, en lui attribuant indûment la dénomination par lui adoptée; en pareille hypothèse, les faits allégués constituent seulement des faits illicites et dommageables dont la réparation peut d'ailleurs être demandée dans les termes de l'art. 1382, C. civ. — Paris, 13 mai 1887, Picon et Cie, [*Ann. prop. ind*, 88.159, *Dr. industr.*, 88.255] — Trib. comm. Seine, 6 juin 1889, [cité par Maillard de Marafy, t. 1, p. 475] — V. aussi Trib. comm. Amiens, 31 juill. 1888, Picon et Cie, [cité par Maillard de Marafy, t. 1, p. 443] — Trib. comm. Versailles, 10 nov. 1888, Picon et Cie, [*Ibid.*, t. 3, p. 444] — Trib. comm. Rouen, 1er juin 1891, Picon et Cie, [*Ann. prop. ind.*, 94.87] — Nous trouverons cependant plus loin des décisions contraires.

40. — En d'autres termes, se réfère seulement à des faits illicites et dommageables relevant de l'art. 1382, C. civ., et non à un acte de concurrence déloyale, la poursuite dirigée par un fabricant contre un débitant qui a substitué à son produit demandé par un consommateur un produit analogue. — Bordeaux, 12 déc. 1887, Société *la Bénédictine*, [*Gaz. Pal.*, 88.1.193] — Paris, 21 nov. 1890, Picon et Cie, [*Ann. prop. ind.*, 93.263] — Trib. comm. Seine, 27 nov. 1885, Picon et Cie, [*Dr. industr.*, 88.255] — Trib. Seine, 30 juin 1892, Picon et Cie, [*J. La Loi*, 6 juill. 1892]

41. — De même, le fermier exclusif des annonces d'un journal ne peut agir en concurrence déloyale contre le fabricant des cartons-reliures de ce journal qui, dans l'intérieur de ces couvertures, publie des annonces, puisque ces deux sortes d'annonces, si dissemblables par la forme, s'adressent à un public différent et répondent à un besoin différent. — Paris, 1er juill. 1858, Estibal, [*Ann. prop. ind.*, 58.334] — *Sic*, Pouillet, n. 676. — V. Rendu, n. 510. — *Contrà*, Trib. comm. Seine, 22 janv. 1857, Mêmes parties, [*Ann. prop. ind.*, 57.204]

42. — Il ne peut, d'ailleurs, au cas de silence du propriétaire du journal, faire supprimer sur la couverture le nom du journal que celle-ci doit contenir. — Paris, 1er juill. 1858, précité.

43. — A un autre point de vue, le nom même donné à la concurrence déloyale sert à déterminer un autre caractère que doivent présenter les faits incriminés pour constituer des actes de concurrence déloyale; il faut supposer que le négociant poursuivi a agi de mauvaise foi; si cette condition n'est pas remplie, si on ne se trouve pas en présence d'un véritable délit civil, s'il n'y a eu que négligence ou imprudence de la part du défendeur, il peut y avoir sans doute une concurrence illicite que les tribunaux ont pour mission de réprimer, mais pour laquelle ils peuvent, à raison de la bonne foi du demandeur, s'abstenir de prononcer des dommages-intérêts. — Pouillet, n. 678; Pataille, *Ann. prop. ind.*, 76.159; Mayer, n. 36; Amar, n. 360; Lyon-Caen, *Grande encyclopédie*, v° *Concurrence*, *in fine*, t. 12, p. 327. — V. Allart, n. 5, 6, 8, 319. — V. aussi *Rép. du dr. fr.*, v° *Allumettes*, n. 35 et 36.

44. — Ainsi donc, le tribunal saisi d'une action en dommages-intérêts pour concurrence déloyale, s'il ne rencontre pas, dans l'espèce, les faits constitutifs de cette concurrence, peut cependant ordonner d'office certaines mesures de nature à éviter toute confusion entre les produits. — Paris, 28 mars 1878, Leroux, [S. 79.2.148, P. 79.694, D. 79.2.10] — V. Pouillet, n. 678 et s.

45. — Spécialement, le tribunal peut ordonner que le fabricant de vinaigre de toilette, avec la désignation « composé suivant la recette de Bully » (recette tombée dans le domaine public), complète cette désignation en y ajoutant son nom de la manière suivante : « Vinaigre... Bully, composé par... »; le nom du fabricant devant être imprimé en mêmes caractères que celui de Bully. — Même arrêt.

46. — ... De même, lorsqu'à raison de la bonne foi de la personne poursuivie, il est impossible de considérer les actes incriminés comme des actes de concurrence déloyale, les tribunaux doivent néanmoins interdire pour l'avenir l'emploi de prospectus qui pourraient prêter à confusion. — Trib. comm. Nantes, 6 mars 1880, Pellier frères, [*Ann. propr. ind.*, 83.133] — Trib. comm. Seine, 29 avr. 1887, Bedel, [*Ann. propr. ind.*, 91.304] — V. aussi Paris, 17 nov. 1852, Danjou, [cité par Teulet, t. 2, p. 52] — Paris, 28 janv. 1853, Deville, [cité par Teulet, t. 2, p. 147]; — 12 janv. 1874, Liebig, [cité par Maillard de Marafy, t. 3, p. 198]

47. — ... L'emploi de prospectus et d'annonces dans lesquels un industriel recommande à ses clients de ne pas confondre un établissement rival avec le sien. — Douai, 21 mars 1866, Devos, [S. 67.2.297, P. 67.1108, D. 67.5.339]; — 20 juill. 1866, Leblondel, [S. 67.2.297, P. 67.1108, D. 67.5.339] — *Sic*, Calmes, n. 186 et s.

48. — ... Ou ses produits avec ceux fabriqués d'une certaine façon, alors qu'un concurrent se trouve ainsi désigné d'une manière indirecte, mais incontestable. — Trib. comm. Seine, 18 juin 1876, Torchon, [*Ann. propr. ind.*, 77.256 et la note]

49. — De même, ils peuvent ordonner la suppression d'une enseigne, bien que l'on ne puisse voir dans l'action de l'avoir adoptée, le fait intentionnel d'une concurrence déloyale, alors que son maintien peut créer une confusion regrettable au préjudice d'un établissement similaire. — Trib. comm. Seine, 4 nov. 1863, Verdier, [*Ann. propr. ind.*, 64.110]

50. — Le négociant qui s'est borné à annoncer et à mettre en vente un produit sous une dénomination appartenant à un tiers, ne peut non plus être condamné pour concurrence déloyale alors qu'il avait de bonne foi acquis ce produit de fabricants qui le vendaient sous cette même dénomination; mais, en ce cas, il n'en demeure pas moins responsable des conséquences de son acte, alors surtout qu'il a fait une grande publicité pour la vente de ses produits. — Paris, 15 févr. 1873, Chauchard et Hériot, [*Ann. propr. ind.*, 73.387]

51. — Le commerçant qui transmet à ses clients une circulaire dans laquelle il déprécie les produits d'une maison rivale en les signalant comme tout à fait secondaires, est passible de dommages-intérêts envers cette maison, même alors que la circulaire n'aurait pas été rédigée dans une intention déloyale. — Aix, 12 mars 1870, Turbin, [S. 71.2.14, P. 71.87]

52. — Dans plusieurs des espèces qui viennent d'être rappelées, c'est d'office que les tribunaux, après avoir constaté qu'il n'y avait point concurrence déloyale, ont cru pouvoir ordonner certaines mesures en vue de s'opposer au renouvellement de faits de concurrence illicite. Cette pratique est condamnée par un arrêt d'où il résulte que la concurrence déloyale, supposant la mauvaise foi, les juges saisis d'une action en dommages-intérêts fondée sur l'existence d'une telle concurrence, rejettent à bon droit cette action s'ils reconnaissent que le défendeur a agi de bonne foi, sans être tenus de rechercher, à moins que le demandeur ne le réclame, si, à défaut de concurrence déloyale, le défendeur n'a pas commis une faute simple engageant sa responsabilité dans les termes de l'art. 1382, C. civ. — Cass., 9 mars 1870 (sol. implic.), Fayard, [S. 71.1.226, P. 71.718, D. 71.1.211]

53. — En tous cas, le demandeur ne peut, pour la première fois devant la Cour de cassation, prétendre que les juges du fond auraient dû condamner pour concurrence illicite le commerçant contre lequel il était impossible de relever des faits de concurrence déloyale. — Même arrêt.

54. — Il arrive parfois même qu'une suppression peut être ordonnée, en l'absence de mauvaise foi établie, et alors qu'il n'y a pas véritablement *concurrence*. Comme ce cas ne rentre pas directement dans l'objet de la présente étude, nous nous contenterons de signaler quelques espèces. — Ainsi, le propriétaire d'un établissement de commerce qui annonce dans les journaux qu'un produit, sortant de telle ou telle maison de fabrication, ne sera plus débité chez lui, ne peut être poursuivi du chef de concurrence déloyale. — Trib. comm. Montpellier, 8 déc. 1891, Picon et Cie, [*Monit. jud. du Midi*, 24 janv. 1892] — *Sic*, Amar, n. 349.

55. — Mais comme le nom patronymique et commercial est une propriété dont l'usage est exclusivement réservé à celui auquel il appartient, sans qu'aucun concurrent ou autre, achetant ou vendant les mêmes produits, puisse, de quelque façon que ce soit, s'en servir, les tribunaux peuvent, dans l'hypothèse qui vient d'être indiquée, interdire la reproduction des annonces dans lesquelles le nom du fabricant se trouve indiqué. — Même jugement.

56. — En une telle hypothèse, les tribunaux peuvent interdire l'emploi de pancartes dans lesquelles un débitant déclare qu'il ne vend pas certaines marchandises fabriquées par telle ou telle personne, de l'aveu Picon, en l'espèce. — Trib. Niort, 10 août 1887, Picon et Cie, [cité par Maillard de Marafy, t. 1, p. 421] — V. aussi Trib. comm. Reims, 11 janv. 1888, Picon et Cie, [cité par Maillard de Marafy, t. 1, p. 427]

57. — La nécessité de la mauvaise foi dans la personne poursuivie a souvent comme résultat que le défendeur échappe à l'action en concurrence déloyale; ce ne sont là que de pures questions de fait sur lesquelles il n'y a pas lieu d'insister. Ainsi, il a été jugé que l'achat par un journal de bandes portant les adresses des abonnés d'un autre journal ne saurait constituer un fait de concurrence déloyale lorsqu'il résulte des débats la preuve que ces bandes, ayant été vendues comme vieux papiers, sans aucune réserve, à un brocanteur, le journal les avait licitement acquises de cet intermédiaire. — Trib. comm. Seine, 17 mars 1892, Société de la Banque et de la Bourse, [J. *Le Droit* des 18, 19 et 20 avr. 1892]

58. — De même, alors qu'un négociant fait, par des annonces, connaître au public qu'il applique un cachet sur ses produits, on ne saurait voir un acte de concurrence déloyale dans le fait par un autre commerçant de publier, dans les mêmes numéros des journaux qui contiennent les annonces, d'autres annonces dans lesquelles celui-ci met le public en garde contre tous produits, autres que les siens que garantiraient, avec cachet à l'appui, certains falsificateurs sans vergogne; il en est ainsi du moment où il n'est pas établi qu'il y ait eu intention dolosive de sa part. — Douai, 29 juin 1887, Des Cressionnières frères et Cie, [*Ann. prop. ind.*, 88.24]

59. — En pareille circonstance, l'intéressé ne saurait réclamer de dommages-intérêts aux journaux qui ont publié les annonces incriminées, alors que ceux-ci se sont bornés à faire paraître la note qui leur avait été communiquée, et qui, dans son contexte, ne contenait rien qui fût de nature à leur faire croire qu'il y aurait eu, de la part de ceux qui la leur remettaient, mauvaise foi ou intention de nuire. — Même arrêt.

60. — En résumé, pour qu'il y ait concurrence déloyale, il faut que les agissements dont se plaint le négociant aient eu pour but de porter atteinte à son crédit, et qu'ils se soient manifestés par des manœuvres dolosives et empreintes de mauvaise foi. — Lyon, 2 août 1878, Rassat, [*Ann. prop. ind.*, 82. 260]

61. — On ne saurait dire, en effet, qu'il y a concurrence déloyale, lorsqu'il n'est pas pleinement établi, par les circonstances et documents de la cause, que les défendeurs aient intentionnellement recherché et aient voulu amener entre leurs produits et ceux de la maison rivale la confusion qui leur est reprochée, puisque la déloyauté dans le commerce suppose toujours l'intention frauduleuse. — Alger, 22 févr. 1888, Fassina et Cie, [D. 89.2.254]

62. — Indépendamment des caractères particuliers que les faits incriminés doivent présenter pour constituer des faits de concurrence déloyale, il en est un autre, commun à tous les délits civils : il faut qu'il y ait préjudice; il importe peu d'ailleurs que ce préjudice soit considérable ou minime. — Pouillet, n. 677; Allart, n. 7.

63. — Ainsi donc, le fait de concurrence commerciale, lorsqu'il se produit d'une manière illicite et qu'il constitue de la part de son auteur une faute et une atteinte à la propriété, motive l'allocation des dommages-intérêts. — Cass., 6 nov. 1872, Garnier, [S. 72.1.362, P. 72.976]

64. — Mais, tout en condamnant l'acquéreur d'un fonds de commerce à faire disparaître sur ses enseignes, factures, étiquettes, les énonciations qui seraient de nature à laisser croire que son cédant participe encore à la gestion du fonds vendu, les juges peuvent refuser des dommages-intérêts au cédant, s'ils reconnaissent que celui-ci ne justifie d'aucun préjudice résultant de l'usage que son successeur a fait jusque-là de son nom. — Cass., 10 avr. 1866, Dorvault, [S. 66.1.251, P. 66.639, D. 66.1. 342]

65. — Au surplus, la circonstance que la concurrence déloyale est désormais devenue impossible, ne s'oppose point à ce que le tribunal évalue le préjudice pour le temps où elle a existé. — Trib. Seine, 6 févr. 1885, Choubersky, [*Ann. prop. ind.*, 87. 132] — *Sic*, Ambr. Rendu, n. 469.

66. — Cette condition donne lieu en cette matière spéciale aux mêmes difficultés que quand il s'agit d'un délit civil quelconque. C'est ainsi qu'il a été jugé qu'il n'est pas nécessaire, pour qu'il y ait concurrence déloyale, qu'il y eut un préjudice éprouvé, et qu'il suffit qu'il y ait un préjudice possible. — Bordeaux, 28 avr. 1890, [*Rec. Bordeaux*, 90.1.373] — V. Allart, n. 7, 314 et s.; Pouillet, n. 680 et s. — V. *Rép. du dr. fr.*, v° *Dommages-intérêts*.

67. — Mais que, dans d'autres circonstances, il a été décidé que les juges qui prescrivent à un commerçant de ne plus continuer son industrie dans l'avenir ne peuvent, en prévision d'infractions ultérieures, condamner le commerçant à une indemnité fixée à une certaine somme par chacune des infractions constatées; cette fixation du dommage résultant des contraventions à venir, faite arbitrairement et sans tenir compte des circonstances qui pourront en aggraver ou en atténuer l'importance, ne saurait être maintenue; il convient à cet égard de réserver tous les droits des parties. — Paris, 14 janv. 1862, Crouvergier, [*Ann. prop. ind.*, 62.203]

68. — De même, lorsqu'un tribunal ordonne une modification dans une enseigne ou dans une raison sociale, il ne lui appartient pas de fixer dès ce moment une sanction pénale pour les contraventions qui seraient commises par les défendeurs aux injonctions de justice. — Paris, 2 juill. 1874, Lebeault, [*Ann. prop. ind.*, 74.307]

69. — En tous cas, il semble hors de conteste que celui qui, contrairement à ses engagements, manifeste le désir de se rétablir, ne peut être condamné à des dommages-intérêts s'il n'a pas encore mis ses projets à exécution. — Trib. comm. Seine, 30 mars 1858, Lassalle, [*Ann. prop. ind.*, 58.254] — V. Pouillet, n. 686.

70. — A l'exception peut-être des étrangers, toute personne qui croit pouvoir se plaindre de faits de concurrence déloyale, peut en principe réclamer de ce chef des dommages-intérêts à leur auteur; il y a lieu toutefois de reconnaître une exception à cet égard; nul ne peut, en effet, en commettant un fait punissable, se créer pour lui-même la source d'un droit. Aussi, comme la vente et l'annonce de remèdes secrets constituent un délit, il serait contraire à la loi, à la morale et à l'ordre public que ceux qui se rendent coupables d'un tel délit puissent obtenir des dommages-intérêts à raison d'une concurrence déloyale dont ils se prétendent victimes. — Paris, 30 nov. 1876, Evrard et Morisson, [*Ann. prop. ind.*, 77.328] — V. *infra*, n., 603 et s., et aussi v° *Remèdes secrets*.

71. — Toute action judiciaire doit donc être refusée à celui qui, préparant et vendant des remèdes secrets sans respecter les prescriptions des lois spéciales à la pharmacie, allègue que des faits de concurrence déloyale ont été commis à son détriment. — Toulouse, 3 févr. 1894, Bellières, [*Gaz. trib. Midi*, 4 mars 1894; J. *La Loi*, 29 mai 1894]

72. — Pour le délit de concurrence déloyale, comme pour tous les délits civils, la jurisprudence, à tort ou à raison, a cru pouvoir prononcer la solidarité entre tous les coauteurs d'un même fait répréhensible. Nous n'avons pas à apprécier dès maintenant le principe de cette théorie générale; nous nous contenterons de rattacher les diverses solutions intervenues en la matière. Ainsi, il a été jugé que lorsqu'un tiers, portant un nom connu dans une industrie déterminée, permet à un fabricant de faire figurer son nom sur son enseigne, l'une et l'autre de ces personnes doivent être déclarées solidairement responsables du préjudice causé à la maison rivale. — Paris, 7 juill. 1866, Trébucien, [cité par Teulet, t. 16, p. 253] — Trib. comm. Seine, 31 oct. 1863, Combier, [*Ann. prop. ind.*, 63.421] — *Sic*, Allart, n. 320; Pouillet, n. 689; Amar, n. 361. — V. Fuzier-Herman, *Code civil annoté*, sur l'art. 1202, et *Rép. du dr. fr.*, v^{is} *Dommages-intérêts, Responsabilité civile.*

73. — De même, celui qui s'associe par remise de fonds, vente de produits, ou de toute autre manière, aux actes de concurrence déloyale d'un autre négociant, engage, par ce fait même, sa responsabilité personnelle, et il doit être condamné solidairement avec l'auteur principal des faits de concurrence déloyale. — Trib. comm. Seine, 19 juill. 1876, Landon, [*Ann. prop. ind.*, 76.353] — *Sic*, Allart, *loc. cit.*

74. — Peuvent être aussi considérés comme complices de l'auteur principal et condamnés en cette qualité, solidairement avec lui, à la réparation du préjudice causé, ceux qui aident et assistent l'auteur d'une concurrence déloyale, soit en formant avec lui une société commerciale fictive, soit en lui servant de prête-nom. — Trib. comm. Fécamp, 22 juill. 1891, C..., [*Gaz. Pal.*, 91.2.535]

75. — Soit en lui fournissant en connaissance de cause les marchandises qui lui permettent de réaliser des actes de concurrence déloyale. — Trib. comm. Reims, 14 oct. 1892, Louis Rœderer, [J. *Le Droit*, 8 nov. 1892]

76. — De même, l'imprimeur qui a sciemment imprimé des étiquettes destinées à une concurrence déloyale, doit être condamné solidairement avec l'auteur de cette concurrence. — Paris, 25 janv. 1866, Fouillet, [cité par Teulet, t. 15, p. 508]

77. — Est aussi passible de dommages-intérêts, celui qui, en connaissance de cause, met des capitaux à la disposition de celui qui se livre à des faits de concurrence déloyale. — Paris, 18 nov. 1893, dame Thibault, [*Gaz. Pal.*, 94.1.10] — Trib. comm. Seine, 3 nov. 1892, dame Thibault, [*Gaz. Pal.*, 93.1.72]

78. — A l'égard des personnes accusées de complicité dans des faits de concurrence déloyale, il faut pour que la poursuite puisse aboutir que soient remplies les mêmes conditions que celles requises à l'égard de l'auteur principal : il faut donc notamment que ces personnes aient agi de mauvaise foi. Ainsi, la société d'un Annuaire de commerce dans lequel a paru une critique répréhensible des produits d'un négociant ne peut être considérée comme complice de concurrence déloyale lorsque sa mauvaise foi n'est pas alléguée et que les intéressés ne lui ont fait connaître leurs griefs que postérieurement à la publication de l'édition contenant l'annonce incriminée. — Paris, 18 juill. 1891, Agobel et Cie, [*Ann. prop. ind.*, 91.232] — V. Pouillet, *loc. cit.*

79. — De même, celui qui s'est borné à imprimer une brochure qui contient des allégations considérées comme constitutives d'une concurrence déloyale ne peut être poursuivi comme complice de concurrence déloyale, alors qu'aucun autre fait n'est établi à son égard et qu'il n'est pas justifié, notamment qu'il ait concouru à la distribution de la brochure. — Trib. Seine, 10 juill. 1883, Société des Grands-Panoramas, [*Ann. prop. ind.*, 88.5]

80. — Mais, au contraire, par la force même des choses, il y a mauvaise foi ou au moins négligence dans le fait de l'imprimeur d'étiquettes et du fabricant de boîtes qui, travaillant pour un industriel établi en dehors d'une ville renommée pour la confection de certains produits, lui fournissent des étiquettes et des boîtes où se trouve la mention : *fabriqué comme à ...*, aussi, l'un et l'autre se rendent-ils complices d'un fait de concurrence déloyale. — Trib. comm. Nantes, 12 mars 1880, Feillet et autres, [*Ann. prop. ind.*, 83.357]

81. — Il en est de même, d'après un jugement dont la solution est contestable, à l'égard du directeur d'une agence de distribution qui ne peut utilement prétendre avoir ignoré le caractère répréhensible d'une brochure répandue en grande quantité. — Trib. Seine, 10 juill. 1883, précité.

82. — On admet généralement que les maîtres et commettants ne peuvent se soustraire à la responsabilité des actes de leurs employés ou mandataires en prouvant qu'ils n'ont pu empêcher la perpétration de ces faits. Aussi, est-ce par une application particulière d'une théorie de droit commun qu'il a été décidé que les maîtres d'un employé qui a commis des faits de concurrence déloyale sont passibles de dommages-intérêts, et qu'ils ne peuvent se prévaloir de la disposition finale de l'art. 1384, C. civ., pour se dégager de la responsabilité, en prouvant qu'ils n'ont pu empêcher le fait qui y donne ouverture. — Bordeaux, 11 janv. 1881, de Bourran et Cie, [*Ann. prop. ind.*, 81.315] — V. *Rép. du dr. fr.*, v^{is} *Mandat, Responsabilité.*

83. — Par une application spéciale d'une théorie de droit

commun, la personne condamnée à des dommages-intérêts pour des faits de concurrence déloyale qui lui sont personnellement imputables, ne peut recourir en garantie contre ceux qui lui ont procuré le moyen de commettre un délit civil. Aussi, a-t-il été jugé que l'intermédiaire qui, ayant favorisé des actes de concurrence déloyale, est condamné à des dommages-intérêts, ne peut agir en garantie contre les fabricants coupables, dont les produits ont été par lui vendus. — Paris, 21 mai 1889, Marchand, [*Ann. prop. ind.*, 89.280] — *Sic*, Pouillet, n. 689.

84. — De même, les débitants condamnés pour avoir mis en vente des marchandises revêtues d'étiquettes contrefaites, ne peuvent appeler en garantie les imprimeurs qui leur ont vendu ces étiquettes, alors qu'il est constaté qu'ils savaient ce qu'ils faisaient lorsqu'ils achetaient ces étiquettes. — Trib. comm. Seine, 19 janv. 1870, Hermann-Schmitz, [*Ann. prop. ind.*, 70-71.174] — V. aussi Trib. Seine, 26 mai 1886, de Morny, [*Ann. prop. ind.*, 91.176]

85. — Décidé, toutefois, que celui qui, en pleine connaissance de cause, vend des produits revêtus d'étiquettes délictueuses, a un recours contre le fournisseur dont il tenait les produits par lui mis en vente. — Trib. Seine, 10 janv. 1887, Cie générale d'eaux minérales et de bains de mer, [*Ann. prop. ind.*, 91.172]

CHAPITRE II.

FORMES DE LA CONCURRENCE DÉLOYALE.

SECTION I.

Des faits ayant pour but de produire une confusion entre établissements similaires.

§ 1. *Nom commercial.*

86. — L'une des pratiques les plus communément employées pour créer une confusion entre deux établissements se livrant à l'exploitation de la même industrie ou du même commerce, consiste à adopter pour la seconde maison un nom commercial identique ou semblable à celui déjà employé pour désigner l'autre établissement. Cette fraude tombe parfois sous l'application de la loi des 28 juill.-4 août 1824; mais, pour cela, il faut tout au moins qu'il s'agisse de l'usurpation du nom d'un fabricant et que, de plus, on ait apposé ce nom sur les produits eux-mêmes. Dans la suite de nos développements, nous supposerons donc que ces conditions ne sont pas réalisées et que, par exemple, l'usurpation a été commise à l'aide de prospectus, d'annonces, d'enseignes, etc. — Allart, n. 10 et s.

87. — Deux hypothèses doivent être très-nettement distinguées, lorsqu'on se demande si une personne peut légitimement adopter le nom commercial déjà employé par un autre négociant : si cette personne porte réellement ce nom, il se peut, ou bien qu'elle ait l'intention d'exercer personnellement et par elle-même le commerce, ou qu'au contraire, elle ne serve que de prête-nom, que de trompe-l'œil, et qu'elle n'ait que l'intention de céder à un particulier ou à une société l'usage de son nom qui, identique à un nom déjà connu, prête facilement à la confusion.

88. — Voici quel est, sur cette double question, l'état actuel de la jurisprudence et de la doctrine; au premier cas, on commence par proclamer le droit de chacun de se servir dans son propre commerce du nom que réellement il porte; il en est ainsi, alors même qu'il serait manifeste qu'une personne ne se serait décidée à embrasser telle ou telle branche d'industrie que par suite de la similitude de son nom avec celui d'une maison déjà connue. — Bédarride, *Brevets d'invention*, n. 736; Plocque, p. 10, 20; Allart, p. 20, 23 et 24; Pouillet, n. 488, 496; Mayer, n. 18; Gastambide, n. 452; Amar, n. 278; Lallier, n. 197 et s.; Lyon-Caen, note sous Cass., 30 janv. 1878, Erard, [S. 78.1.289, P. 78.737]

89. — Toutefois, en vue d'éviter une confusion regrettable, les tribunaux se sont reconnus le droit de prescrire toutes les mesures qu'ils jugent nécessaires à cet égard. — Allart, n. 20; Pouillet, n. 490, 496; Mayer, n. 18; Plocque, p. 11 et s.; Rubea de Couder, v° *Concurrence déloyale*, n. 151 et s.

90. — On doit constater, d'ailleurs, que parfois ces mesures ont été prises d'une manière si rigoureuse, qu'en fait elles ont dû aboutir à une interdiction indirecte pour une personne, portant un nom déjà connu dans une branche de l'industrie ou du commerce, à se livrer sous son nom véritable à l'exploitation de cette branche de l'industrie ou du commerce. — Maillard, *Ann. prop. ind.*, 92.76.

91. — Cette tendance de certains tribunaux s'explique assez aisément, si l'on songe que, d'après quelques auteurs, le pouvoir judiciaire peut et doit même prononcer l'interdiction absolue de se servir d'un nom contre ceux-là mêmes qui le portent réellement, « toutes les fois qu'il est démontré qu'ils ne sont entrés dans une industrie que pour profiter, à l'aide de cette similitude dans les noms, de la réputation acquise par un homonyme ». — Banc, *Contrefaçon*, p. 713; Maillard de Marafy, t. 4, p. 421; Rendu, *Traité*, n. 405 et 406; Amar, n. 298. — V. Trib. comm. Seine, 8 oct. 1845, Farina, [J. *Le Droit*, 9 oct. 1845] — Trib. comm. Lyon, 27 avr. 1875, F. Prot et Cie, [*Ann. prop. ind.*, 75.108] — On a fait remarquer qu'il est spécialement nécessaire de reconnaître ce pouvoir aux tribunaux quand il n'y a aucun autre moyen d'éviter la confusion, spécialement quand il y a à la fois identité de prénoms et de noms.

92. — Que si, au contraire, l'emploi d'un nom a été l'objet d'une spéculation et si, à tout bien considéré, ce nom ne sert qu'à désigner l'entreprise d'un tiers cessionnaire, la situation change et les tribunaux peuvent aller jusqu'à interdire l'usage de ce nom : on ne peut dire alors qu'il y ait violation du grand principe de la liberté du commerce et de l'industrie; c'est qu'en effet, d'une part, l'homonyme ne peut véritablement pas se prévaloir de ce principe, puisqu'il ne se livre lui-même ni à aucune industrie ni à aucun commerce, et que, d'autre part, celui qui se sert du nom qui lui est ainsi frauduleusement cédé doit avant tout respecter le droit d'autrui. — Lyon-Caen, *loc. cit.*; Bédarride, n. 740; Allart, n. 21 et 23; Plocque, p. 28; Pouillet, n. 494 et 496; Mayer, n. 18; Ambr. Rendu, *Marques de fabrique et concurrence déloyale*, n. 408; *Droit industriel*, n. 655 et 704; Amar, n. 297.

93. — Dans un autre système, qui ne compte plus guère de partisans à l'heure actuelle, les tribunaux n'ont jamais, dans cette seconde hypothèse, le pouvoir de défendre l'usage d'un nom dans l'exercice d'un commerce ou d'une industrie; ils n'auraient que la faculté de réglementer cet usage, cet emploi du nom. — Calmels, *Ann. prop. ind.*, 1856, n. 35; Bédarride, n. 736; Waelbroeck, *Cours de droit industriel*, t. 1, n. 178.

94. — Raisonnant sur le cas où se réalise le plus souvent cette usurpation du nom commercial, grâce à la connivence d'une personne qui porte réellement ce nom, on a dit, à l'appui de ce système, que tant que subsiste l'acte de société dans lequel le nom d'un des associés a été choisi comme raison sociale, le droit des associés de se servir du nom de l'un d'entre eux est inattaquable. « Il faudra donc, ajoute Calmels, avant toutes choses, faire disparaître cet acte d'association, le faire annuler pour cause de dol ou de fraude; et cette fraude, qui sera souvent difficile à établir, ne pourra jamais avoir pour base le désir plus ou moins ardent, le but de faire une concurrence. C'est ailleurs qu'il faudra en rechercher les éléments » (*Ann. prop. ind.*, 1856, p. 36). — V. aussi Bédarride, n. 734; Gastambide, n. 452.

95. — Les différentes questions dont il vient d'être parlé ont donné naissance à une jurisprudence nombreuse. Voici, tout d'abord, les espèces qui ont statué sur la première hypothèse; les tribunaux ont commencé par proclamer qu'un nom patronymique constitue pour celui qui le porte légitimement une propriété dont il lui est permis, en principe, de jouir et de disposer de la façon la plus absolue; en conséquence, celui qui exerce réellement et personnellement un commerce ou une industrie a le droit incontestable d'inscrire son nom patronymique sur ses enseignes, annonces, prospectus, étiquettes, factures, et sur les produits de sa fabrication ou de son commerce. — Cass., 30 janv. 1878, Erard, [S. 78.1.289, P. 78.727, D. 78.1.231] — Bordeaux, 28 janv. 1851, Castillon, [cité par Le Hir, 57.2.535] — Paris, 28 mai 1853, Farina, [cité par Le Hir, 57.2.467]; — 23 déc. 1885, Roch Sauter (ancienne maison John Arthur), [*Ann. prop. ind.*, 86.193]; — 6 avr. 1887, John Evans, [S. 88.2.435, P. 88.1.832, D. 88.2.40]; — 9 nov. 1887, Chevet, [*Ann. prop. ind.*, 91.92]; — 4 déc. 1889, Ve Pommery et fils, [*Ann. prop. ind.*, 91.124; *Gaz. Pal.*, 90.1.14]; — 27 ou 29 juill. 1890, Moët, Chandon et Cie, [*Gaz. Pal.*, 90.2.220; *Ann. prop. ind.*, 91.133]

— Lyon, 31 mai 1889, Redouté, [*Ann. prop. ind.*, 91.147] — Trib. comm. Reims, 2 oct. 1868, Ruinart, [*Gaz. des trib.*, 24 oct. 1868] — Trib. comm. Lyon, 6 mai 1887, Bertrand, [*Gaz. Pal.*, 87.2.557] — Trib. comm. Seine, 23 juin 1888, Bürgasser et Theilmann, [*Ann. prop. ind.*, 90.332; *Gaz. Pal.*, 88.2, supp. 20]

96. — Le nom d'un fabricant est donc sa propriété absolue et, en thèse générale, il a le droit de l'apposer en entier ou par abréviation, du moment où il ne peut en résulter aucun doute, quant à l'identité des produits fabriqués. — Rennes, 27 avr. 1893, Ducasse et Guiballe, [*Jurispr. comm. et marit. de Nantes*, 93.1.273]

97. — En conséquence, il n'y a pas de concurrence déloyale, à l'égard d'une personne portant le même nom et exerçant antérieurement la même profession dans la même ville, de la part du dentiste qui fait usage, dans l'exercice de sa profession, du nom patronymique qui lui est commun avec son homonyme, si d'ailleurs, il a pris soin, pour rendre toute confusion impossible, de faire précéder son nom patronymique de son prénom, différent de celui de son homonyme. — Paris, 6 avr. 1887, précité.

98. — De même, et sous une formule plus générale, il a été décidé que lorsqu'une marque consiste notamment dans l'énonciation du nom de celui qui l'emploie, les personnes qui ont le même nom patronymique ont un droit égal à s'en servir et l'une d'elles ne peut interdire cet usage à l'autre. — Bordeaux, 25 juin 1841, Monnier et Cie, [P. chr.]

99. — Mais l'intérêt général du commerce et l'intérêt particulier des parties exigent également que les maisons qui se livrent à la même industrie aient des dénominations commerciales distinctes pour qu'elles n'usurpent pas la confiance et n'induisent pas le public en erreur par une confusion trompeuse. — Cass., 14 avr. 1863, John Arthur, [*Ann. prop. ind.*, 63.323]

100. — Cette distinction est encore plus nécessaire quand il s'agit d'un même commerce exercé par les membres d'une même famille. — Même arrêt.

101. — Aussi, les personnes, qui, antérieurement, ont employé leur nom comme nom commercial, ont-elles le droit de faire réglementer par les tribunaux l'usage qu'un autre individu fait de ce même nom dans son commerce, et cela conformément à la restriction apportée par l'art. 544, C. civ., à l'exercice de toute propriété, en cas d'abus contraire aux règlements et aux lois. — Paris, 27 août 1859, Groult jeune, [*Ann. prop. ind.*, 59.284]; — 25 août 1879, Galand, [*Ann. prop. ind.*, 82.188] — Paris, 9 nov. 1887, précité; — 4 déc. 1889, précité; — 27 ou 29 juill. 1890, précité. — Paris, 19 juin 1891, Picon et Cie, [*Gaz. Pal.*, 91.2, suppl. 29] — Lyon, 31 mai 1889, précité. — Trib. comm. Seine, 28 mai 1857, Pinaud et Amour, [*Ann. prop. ind.*, 58.86] — V. Trib. Andelys, 7 août 1888, Jules Montaudon, [*Ann. prop. ind.*, 91.107]

102. — Les juges du fond qui constatent qu'une personne emploie son nom comme instrument de fraude et de concurrence déloyale peuvent donc, sans excéder leurs pouvoirs, réglementer l'emploi de ce nom de manière à éviter l'exploitation frauduleuse opérée au détriment d'une maison antérieurement connue. — Cass., 4 déc. 1803, Thérèse Picon, [J. *Le Droit*, 13 déc. 1893]

103. — Spécialement, les tribunaux de commerce, bien qu'ils ne puissent ordonner une modification au nom qu'une personne a le droit de porter en vertu de son état civil, peuvent voir néanmoins s'il n'y a pas lieu, au point de vue commercial seulement, d'imposer à cette personne certaines mesures de précaution pour éviter des confusions fâcheuses. — Trib. comm. Marseille, 28 févr. 1881, Léon Espié, [*Ann. prop. ind.*, 92.9]

104. — Mais on ne saurait voir un abus de son nom patronymique dans l'emploi par un commerçant appelé *Nachury*, de la dénomination *Nachury fils* dont il était en possession avant que son père eût transmis à un tiers le fonds qu'il exploitait lui-même sous le nom de *Nachury-Juttet...* alors que l'acte de vente réserve au fils le droit de continuer son propre commerce, à la seule condition de ne pas prendre le nom du père et de ne pas s'établir dans la même maison. — Lyon, 8 janv. 1881, Nachury, [S. 83.2.80, P. 83.1.457, D. 81.2.157]

105. — Ce qui est vrai du nom des particuliers, est vrai aussi à l'égard des raisons sociales. Si donc, une société en nom collectif a le droit d'emprunter aux véritables associés, parmi leurs noms, celui qui lui convient le mieux pour sa raison sociale, ses marques et ses étiquettes, elle n'est pas libre cependant de s'en faire une enseigne pour détourner à son profit la clientèle d'une maison ancienne à laquelle appartient le même nom et qui l'a déjà popularisé dans la même industrie. — Paris, 6 févr. 1863, Rœderer, [S. 65.2.89, P. 65.452, D. 65.2.87]

106. — De même, le fait, de la part d'un individu portant le même nom qu'un commerçant, d'inscrire son nom sans différence notable sur des produits fabriqués par un autre commerçant auquel il s'est associé dans le but d'une concurrence déloyale, donne lieu à des dommages-intérêts, mais ne saurait lui faire interdire de se servir de son nom dans le nouveau commerce qu'il entend exercer. — Paris, 29 nov. 1862, Hasslauer, [P. 63.214]

107. — Mais, s'il appartient aux tribunaux de réprimer les abus qui seraient faits du droit d'adopter son nom comme nom commercial pour faire une concurrence déloyale et, s'il leur appartient, d'ordonner les mesures nécessaires pour éviter toute confusion, du moins n'ont-ils pas le pouvoir d'ordonner la suppression complète du nom patronymique d'un commerçant sur ses factures, produits, etc. — Cass., 30 janv. 1878, Erard, [S. 78.1.289, P. 78.727, D. 78.1.231]; — 15 juill. 1879, Erard, [S. 79.1.348, P. 79.884, D. 80.1.80]; — Amiens, 2 août 1878, Erard, [S. 78.2.47, P. 78.1004, D. 79.2.400] — Paris, 23 déc. 1885, Roch-Sauter (ancienne maison John Arthur), [Ann. prop. ind., 86.193]

108. — Ainsi, en cas de similitude de nom patronymique entre deux commerçants exerçant réellement la même industrie dans la même ville, le dernier venu des deux ne peut, s'il est d'ailleurs de bonne foi, être obligé de supprimer son nom dans sa raison de commerce, ses marques et ses étiquettes; mais il peut être astreint à distinguer ce nom par son prénom ou autrement. — Bordeaux, 16 août 1865, Caminade, [S. 66.2.15, P. 66.90]

109. — L'arrêt de cassation du 30 janv. 1878 semble avoir définitivement fixé la jurisprudence en ce sens. Notons, à cet égard, que, dans cette même affaire, l'arrêt de la cour d'appel s'était prononcé en un autre sens, puisqu'il avait décidé qu'une cour peut défendre d'une manière absolue à un industriel de se servir dans son commerce de son nom patronymique lorsqu'il est manifeste que les mesures prescrites par les juges de première instance sont impuissantes et inefficaces pour empêcher la confusion que la justice a entendu prévenir entre les deux maisons de commerce. — Paris, 29 juill. 1876, Veuve Erard, [Ann. prop. ind., 76.277]

110. — Quoi qu'il en soit, la Cour de cassation paraît avoir apporté une atténuation à la portée de son arrêt de 1878 lorsqu'elle a décidé que si, en cas de cession d'un fonds de commerce, les pouvoirs des tribunaux ne sauraient aller jusqu'à priver un commerçant, par une interdiction absolue, de la faculté de se servir du nom qui lui appartient, dans les faits et actes de son nouveau commerce, ils peuvent néanmoins imposer cette interdiction en la limitant à un lieu déterminé, quand, dans ce lieu, le nom s'identifie tellement, aux yeux de la clientèle, avec le fonds de commerce lui-même, qu'une pareille défense peut être considérée comme le seul moyen d'empêcher, de la part du vendeur, la continuation d'un commerce qui constituerait une rivalité abusive et une violation des principes de la garantie. — Cass., 21 juill. 1891, John Arthur, [S. 91.1.377, P. 91.1.942, D. 93.1.123]

111. — Il est permis de rapprocher de cette décision celle d'après laquelle, lorsque c'est en vue d'établir une confusion préjudiciable aux intérêts d'autrui, qu'une maison a été fondée par un homonyme dans le voisinage d'un établissement connu, les tribunaux peuvent, pour éviter toute confusion, prendre les mesures qui leur paraissent nécessaires en vue de réprimer et d'empêcher pour l'avenir une concurrence qui, à raison de son caractère de déloyauté, n'a droit ni à la protection de la justice ni à celle de la loi; ils peuvent notamment interdire, à celui qui s'est rendu coupable de concurrence déloyale, le droit de faire le commerce dans le local qu'il avait choisi à raison de sa proximité d'une maison connue et dans un rayon plus ou moins considérable. — Paris, 23 déc. 1885, précité. — V. Pouillet, n. 688. — V. aussi Paris, 31 mai 1856, Bisson, cité par Teulet, t. 5, p. 444. — Contrà. Plocque, p. 19.

112. — Ce dernier arrêt nous paraît contraire au grand principe de la liberté du commerce et de l'industrie; mais, à tout considérer, ce même reproche ne peut être adressé à l'arrêt de cassation du 21 juill. 1891, précité; il s'agissait, en effet, dans cette espèce, du vendeur d'un fonds de commerce qui désirait se rétablir sous le nom même qui servait à désigner le fonds cédé,

les principes même de la garantie lui interdisaient, dans le silence de l'acte de cession, de rien faire qui puisse préjudicier au cessionnaire. — V. la note sous cet arrêt, [S. et P. loc. cit.]

113. — En tous cas, la jurisprudence s'est montrée plus facilement disposée à prononcer l'interdiction de l'usage du prénom, que de celui du nom même. — Décidé, en conséquence, que si l'usage par un commerçant pour son nom personnel du prénom inscrit dans son état civil est légitime, il est évident que c'est à la condition que cet usage ne devienne pas en ses mains un moyen de contrevenir à une obligation prise et ne se transforme pas en un procédé de concurrence déloyale. — Paris, 23 févr. 1891, Dame Hudry, [Ann. propr. ind., 92.11, J. Le Droit, 16 avr. 1891] — V. Allart, n. 35; Pouillet, n. 513. — V. aussi Trib. comm. Seine, 2 juill. 1846, Leduc, [J. Le Droit, 18 juill. 1846]

114. — Spécialement, dans le commerce des modes où certaines maisons sont désignées sous le prénom de leurs propriétaires, il peut être interdit à la venderesse d'un fonds de commerce ainsi désigné, de venir se rétablir à proximité de ce même fonds, et de prendre son prénom comme dénomination, alors même qu'elle y aurait joint son nom de famille. — Paris, 23 févr. 1891, précité. — V. aussi Trib. comm. Seine, 29 mars 1844, Berger, [Gaz. trib., 30 mars 1844]

115. — De même, si un individu peut, à son gré, écrire son prénom en toutes lettres dans sa signature privée, il ne peut le faire dans la désignation de sa raison sociale, alors que ce prénom faisait partie du nom commercial compris dans la liquidation des biens paternels, liquidation dans laquelle il a eu la part lui revenant et dont il a touché le prix; en ce cas, le tribunal peut ordonner que le prénom ne soit reproduit que par abréviation. — Trib. comm. Seine, 11 juin 1886, Champigneulle, [Ann. propr. ind., 90.323]

116. — Si tout individu qui exerce un commerce ou une industrie a le droit d'insérer son nom patronymique sur ses enseignes, annonces et factures et sur les produits de sa fabrication, pourvu qu'il ne fasse pas de cette inscription un moyen de concurrence déloyale, on ne saurait assimiler à cet égard, au nom patronymique, une dénomination ou qualification qui n'est que l'indication d'un lien de famille ou d'un degré de parenté ayant existé entre ce commerçant et une personne qui portait un autre nom que le sien — Cass., 8 août 1892, Duchamp, [S. et P. 93.1.235] — Sic, Blanc, p. 716; Ambr. Rendu, Marques de fabrique et concurrence déloyale, n. 412.

117. — Et sans qu'il y ait lieu de rechercher si l'emploi d'une pareille dénomination peut constituer un droit exclusif de propriété commerciale pour celui qui en fait usage le premier, il suffit, pour que celui-ci puisse prétendre à ce droit exclusif, qu'il ait été reconnu en sa faveur par une convention que le commerçant qui prétend en faire ultérieurement usage est tenu d'exécuter, en vertu de l'art. 1122, C. civ., comme ayant-cause de son auteur, partie au contrat. Une telle convention n'a rien d'illicite et de contraire, eu égard à l'objet auquel elle s'applique, au principe de l'inaliénabilité et de l'imprescriptibilité du nom patronymique. — Même arrêt.

118. — Les moyens imaginés par les tribunaux pour éviter la confusion que pourrait créer la similitude des noms sont très-nombreux et varient suivant les circonstances. — C'est ainsi que les tribunaux peuvent imposer à la personne qui s'est établie en dernier lieu, la nécessité d'indiquer dans ses annonces et prospectus, la date exacte de la fondation de son commerce. — Paris, 31 déc. 1861, John Arthur, [Ann. propr. ind., 62.204]; — 25 août 1879, Galand, [Ann. propr. ind., 82.188] — Sic, Plocque, p. 15; Allart, n. 26; Pouillet, n. 502; Mayer, n. 18; Lallier, n. 199.

119. — ... L'obligation de faire suivre son nom de la mention : jeune. — Paris, 25 août 1879, précité.

120. — ... L'obligation de supprimer le mot *maison* dont, à l'exemple de son concurrent, elle a fait précéder l'indication de son nom : le mot *maison* sert, en effet, dans les usages du commerce, à désigner un établissement de date ancienne et d'importance notoire. — Seine, 28 mai 1857, Pinaud-Amour, [Ann. prop. ind., 58.86] — Sic, Allart, n. 28.

121. — Ou encore, au cas où ce n'est que comme cessionnaire d'un fonds de commerce qu'une personne a acquis le droit de se servir d'un nom qui prête à confusion, les tribunaux peuvent encore prescrire à cette personne de faire précéder ce nom de la mention : *ancienne maison*. — Trib. comm. Seine, 3 déc.

1852, Menier, [J. Le Droit, 4 déc. 1852] — Sic, Maillard de Marafy, t. 3, p. 9.

122. — Ils peuvent exiger qu'il sera fait emploi du nom sous une forme spéciale. — Paris, 23 déc. 1885, Roch-Sauter (ancienne maison John Arthur', [Ann. prop. ind., 86.193]

123. — Ils peuvent, sur la demande d'un négociant établi dans une ville, et pour éviter toute confusion, ordonner qu'un autre négociant, faisant le même commerce sous le même nom patronymique et ayant loué un local dans la même ville, fera disparaître de ses marques, lettres et étiquettes, le nom de cette ville comme indication de son siège commercial, alors que le défendeur n'avait dans la ville, ni le siège principal de son commerce, ni le centre de ses affaires, et qu'il n'avait d'autre but que de faire au demandeur une concurrence abusive. — Cass., 7 janv. 1884, Foucaud, [S. 86.1.254, P. 86.1.615, D. 84.1.161]

124. — Ils peuvent aussi, sans violer aucune loi, lorsqu'aux deux noms patronymiques semblables, sont joints des noms de baptème à la fois semblables et différents, prescrire à la partie qui avait usurpé la raison de commerce dont une autre partie était déjà en possession, de ne se servir de son nom patronymique qu'en y joignant tous ses noms de baptème dans l'ordre indiqué par l'acte de naissance. — Cass., 2 janv. 1844, Krammer, [S. 44.1.363, P. 44.1.423]

125. — De même, lorsque deux parents, portant le même nom et le même prénom, exercent le même métier dans un rayon assez rapproché l'un de l'autre, le parent qui, le premier, s'est livré à cette industrie, peut exiger que son parent supprime sur les enseignes et papiers de commerce la mention de son prénom et ajoute à son nom certaines indications de nature à distinguer les deux établissements, comme, par exemple, le qualificatif de cousin ou tout autre semblable. — Trib. comm. Marseille, 11 avr. 1861, Laurens, [Ann. prop. ind., 61.221] — Sic, Plocque, p. 16.

126. — De même encore, en vue d'éviter la confusion entre deux établissements tenus par des personnes portant le même nom, les tribunaux peuvent prescrire à la personne coupable de concurrence déloyale de faire précéder son nom de famille de son prénom et même de l'indication de la ville où elle était précédemment établie. — Paris, 30 juin 1892, Gustave Chanteaud, [Gaz. des trib., 8 juill. 1892; Ann. prop. ind., 84, 92] — V. Plocque, p. 15.

127. — ... Ils peuvent lui ordonner d'ajouter, sur ses factures, produits, etc., à ses nom et prénoms, la mention de son pays d'origine. — Amiens, 2 août 1878, Erard, [S. 78.2.47, P. 78.1004, D. 79.2.100]

128. — ... De faire précéder son nom de la mention du prénom, le tout écrit en caractères égaux entre eux et de moitié de ceux employés pour désigner le produit. — Cass., 4 déc. 1893, Picon et Cⁱᵉ, [Ann. prop. ind., 94.79] — Aix, 10 nov. 1863, Roche, [cité par Le Hir, 64.2.81] — Paris, 19 juin 1891, Picon et Cⁱᵉ, [Ann. prop. ind., 94.79] — Il s'agissait, en l'espèce, de l'Amer Picon; l'arrêt d'appel contient d'autres prescriptions que celles qui viennent d'être rappelées, en vue d'éviter toute confusion; il décide que les intimés ne pourront employer dans le commerce des amers, à titre de marque ou autrement, d'autre dénomination que celle d'amer suivie d'un qualificatif ou d'une épithète à leur choix avec la mention au-dessous : fabriqué par Thérèse Picon et Cⁱᵉ, maison fondée en 1888.

129. — Les tribunaux peuvent ordonner aussi que, dans une raison sociale, le nom d'un des associés soit précédé de son prénom, alors qu'il est établi que c'est pour créer une confusion entre les produits de la société et ceux d'un industriel depuis longtemps établi que cet associé a été compris parmi les sociétaires. — Paris, 2 juill. 1874, Lebeault, [Ann. prop. ind., 74.307]

130. — Commet un acte de concurrence déloyale l'ancien employé qui, après l'expiration du délai pendant lequel il s'était engagé à ne pas se rétablir, fonde un établissement auquel il donne son nom en ayant soin de le faire précéder d'un de ses prénoms qui rappelle celui de son ancien patron, alors surtout que ses annonces et enseignes s'adressent à une population composée en partie d'étrangers, dont quelques-uns sont peu familiarisés avec les règles de l'orthographe et de la prononciation de la langue française, et qu'il s'est installé dans le même quartier que son ancien patron. Les tribunaux peuvent, en ce cas, pour éviter toute confusion, ordonner au défendeur de faire précéder son nom de deux au moins de ses prénoms, écrits ou imprimés, l'un et l'autre, en caractères de dimension moitié moins grande que ceux employés pour le nom de famille. — Paris, 7 nov. 1888, Préterre, [Ann. prop. ind., 91.88]

131. — Il arrive parfois, au contraire, que les tribunaux se contentent d'exiger l'adjonction du prénom au nom de famille, en ayant soin de stipuler, d'ailleurs, que l'un et l'autre seront écrits en caractères de même grandeur. — Poitiers, 12 juill. 1833, Seignette, [S. 34.2.258, P. chr.] — Paris, 28 juill. 1835, La Renaudière, [Gaz. trib., 29 juill. 1835]; — 12 avr. 1847, Mêmes parties, [Gaz. trib., 13 avr. 1847]

132. — Ou, au contraire, d'ordonner, au cas de similitude de nom et de prénoms, la suppression de certains des prénoms. — Trib. comm. Seine, 25 oct. 1852, Collas, [J. Le Droit, 27 oct. 1852]

133. — En résumé, les tribunaux peuvent prescrire toutes mesures utiles pour empêcher la confusion entre deux maisons rivales, notamment ordonner que la maison la plus nouvelle fera suivre les nom et prénoms de l'associé dont le nom crée la confusion, de l'indication de la date de sa fondation, et ce à l'aide de caractères identiques. — Paris, 6 févr. 1865, Rœderer, [S. 65.2.89, P. 65.452, D. 65.2.87]

134. — Les juges ont donc le droit et le devoir de prévenir la fraude par tous les moyens, sauf qu'ils ne peuvent prononcer contre un commerçant l'interdiction absolue de se servir de son nom patronymique. Ainsi ils peuvent obliger le commerçant à donner plus d'importance à son prénom qu'à son nom, à se servir de caractères d'une certaine dimension, et à ne mettre sa marque de fabrique qu'à certaines places de ses produits. — Cass., 15 juill. 1879, Erard, [S. 79.1.348, P. 79.884, D. 80.1.80] — Sic, Plocque, p. 17; Pouillet, n. 502.

135. — On remarquera que ce dernier arrêt de cassation, du 15 juill. 1879, a été rendu dans la même instance que celui du 30 janv. 1878, qui a posé comme principe général le droit pour chaque personne de faire le commerce sous son nom véritable; en considérant comme légitimes toutes les mesures de précaution prises par la cour de renvoi, et notamment celle consistant à donner au prénom une importance plus grande qu'au nom lui-même, la Cour de cassation n'a point maintenu le principe qu'elle avait elle-même posé, et on peut dire qu'elle permet ainsi à des juges un peu adroits de n'en tenir qu'un compte apparent. — V., dans le même sens que l'arrêt de cassation, Pouillet, n. 496.

136. — Est passible de dommages-intérêts celui qui, par des subterfuges blâmables, cherche à échapper aux condamnations prononcées contre lui et continue, de cette façon, de se livrer à des faits répréhensibles de concurrence déloyale. — Trib. comm. Seine, 3 sept. 1857, Pinaud et Amour, [Ann. prop. ind., 58.86] — Sic, Pouillet, n. 687.

137. — Il en est particulièrement ainsi de celui qui, ayant reçu de la justice l'ordre de faire précéder son nom de l'indication de son prénom, fait sans doute l'adjonction prescrite, mais ne fait figurer son prénom que sur la partie de sa devanture située dans une rue peu fréquentée, alors que son nom seul apparaît sur l'autre partie de la devanture entrant dans une autre rue beaucoup plus fréquentée et où est précisément établi celui qui a obtenu contre lui le jugement de condamnation. — Même jugement.

138. — Il est d'ailleurs hors de doute que le négociant qui, portant un nom connu dans une branche d'industrie, l'emploie, comme un de ses concurrents, pour désigner les produits de son commerce, ne peut être poursuivi pour contrefaçon de marque alors que, sauf cette similitude de nom, chacune des marques diffèrent entre elles dans leurs détails et dans l'ensemble. — Paris, 10 juin 1890, de Kerhovent, [Ann. prop. ind., 91.155]

139. — De même, lorsqu'une maison est depuis longtemps connue sous le nom de son fondateur, orthographié d'une certaine façon, il y a fait dommageable de la part de celui qui, venant ultérieurement à se livrer au même commerce et portant le même nom, prie le public, dans ses prospectus et annonces, de ne pas confondre sa maison avec celle de son concurrent dont il prend soin d'indiquer malicieusement le nom, sous la forme que lui donnent les actes de l'état civil. — Paris, 29 juill. 1876, Veuve Erard ou Ehrhart, [Ann. prop. ind., 76.277]

140. — Si nous passons à la seconde série d'hypothèses par nous prévue, il est essentiel de poser tout d'abord en principe que la propriété du nom patronymique ne saurait autoriser l'abus qui consiste à le prêter ou à le céder à autrui pour faire à un commerçant une concurrence déloyale. — Cass., 27 mars 1877, Richard et Muller, [S. 77.1.263, P. 77.663, D. 77.1.362] — Poitiers, 12 août 1856, Seignette, [D. 57.2.201] — Besançon, 30 nov. 1861, Loumier, [S. 62 2.342, P. 63.215, D. 62.2.43] — Paris, 10 mars 1892, Descloir frères, [*Bulletin officiel de la propriété industrielle*, 15 sept. 1892]; — 27 déc. 1893, Veuve Louis Pommery, [J. *Le Droit*, 21 janv. 1894; *Gaz. Pal.*, 94.1.166; *Ann. prop. ind.*, 94.89] — Trib. c. Lyon, 13 août 1828, Farina, [*Gaz. des trib.*, 14 août 1828]—Trib. comm. Lyon, 27 avr. 1875, Prot et Cⁱᵉ, [cité par Maillard de Marafy, 75.5.280]

141. — Notamment le fait de prêter à quelqu'un son nom pour lui permettre d'usurper, à l'aide d'une confusion frauduleuse, les avantages du crédit et de la réputation acquis à un tiers, déjà connu sous le même nom, constitue un abus qui doit être réprimé. — Paris, 27 déc. 1893, précité.

142. — Il doit surtout en être ainsi lorsque le nom est moins le nom patronymique qu'une simple adjonction au nom patronymique lui-même, comme, par exemple, le nom de son mari employé par une femme veuve au nom et place de son nom véritable. — Même arrêt.

143. — Remarquons, d'ailleurs, que le nom ou le titre sous lequel le père a fait le commerce est la propriété du fils qui lui a succédé. Ainsi, un neveu commet une usurpation sur cette propriété lorsqu'il prend, pour exercer le même commerce, une enseigne dans laquelle le nom de son oncle, joint au sien propre, ressort de manière à tromper les acheteurs, c'est-à-dire une enseigne dans laquelle il rappelle, en caractère très-gros, sa qualité de neveu de l'ancien commerçant. — Paris, 29 août 1812, Vilmorin fils, en note sous Paris, 24 avr. 1834, [S. 34.2.262] — Trib. comm. Seine, 16 avr. 1846, Baillon, [*Gaz. des trib.*, 17 avr. 1846] — *Sic*, Pouillet, n. 546; Blanc, p. 716; Mayer, n. 29; Rendu, n. 487.

144. — Il n'est donc pas permis de céder, louer, vendre ou prêter son nom à un tiers pour faire concurrence à autrui, il faut que celui qui revendique le droit écrit en l'art. 544, C. civ., fasse réellement et personnellement le commerce; c'est une condition qui peut ne pas être toujours suffisante, mais qui est absolument nécessaire. — Trib. comm. Reims, 14 oct. 1892, Louis Rœderer, [I. *Le Droit*, 8 nov. 1892] — V. Paris, 6 févr. 1865, Rœderer, [S. 65.2.89]

145. — Par suite, des dommages-intérêts doivent être mis à la charge du négociant qui, profitant de la similitude du nom porté par un tiers, s'entend avec lui pour mettre son nom sur les produits de la fabrication et créer ainsi une confusion préjudicielle pour les intérêts d'un autre commerçant. — Paris, 27 nov. 1862, Hasslauer (pipes Gambier), [*Ann. propr. ind.*, 63.91]

146. — Il en doit être de même à l'égard du tiers qui, en prêtant son nom, donne ainsi au fabricant le moyen d'induire le public en erreur. Même arrêt.

147. — Il est incontestable, dans le même ordre d'idées, que commet un acte de concurrence déloyale celui qui, dans le but d'établir une confusion entre ses produits et ceux d'une maison rivale, s'associe avec un tiers portant le nom que celle-ci a pris comme marque, pour désigner ses marchandises. — Paris, 28 janv. 1856, Robineau, [*Ann. prop. ind.*, 56.54] — Trib. Seine, 26 févr. 1857, J. Bardou, [*Ann. prop. ind.*, 57.125]

148. — De même, et d'une manière plus générale, il y a encore concurrence déloyale lorsqu'il est établi que l'associé auquel son nom a été emprunté pour former la raison sociale, ne faisait pas partie d'une manière sérieuse de la société et qu'on ne l'a fait entrer dans la société que pour se créer un droit à l'usage de son nom. — Paris, 31 déc. 1860, Callas, [*Ann. prop. ind.*, 61.159]; — 10 juin 1869, Galibert, [*Ann. prop. ind.*, 69.340]; — 7 août 1874, Moët et Chandon, [D. 77.2.220]

149. — Indépendamment des dommages-intérêts mis à la charge de chacun de ceux qui participent à une telle fraude, cet usage illicite dans une raison sociale du nom déjà employé par un tiers peut être prohibé par les tribunaux qui, en ce cas, ordonnent la suppression du nom usurpé sur les enseignes et sur les divers papiers de commerce. — Paris, 28 janv. 1856, Robineau, [*Ann. prop. ind.*, 56.54, (Maison de la mère Moreaux)]; — 31 déc. 1860, précité; — 19 mai 1865, Gambier, [S. 65.2.458, P. 65.711, D. 66.2.134]; — 5 mars 1868, Clicquot, [S. 68.2.116, P. 68.572, D. 70.2.53]; — 7 août 1874, précité; — 7 août 1888, Tranquille Dubée et Demouchy, [*Ann. prop. ind.*, 91.116] —

Trib. comm. Seine, 5 mars 1856, Richer et Cⁱᵉ, [*Ann. prop. ind.*, 56.126]

150. — Il en a été particulièrement ainsi, dans un cas où des négociants qui s'étaient associés avec un mineur émancipé portant un nom connu dans une branche de l'industrie. — Paris, 17 mai 1888, Combe et Orial, [*Ann. prop. ind.*, 91.141]

151. — Il importe peu, a-t-on même jugé, que les établissements n'existent pas dans la même ville, s'ils sont compris dans la même circonscription régionale renommée pour l'excellence de ses produits. — Paris, 7 mai 1888, précité. — 7 août 1874, précité.

152. — ... Que le nom employé en vue de créer la confusion, se distingue de celui de son concurrent par quelques différences orthographiques et que, par exemple, l'un des noms comporte un tréma et l'autre n'en comporte pas. — Même arrêt.

153. — Le chef d'une maison de commerce peut donc s'opposer à ce que le nom sous lequel il est connu dans le public et dont il est en possession figure dans la raison sociale d'une autre maison de commerce, bien que ce nom soit réellement celui de l'un des associés de ladite maison, lorsqu'il est établi que celui-ci n'est pas un associé sérieux, mais qu'il n'a été appelé à faire partie de la société, qu'à raison de son nom seul et dans l'espérance qu'à l'aide de ce nom la société nouvelle profiterait du crédit de la maison déjà existante. — Cass., 4 févr. 1852, Clicquot, [S. 53.1.213, P. 53.1.167, D. 52.1.200]

154. — Les tribunaux peuvent aussi interdire à une société d'écouler certains de ses produits sous le prénom de l'un de ses associés alors qu'il est établi que cet usage est préjudiciable aux intérêts légitimes d'un autre commerçant et que l'associé portant ce prénom n'est entré dans la société qu'en vue de pouvoir établir cette confusion. — Paris, 20 mai 1886, Prot et Cⁱᵉ (Eau de Lubin), [*Ann. prop. ind.*, 86.253]

155. — Pour que la justice puisse ordonner la suppression du nom d'une personne des étiquettes, factures, etc., employées par une maison de commerce, il n'est pas nécessaire qu'il ait été conclu un acte de société apparent entre des tiers et cette personne; il suffit que celle-ci permet à des tiers de spéculer sur le hasard qui fait que son nom ressemble à celui d'un négociant connu; il en est ainsi lorsqu'il prête simplement l'usage de son nom : c'est dans de telles circonstances qu'il a été décidé que, les vins de Champagne ne se distinguant pas entre eux, comme ceux des autres vignobles, par le nom de leurs crûs, mais par celui de leur fabricant, il y a concurrence déloyale quand une personne, portant un nom connu dans le commerce des vins de Champagne, vend sous son nom de tels vins qu'il ne fabrique pas lui-même; il importe peu d'ailleurs que les étiquettes par lui adoptées portent des mentions différentes de date de fondation de la maison, de siège social, etc.; en ce cas, la justice peut ordonner la suppression du nom incriminé. — Paris, 4 déc. 1889, Vᵉ Pommery fils et Cⁱᵉ, [*Ann. prop. ind.*, 91.124, *Gaz. pal.*, 90.1.14] — *Sic*, Allart, n. 21. — V. sur l'espèce, Amar, p. 393, note 1.

156. — Une pratique analogue à celle dont il vient d'être parlé consiste, de la part du cessionnaire d'un fonds de commerce, à faire usage du nom inconnu de son cédant, et cela en vue de créer une confusion avec une maison connue; bien qu'en principe et sous certaines distinctions, le cessionnaire ait le droit de se servir du nom de son cédant (V. *infra*, n. 165 et s.), on comprend que, dans l'hypothèse qui vient d'être indiquée, les tribunaux aient pu interdire cet emploi : le principe de la liberté du commerce ne saurait être considéré comme ayant été violé, puisque le cessionnaire peut, en pareille circonstance, utilement faire le commerce sous son nom véritable; il ne peut d'ailleurs, d'autre part, se prévaloir de la permission tacite ou même expresse donnée par le cédant puisque, par hypothèse, le nom inconnu de celui-ci ne représente pas une sérieuse et véritable valeur transmissible avec le fonds. Il a donc pu être décidé que si les pouvoirs du juge ne peuvent aller jusqu'à priver un commerçant, par une interdiction absolue, de faire le commerce sous son nom, il n'en est pas de même quand c'est le cessionnaire du fonds qui entend substituer à son nom propre le nom de son cédant, et qu'il est établi que ce nom, sans valeur commerciale propre, est uniquement employé en vue de créer une confusion avec le nom d'un négociant connu. — Cass., 1ᵉʳ mars 1893, Humeau, [S. et P. 93.1.125, D. 93.1.176]

157. — Ainsi, le cédant qui, portant le même nom qu'un autre négociant, s'est établi dans la même rue que celui-ci, dans l'intention de profiter de la notoriété acquise par son homonyme et d'ajouter à l'erreur par la similitude du nom et de la rue, n'a pu transmettre à son cessionnaire le droit de se servir d'un nom et d'un domicile qui n'avaient été choisis que dans une pensée de fraude; et le juge peut condamner ce dernier à supprimer, dans ses annonces et étiquettes, les désignations du nom de son cédant et de la rue de l'établissement. — Même arrêt.

158. — De même, et pour des motifs analogues, il a pu être jugé que le fait de la part d'un commerçant qui, ayant deux noms patronymiques et ayant depuis longtemps adopté l'un d'eux pour raison commerciale, y ajoute le second nom, au moment où un autre commerçant, portant ce nom, est venu exploiter dans la même maison un commerce semblable, peut être considéré comme constituant une manœuvre de concurrence déloyale. — Cass., 18 nov. 1862, Leblanc, [S. 63.1.17, P. 63.212, D. 63.1.81] — Paris, 18 juill. 1861, Leblanc, [S. 61.2.540, P. 61.878, D. 61.2.228] — Trib. comm. Seine, 11 janv. 1860, Leblanc, [Ann. prop. ind., 60.79] — Sic, Lyon-Caen, note sous Cass., 30 janv. 1878, Erard, [S. 78.1.289, P. 78.737] — Sic, Amar, n. 278.

159. — En un tel cas, le commerçant auteur de cette manœuvre peut être condamné, non seulement en des dommages-intérêts pour le préjudice causé par l'emploi du nom patronymique en question, mais encore à supprimer ce nom patronymique de sa raison commerciale. — Mêmes arrêts.

160. — ... Alors, du moins, que l'interdiction de se servir de ce nom ne doit pas s'étendre au delà du temps où l'une des parties cessera d'habiter la même maison. — Mêmes arrêts.

161. — Pour que ces suppressions puissent être ordonnées, il est nécessaire d'ailleurs qu'une confusion puisse se produire; cette condition est indispensable pour qu'il y ait concurrence déloyale. Aussi, a-t-il été décidé que, le juge qui constate en fait, d'une part, qu'un négociant ayant exercé un commerce dans une maison lui appartenant a autorisé tacitement son locataire à faire usage, pour le même commerce, de la dénomination « Ancienne maison X... », et, d'autre part, qu'aucune confusion n'est possible entre les factures et imprimés de ce dernier et ceux employés par le tiers plaignant, rejette, à bon droit, la demande de celui-ci, tendant à l'interdiction au locataire de se servir de la dénomination « Ancienne maison X... » et à l'allocation des dommages-intérêts. — Cass., 11 janv. 1893, Lemarchand, [S. et P. 94.1.87]

162. — Le jugement qui reconnaît à un commerçant le droit de laisser sur ses produits le nom dont un tiers lui a cédé l'usage, mais à la charge de le faire de manière à éviter toute confusion entre ses produits et ceux d'une maison connue sous le même nom, n'emporte pas chose jugée d'une manière absolue en faveur de ce commerçant quant au droit de se servir de ce nom. Et, dès lors, ce droit peut lui être retiré si, au lieu d'en user conformément aux prescriptions du premier jugement, il en fait un usage abusif et illicite. — Cass., 27 mars 1877, Richard et Muller, [S. 77.1.263, P. 77.663, D. 77.1.362] — Paris, 19 mai 1865, Gambier, [S. 65.2.158, P. 65.711, D. 66.2.134] — Bordeaux, 17 juill. 1876, Mortell et Cie, [Rec. Bordeaux, 76.257] — Trib. comm. Cognac, 29 oct. 1875, Mortell et Cie, [Ann. prop. ind., 76.284] — Sic, Allart, n. 27; Pouillet, n. 685; Amar, n. 363.

163. — De même, les tribunaux qui, une première fois, avaient permis de laisser figurer seul le nom litigieux sur les étiquettes, factures et autres papiers de commerce, peuvent exiger à la suite de nouveaux faits de concurrence déloyale que ce nom soit accompagné de celui d'un autre associé et que chacun d'eux soit employé en caractères absolument identiques de façon à ce que l'un et l'autre soit aussi apparent. — Paris, 9 déc. 1875, A. et M. Landon, [Ann. prop. ind., 76.346]

164. — En terminant, dans cet ordre d'idées, faisons observer qu'un tribunal peut, sans sortir du cercle tracé par les conclusions du demandeur, proscrire l'usage d'un nom propre sur une étiquette, alors que l'intéressé demandant que le défendeur fût condamné à modifier la rédaction des étiquettes et documents commerciaux de manière à éviter toute confusion avec ses produits, en telle forme qu'il plairait au tribunal d'ordonner. — Cass., 27 mars 1877, précité.

165. — Le droit de faire réglementer ou interdire l'usage commercial par un tiers d'un nom qu'il porte ou qu'un titulaire de ce nom l'a autorisé à employer, appartient naturellement et en premier lieu au négociant qui, lui-même, le porte en vertu des actes de l'état civil; mais, il n'est point le seul à pouvoir user de cette faculté. Ainsi, le cessionnaire d'un fonds de commerce connu sous le nom de son fondateur et autorisé par celui-ci à se servir de ce nom, peut demander à ce qu'un autre négociant, portant véritablement ce nom, ajoute à ce nom telle désignation nécessaire pour faire disparaître toute cause de confusion. — Paris, 20 mai 1854, Heidsieck, [cité par Teulet, 3.372] — Trib. Seine, 9 juill. 1863, Bonnet-Fichet, [Ann. prop. ind., 64.322]; — 9 sept. 1868, Lebourgeois, [Ann. prop. ind., 68.294] — Sic, Pouillet, n. 557; Amar, n. 309; Mayer, n. 22.

166. — De même, les possesseurs actuels d'un établissement commercial connu sous le nom de son fondateur, précédé du mot de maison, peuvent agir en suppression et en dommages-intérêts contre tout commerçant qui, portant ce même nom, l'emploierait de la même façon dans ses annonces de liquidation ou autres. — Trib. comm. Seine, 7 mai 1858, Bonnet, Thomas et Julmasse, [Ann. prop. ind., 58.301] — Sic, Rendu, n. 411. — V. aussi Paris, 10 juin 1869, Jalibert, [Ann. prop. ind., 69.340]

167. — Une société qui exploite le commerce sous un certain nom commercial peut demander à ce qu'une personne, portant réellement le même nom qui vient s'établir à proximité de ses magasins et se livre au même commerce, ajoute sur ses enseignes et réclames certaines indications de nature à différencier les deux établissements. — Trib. comm. Seine, 17 juin 1887, Eugène Carcassone fils et t Cie, [Ann. prop. ind., 91.82]

168. — Peu importe que parmi les membres d'une société en nom collectif, demanderesse au procès, ne figure plus une personne portant le nom qui fait l'objet du débat, alors que le nom revendiqué doit être considéré comme compris plutôt dans une marque de commerce que dans une raison sociale. — Paris, 27 déc. 1893, Ve Louis Pommery, [J. Le Droit, 21 janv. 1894, Gaz. Pal., 94.1.166, Ann. prop. ind., 94.89]

169. — Lorsque plusieurs personnes se sont réunies dans une intention de concurrence déloyale et ont fondé une société pour laquelle ils ont adopté comme dénomination le nom de l'une d'elles connu dans une branche d'industrie, le négociant qui croit avoir à se plaindre de cette collusion peut agir directement contre chacune de ces personnes, sans avoir à mettre en cause la société ainsi formée. — Paris, 7 août 1888, Tranquille Dubec et Demonchy, [Ann. prop. ind., 91.110]

170. — L'un des moyens assez fréquemment employé pour réaliser une concurrence déloyale consiste, de la part d'un négociant, à joindre à son nom celui de sa femme lorsque celui-ci sert déjà à désigner un établissement connu. Toutefois, il est essentiel de rappeler qu'en principe ne fait qu'user d'un droit généralement suivi dans le commerce, le négociant qui a ajouté à son nom celui de sa femme, ce qui peut avoir eu pour résultat de perpétuer à son profit un nom déjà connu et qui appartient légitimement à sa femme. — Paris, 3 juin 1859, Aragon, [D. 67.5.341] — Poitiers, 8 déc. 1863, Hériard, [S. 64.2.50, P. 64.439] — Limoges, 21 janv. 1888, Bourdeau, [S. 88.2.27, P. 88.2.205, D. 90.2.94] — Sic, Blanc, p. 714; Bédarride, t. 2, n. 743; A. Rendu, Tr. prat. des marq. de fabr. et de comm., n. 415; Ruben de Couder, vo Enseigne, n. 4; Plocque, p. 17; Allart, n. 30; Pouillet, n. 508 et 510; Lallier, n. 199, 216 et s.

171. — Par suite, le commerçant qui porte le même nom que la femme et exerce le même commerce que le mari ne peut prétendre que cette addition constitue à son préjudice un acte de concurrence déloyale. — Limoges, 21 janv. 1888, précité.

172. — ... Alors du moins que, les deux noms étant écrits en caractères identiques et réunis par un trait d'union, aucune confusion n'est possible entre les deux maisons de commerce. — Même arrêt.

173. — De même l'acquéreur d'une maison de commerce n'est pas fondé à exiger que le gendre du vendeur cesse d'ajouter à son nom le nom de son beau-père, bien qu'il exerce le même genre de commerce, surtout si le gendre portait ce nom avant la vente, et si l'acquéreur le lui a donné lui-même depuis dans diverses occasions. — Paris, 7 mars 1835, Poussielgue, [S. 35.2.235, P. chr., D. 35.2.95] — V. Allart, n. 32.

174. — On ne saurait refuser, en effet, à un individu le droit de faire usage de son nom et des qualités ou qualifications qui s'y rattachent, pour l'exercice de son industrie, à la charge, toutefois, qu'il n'en soit pas usé de manière à faire naître une confusion, dans l'esprit du public, entre ses produits et ceux d'une maison connue sous le même nom. — Bordeaux , 24 juin 1879, Vᵉ Chaumas, [*Ann. prop. ind.*, 80.186]

175. — Ainsi, lorsqu'un commerçant meurt laissant plusieurs enfants et que le fonds de commerce a commencé par rester indivis entre eux, l'un d'eux peut fonder dans son voisinage un établissement similaire de l'ancien et mettre sur son enseigne et sur ses papiers de commerce la mention : *gendre d'un tel*, alors d'ailleurs qu'il n'est possible de relever contre lui des faits de nature à créer une confusion entre les deux maisons. — Même arrêt.

176. — Mais, s'il est loisible à un commerçant d'ajouter à son nom celui de sa femme, c'est à la condition que cette addition n'ait pas le caractère d'une manœuvre destinée à établir une confusion préjudiciable à autrui. — Paris, 17 juin 1838, Fouré, [cité par Pouillet, n. 509] — Lyon, 13 nov. 1872, Blache, [D. 74.5.370] — Paris, 7 déc. 1889, Bergez, [*Ann. prop. ind.*, 90.341] — Trib. comm. Seine, 9 juin 1843, Loiseau-Pinson, [*Gaz. des trib.*, 10 juin 1843]; — 24 juin 1890, Latour, [*Gaz. Pal*, 90. 2.193] — *Sic*, Allart, *loc. cit.;* Pouillet, n. 508; Bert, p. 41.

177. — Spécialement, si la pratique du commerce autorise, dans certains cas, un négociant à joindre le nom de sa femme au sien dans une marque de fabrique, il appartient à la justice de réprimer ou de prévenir les abus qui peuvent résulter d'une telle tolérance et d'interdire l'usage du nom de sa femme à un commerçant qui l'exploite dans un intérêt de concurrence déloyale. — Montpellier, 24 déc. 1885, Violet frères, [*Ann. prop. ind.*, 86.265]

178. — De même lorsqu'un commerçant a autorisé l'un de ses deux gendres à faire usage de son nom, l'autre gendre venant s'établir près du magasin exploité par son beau-frère ne peut adjoindre à son nom celui de sa femme. — Lyon, 13 nov. 1872, précité. — *Sic*, Allart, n. 32; Rendu, n. 486 et 487. — V. aussi Paris, 11 févr. 1852, Mourot, [cité par Teulet, t. 1, p. 57] — Trib. comm. Seine, 13 juill. 1866, Franconi, [cité par Teulet, t. 16, p. 5]

179. — Commet donc un fait répréhensible celui qui, dans ses affiches et prospectus, joint à son nom celui de sa femme, lorsque cette adjonction a pour but de faire naître une confusion avec une maison rivale ou de faire croire à la continuation d'une société qui a jadis existé entre lui et son beau-père. — Paris, 21 déc. 1855, Manchon, [*Ann. prop. ind.*, 55.221]

180. — Pareillement lorsque les initiales du nom d'un fabricant sont inscrites dans la vignette composant avec elles la marque de fabrique qu'il a déposée, l'emploi de ces mêmes initiales par un autre fabricant dans sa marque peut, bien qu'elles soient celles de ses nom et prénoms et du nom de sa femme, être considéré par les juges, suivant les circonstances, comme constituant une concurrence déloyale, et autoriser contre lui, tant une condamnation à des dommages-intérêts que l'interdiction de se servir à l'avenir de ces simples initiales. — Cass , 1ᵉʳ juin 1874, Brossier, [S. 75.1.111, P. 75.264, D. 75.1.12]

181. — Il en est ainsi, alors même qu'un précédent arrêt aurait consacré au profit du fabricant, frappé par cette condamnation, le droit de se servir de ces mêmes initiales, si, d'une part, cet arrêt lui prescrivait de ne les employer qu'avec des indications propres à éviter toute confusion, et si, d'autre part, une désobéissance à cette injonction est constatée par le second arrêt. — Même arrêt.

182. — En tout cas, si un négociant peut, en s'autorisant d'un usage admis dans le commerce, joindre à son nom celui de sa femme pour les affaires de son négoce, il ne peut en cédant son établissement à un tiers lui conférer le droit de reprendre la raison sociale de la société dissoute et l'attribuer à une nouvelle société dont il ne fait pas partie. — Bordeaux, 17 nov. 1873, Leperche, [S. 74.2.145, P. 74.615, D. 75.2.82] — *Sic*, Plocque, p. 18; Lallier, n. 220. — *Contrà*, Lyon-Caen, note sous Bordeaux, 17 nov. 1873, [S. 74.2.145, P. 74.615]

183. — C'est une question assez délicate que celle de savoir quelles sont les modifications que la séparation de corps ou le divorce peut entraîner relativement au nom des époux : le mari qui joint à son nom celui de sa femme peut-il continuer à en user ainsi dans son commerce après la séparation de corps ou même après le divorce? La femme qui, se conformant à un usage constant, a pris le nom de son mari et fait le commerce sous ce nom peut-elle agir encore ainsi après le relâchement ou la dissolution du lien conjugal?

184. — Ces difficultés se présentent aussi, en pur droit civil,

alors qu'aucun intérêt commercial ne se trouve engagé : dans ce cas, dont nous n'avons pas à nous occuper ici, les principes rigoureux peuvent plus aisément recevoir leur application pleine et entière puisqu'en leur donnant satisfaction on ne court pas le risque de froisser des intérêts légitimes; que si, au contraire, le nom de l'un des époux a été pris par l'autre comme constituant, en tout ou en partie, son nom commercial, il serait peut-être excessif de dire, par exemple, que, le divorce rompant toute relation entre époux, le mari ne peut plus, après le divorce, joindre sur ses enseignes, dans ses factures, etc., le nom de sa femme au sien propre ou que la femme ne peut plus alors continuer à faire le commerce sous le nom de son mari ; on reconnaît que le nom d'un tiers peut être valablement pris comme nom commercial; pourquoi cet emprunt ne pourrait-il pas se faire entre époux et continuer à produire ses effets lorsque le mariage est dissous? Ainsi qu'on l'a très-bien dit « dans le cas de propriété d'un nom commercial où la commercialisation (qu'on nous passe l'expression) est comme une transformation du nom primitif, de quel droit priverait-on l'époux, si coupable qu'il fût, d'un bien qu'il a fait sien par son travail? La jurisprudence peut seule tenir compte de toutes ces nuances » (Carpentier, *Divorce*, n. 329). En résumé donc, la solution qui nous paraît devoir être suivie, si aucun texte contraire ne s'y oppose, consiste à laisser en ces matières aux tribunaux un large pouvoir d'appréciation dont ils doivent user de manière à éviter toute concurrence déloyale. — Poulle, *Du nom de la femme divorcée*, n. 15 et s.; Flurer, note sous Trib. Toulouse, 18 mai 1886, Ismaël, [D. 89. 2 9] — Lallier, p. 405. — V. aussi Trib. Toulouse, 18 mai 1886, Ismaël, [S. 86.2.119, P. 86.1.589, D. 89.2.9] — Poitiers, 14 mai 1888, sous Cass., 6 févr. 1889, Loudun, [S. 91.1.377, P. 91.1. 947, D. 90.1.269]

185. — Telle fut, malgré quelques divergences de la doctrine, la pratique généralement suivie en matière commerciale, jusqu'à la promulgation de la loi du 6 févr. 1893, qui porte modification au régime de la séparation de corps et qui, dans ses art. 2 et 3, a réglé, au moins en matière civile, la question du nom des époux divorcés ou séparés de corps.

186. — Quoi qu'il en soit de l'influence possible que peut exercer sur nos questions la loi de 1893, on peut remarquer que, dans le sens de l'opinion précédemment exposée, il a été décidé que si une femme, séparée de corps, est en droit de continuer à prendre dans ses annonces et enseignes le nom de son mari, les tribunaux peuvent néanmoins, en vue d'éviter toute confusion, ordonner certaines mesures de précaution, comme par exemple, de faire précéder son nom de femme de celui qu'elle portait avant son mariage. — Trib. comm. Marseille, 28 févr. 1881, Léon Espié, [*Ann. prop. ind.*, 92.9]

187. — Lorsque, dans le cahier des charges de la vente par licitation d'un fonds de commerce appartenant à deux époux séparés de corps, il a été stipulé que l'époux qui n'en resterait pas adjudicataire pourrait créer dans la même ville un autre établissement commercial de semblable nature, le mari non adjudicataire peut, en l'absence de clause contraire, former ce nouvel établissement même dans le voisinage du premier. — Caen, 20 janv. 1860, Delfraisy, [S. 61 2.73, P. 61.653] — *Sic*, Pouillet, n. 573.

188. — Et il a le droit de désigner son établissement par une enseigne portant son nom ainsi que l'indication de son genre de commerce, pourvu que cette indication ne soit pas de nature à produire une confusion entre le nouvel établissement et l'ancien. — Même arrêt.

189. — Mais, en pareil cas, le mari n'est pas fondé à exiger que sa femme fasse précéder le nom de lui, mari, existant sur l'enseigne de l'établissement adjugé à cette dernière, du mot Madame en toutes lettres, ou qu'elle prenne sur l'enseigne ses noms de fille : il suffit de l'addition du mot Madame en abrégé. — Même arrêt.

190. — Il est essentiel de remarquer, d'ailleurs, que le pouvoir discrétionnaire par nous reconnu aux tribunaux ne doit s'exercer qu'en vue de ménager des situations acquises : c'est uniquement, en vue de la *continuation* d'un commerce entrepris avant la séparation de corps ou le divorce, que nous considérons comme légitime cette intervention des tribunaux et que nous leur permettons d'autoriser l'un des époux à se servir encore, comme nom commercial, du nom de l'autre époux, mais cette raison de décider ne se retrouve pas, si l'on suppose qu'il s'agit d'un commerce entrepris après l'un ou l'autre de ces événements. Aussi,

admettons-nous, que sans qu'il y ait lieu de rechercher si la
femme perd par le divorce le droit de porter le nom de son mari,
on ne saurait douter que, lorsque la femme, après le divorce, a
fondé un commerce similaire à celui qu'exerçaient les époux pendant le mariage, et dont le mari a continué l'exploitation, ce fait
par la femme, dans l'exercice de ce commerce, de se qualifier de
« ex-femme de X... », constitue un acte de concurrence déloyale. —
Trib. Nantua, 18 févr. 1891, Chaffé, [S. et P. 92.2.59] — *Contrà*,
Huc, *Comment. théor. et prat. du C. civ.*, t. 2, n. 395.

191. — Et les juges peuvent, en allouant au mari des dommages-intérêts pour le préjudice qui lui a été ainsi causé, interdire à la femme de faire usage de cette qualification. — Même
jugement.

192. — De même, il a pu être décidé que la femme séparée
de corps ne peut créer, sous le nom de son mari, un fonds de
commerce voisin de celui jadis exploité en commun par les époux,
alors que la propriété de ce fonds a été adjugée au mari seul et
que d'ailleurs, le mari se déclare prêt à autoriser la femme à faire
tout autre commerce ou même celui qu'elle avait entrepris, pourvu
que ce soit dans un autre quartier et sous son nom patronymique.
— Lyon, 14 août 1872, Thibaut, [D. 72.5.371] — Trib. Lyon, 19
janv. 1872, Mêmes parties, [cité par Maillard de Marafy, t. 3,
p. 503]

193. — Telle devait donc être, selon nous, dans le silence
des textes, la solution à admettre avant la promulgation de la
loi du 6 févr. 1893, qui, dans ses art. 2 et 3, s'est occupée du
nom des époux séparés de corps ou divorcés. D'après son art.
2, dont les dispositions font partie intégrante de l'art. 299, C
civ., « par l'effet du divorce, chacun des époux reprend l'u-
sage de son nom »; d'après son art. 3, qui a modifié l'art. 311,
C. civ., « le jugement qui prononce la séparation de corps ou un
jugement postérieur peut interdire à la femme de porter le nom
de son mari, ou l'autoriser à ne pas le porter. Dans le cas où le
mari aurait joint à son nom le nom de sa femme, celle-ci pourra
également demander qu'il soit interdit au mari de le porter. »

194. — Pour le cas du divorce, il semble nécessaire d'admettre avec M. Arnault, rapporteur de la loi à la Chambre des
députés, que « le mari coupable peut, par esprit de vengeance,
contraindre son ex-femme à ne plus faire usage de son nom :
les tribunaux n'ont pas de pouvoir discrétionnaire. Et la femme
est réduite à mettre sa maison de commerce sous la rubrique de
son état civil : une telle, épouse divorcée d'un tel; ainsi, elle
conserve le nom commercial, en le faisant précéder du sien ».
— Arnault, p. 329; Cabouat, *Explication théorique et pratique
de la loi du 6 févr. 1893*, p. 116; Sarrand, *Commentaire de la
loi du 6 févr. 1893, sur la séparation de corps*, p. 56-64; Thié-
not, p. 380.

195. — Nous n'admettrions, d'ailleurs, la femme à prendre
dans son commerce la qualité d'ex-femme divorcée de X....,
qu'autant que, précédemment au divorce, elle se livrait déjà
sous ce nom à un commerce séparé; hors cette circonstance,
elle ne peut, en effet, songer à se servir du nom de son mari
que pour couvrir un fait de concurrence déloyale et l'on ne saurait courir cette restriction argumenter de la solution que nous
adopterons relativement à la qualité d'ancien élève, d'ancien
employé, etc.; nous pensons, qu'en principe, on peut légitimement se prévaloir dans son commerce de l'une ou de l'autre de
ces qualités parce qu'on a intérêt à le faire et que c'est un moyen
commode de faire connaître à ses clients les aptitudes spéciales
que l'on peut avoir; les mêmes raisons ne se retrouvent pas au
cas d'époux divorcé; en vue de ne pas porter une atteinte trop
grave à une situation acquise, on peut reconnaître comme légitime l'emploi de la formule que nous venons de rappeler, mais si
ce motif n'existe pas, on ne voit pas sur quoi on pourrait s'ap-
puyer pour permettre à la femme le rappel de sa qualité.

196. — Sous bénéfice de cette réserve ainsi limitée dans ses
effets, il faut donc admettre qu'après le divorce la femme ne
peut plus, même dans son commerce, faire usage du nom qu'elle
portait durant son mariage; cette opinion se fonde sur la généralité du nouvel art. 299, et sur la discussion de la loi au Sénat :
M. Boulanger, partisan du pouvoir discrétionnaire des tribunaux, avait dit : « Si la femme a absolument besoin de cette industrie pour faire vivre les siens, les tribunaux lui permettront
de continuer le commerce. Le tribunal sera le maître de lui
retirer cette permission quand il le voudra. De cette façon, vous
aurez adopté une solution qui concilie à la fois les intérêts de la
femme et les principes de la législation sur le divorce..... En

terminant, permettez-moi d'ajouter que si vous en décidez autrement, vous placerez la femme dans une situation extrêmement
pénible. Elle a absolument besoin de son commerce pour vivre
et faire vivre les enfants qu'on lui a laissés. Cependant, elle est
exposée à la ruine, si elle perd le nom qui forme son seul crédit. Alors, elle ne demandera pas le divorce, elle sera placée
entre ses intérêts moraux et ses intérêts pécuniaires, et vous lui
aurez donné d'une main un présent que vous allez lui retirer de
l'autre » (*J. off., Déb. parl.*, Sénat, séance de janvier 1887,
p. 20, col. 2).

197. — Il lui fut répondu par M. Allou, l'un des auteurs
de la proposition, de la manière suivante : « Comment acceptez-
vous, par exemple, que la femme qui aura créé un établissement
commercial soit autorisée par la justice à continuer à prendre le
nom du mari quand rien ne la rattache plus à celui-ci? Mais la
femme peut courir des aventures comme commerçante! mais elle
arrivera peut-être à la faillite! Et vous croyez qu'il est possible
que le mari divorcé, ayant séparé complètement son existence,
ses intérêts, son nom, de l'existence, des intérêts, du nom de sa
femme, puisse être mis en faillite, en quelque sorte sous le nom
de sa femme commerçante, parce que le tribunal l'aura autorisée
à continuer les affaires dans les conditions dans lesquelles elle
les avait autrefois poursuivies? C'est impossible. »

198. — M. Allou est même allé, dans sa réponse, jusqu'à repousser implicitement le palliatif que nous avons proposé; c'est
ce qui semble résulter du passage suivant de son discours : « Il
n'est pas si embarrassant que le croit l'honorable M. Boulanger
de répondre aux difficultés de la situation. On fera, dans ce
cas, ce qu'on fait dans tous les cas où l'association est brisée :
on enverra une circulaire commerciale dans laquelle la femme
commerçante dira qu'elle abandonne les affaires dans les conditions où elle les avait fait prospérer : qu'à partir de telle époque,
l'ancienne maison une telle continuera les affaires sous telle autre
dénomination. De cette façon, on pare à tous les inconvénients
et à toutes les difficultés » (*J. off., loc. cit.*). — V. en ce sens,
Sarrand, p. 68.

199. — Nous n'en persistons pas moins à penser que, dans
son commerce, la femme peut rappeler sa qualité de femme divorcée : cette solution n'est pas contraire au texte de la loi puisque, même en ce cas, on peut dire que chacun des époux a re-
pris l'usage de son nom. On doit donc considérer comme purement personnelle, à la supposer contraire, l'opinion de M. Allou,
d'autant plus qu'elle se trouve en contradiction avec celle qu'à
exprimée dans son livre M. Arnault, rapporteur de la loi à la
Chambre des députés.

200. — En tous cas, il est incontestable que les époux sont
en droit de régler comme ils l'entendent la question de l'usage
de leur nom pour l'hypothèse éventuelle ou déjà réalisée du divorce; une pareille convention devrait être considérée comme
nulle, dans les rapports de pur droit civil, à raison de ce que la
matière des noms patronymiques est d'ordre public, mais il n'en
saurait être ainsi en matière commerciale, puisque tout le monde
est d'accord pour reconnaître que le nom commercial peut valablement faire l'objet d'une transmission. — Arnault, p. 329; Cabouat, p. 117; Sarrand, p. 66.

201. — Cet accord exprès entre les époux n'est d'ailleurs
utile, pour maintenir à l'un d'eux l'usage de celui de l'autre,
qu'autant qu'il s'agit pour celui-là de continuer, après le divorce,
l'exploitation d'un fonds précédemment entrepris à titre personnel; que si, au contraire, il s'agit d'un fonds de commerce dépendant de l'ancienne communauté, ayant jadis existé
entre les époux, celui des deux qui s'en rend adjudicataire peut,
nonobstant le divorce et en l'absence de toute entente préalable,
continuer à se servir de l'ancienne raison de commerce où, peut-
être, se trouve compris le nom de son ancien conjoint; il en est
ainsi, puisque la raison de commerce fait partie du fonds même
et que l'époux adjudicataire ne peut évidemment avoir moins
de droit que n'en aurait un tiers quelconque qui se serait rendu
adjudicataire de ce même fonds; il est essentiel de remarquer,
d'ailleurs, que, comme tout cessionnaire, l'époux adjudicataire
doit prendre soin d'indiquer sa qualité de successeur, pour ne
point s'exposer à une action en concurrence déloyale. — Cabouat, p. 117; Lallier, n. 208.

202. — Toutes les distinctions qui viennent d'être faites à
l'égard du nom des époux divorcés peuvent être reproduites à
l'égard du nom des époux séparés de corps; les raisons qui ont
été précédemment indiquées les justifieraient encore au besoin

dans cette autre hypothèse; mais au cas de séparation de corps, il n'y a pas rupture du lien conjugal; aussi le législateur s'est-il gardé de poser un principe absolu pour ce cas comme pour celui du divorce; tout dépend alors de la volonté des époux eux-mêmes : leur silence est interprété en ce sens qu'ils ne s'opposent pas à la continuation de la pratique antérieure; ils peuvent toutefois demander aux tribunaux qu'il soit porté remède à cet état de choses; mais, étant donné la forme purement facultative employée par le législateur, il nous paraît que les tribunaux peuvent, au cas de demande de l'un ou de l'autre des époux, jouir d'un large pouvoir discrétionnaire. La réconciliation, toujours possible et toujours désirable entre époux simplement séparés de corps, peut encore être invoquée à l'appui de cette opinion. — V. Cabouat, p. 118; Sarrand, p. 70.

203. — Il est bien évident que dans ces divers cas, ou, soit en vertu de la loi, soit en vertu du jugement, il sera interdit à un époux de se servir dans son commerce du nom de son conjoint, il y aura concurrence déloyale de la part de l'époux qui en fera usage dans son commerce — Cabouat, p. 122.

204. — Indépendamment du divorce, le mariage peut être dissous par la mort de l'un des époux; il n'y a pas toujours en ce cas les mêmes motifs qui font parfois qu'au cas de divorce l'un des époux a un grand intérêt moral à ce que son nom ne continue pas à être employé, même en matière commerciale, par son ancien conjoint; néanmoins, rigoureusement, à ne considérer que les seuls principes du droit civil, le mari ne peut plus désormais joindre à son nom celui de sa femme et celle-ci ne peut plus porter le nom de son mari (1).

205. — Mais, on sait qu'en matière commerciale, cette rigueur peut être considérablement atténuée en fait : l'absence de tout texte contraire permet même de reconnaître aux tribunaux un large pouvoir d'appréciation; il est bien entendu, d'ailleurs, que ceux-ci doivent prendre toutes les mesures nécessaires en vue d'empêcher que des actes de concurrence déloyale ne soient commis par l'emploi abusif du nom d'un époux prédécédé. — Allart, n. 31; Pouillet, n. 511; Amar, n. 346. — V. Mayer, n. 20.

206. — En tous cas, on doit admettre que, comme le nom commercial et industriel sous lequel une maison est connue tient à l'établissement et se perpétue avec lui, il passe, lorsqu'il se confond avec le nom patronymique d'une personne, aux héritiers légitimes ou testamentaires de celle-ci et notamment à sa veuve; il importe peu que celle-ci ait changé de nom par un second mariage; ce fait ne peut porter atteinte à son droit de propriété sur le fonds de commerce dont elle ne peut jouir complètement que si on lui permet d'user de la dénomination commerciale sous laquelle il est connu. — Paris, 19 mars 1890, Varnier, [J. Le Droit, 27 avr. 1890; J. La Loi, 23 août 1890] — Sic, Pouillet, n. 574; Propr. industr. (de Berne), 1892, p. 156.

207. — La veuve, même remariée, a donc encore le droit de désigner son établissement sous le nom de son premier mari, lorsque c'est comme héritière du prédécédé qu'elle est devenue propriétaire de cet établissement. — Nancy, 22 févr. 1859, Comond, [D. 59.2.49] — Amiens, 5 janv. 1894, Lefebvre et Cie, [Journ. des audiences de la cour d'Amiens, 94.76] — Sic, Maillard de Marafy, t. 6, p. 36, Le Hir, [61.2.266]

208. — Mais tout parent du prédécédé, portant le même nom que lui, peut s'opposer à toute mention de nature à laisser croire que le chef de la maison est toujours le même. — Trib. Seine, 9 août 1864, Hamon, [Ann. prop. ind., 66.31] — Sic, Maillard de Marafy, t. 6, p. 27.

209. — La veuve d'un commerçant est, d'ailleurs, tenu de faire précéder sa raison sociale du prénom de son mari, lorsque l'omission de ce prénom est de nature à amener une confusion préjudiciable à autrui. — Paris, 20 nov. 1846, Ve Isidore Duprey, [P. 46.2.731]

210. — Cette faculté pour la veuve de continuer à faire usage dans son commerce du nom de son ancien conjoint doit apparaître comme constituant presqu'une nécessité, dans certains cas, si l'on admet, avec un arrêt, qu'une veuve ne peut faire le commerce sous son seul nom de fille, alors que son frère fait un commerce similaire sous le même nom. — Paris, 18 juill. 1878, Sits, [S. 78.2.241, P. 78.1.993]

211. — Décidé, dans la même espèce, que cette veuve ne peut surtout faire le commerce en commun avec son fils sous son seul nom de fille, suivi de : « et fils », le fils n'ayant aucun droit au nom de sa mère. — Même arrêt.

212. — Tout ce qui a été précédemment établi (V. suprà, n. 87 et s.) quant à l'usurpation du nom des personnes ou de celui des sociétés en nom collectif ou en commandite est également vrai à l'égard des sociétés anonymes et des autres associations. Ainsi, lorsqu'une confusion peut naître entre les dénominations de deux compagnies d'assurances, celle de ces deux sociétés qui jouit d'un droit de priorité peut exiger que sa rivale change de raison sociale. — Trib. comm. Seine, 7 juill. 1862, le Lloyd français, [Ann. prop. ind., 62.412] — Sic, Allart, n. 37; Pouillet, n. 463.

213. — Un tribunal doit donc imposer à une compagnie d'assurances la modification de son titre lorsque celle-ci, devant se livrer à un genre déterminé d'assurances, a adopté une dénomination qui rappelle celle d'une autre compagnie qui déjà se livre à ce genre d'opérations. — Paris, 17 nov. 1852, [cité par Teulet, t. 2, p. 52] — Trib. comm. Seine, 3 févr. 1850, [cité par Blanc, p. 728]; — 12 août 1853, Alvarès, [Gaz. des trib., 24 sept. 1853]; — 17 nov. 1880, La Fraternelle parisienne, [Ann. prop. ind., 84.231]

214. — Une société d'assurances formée en province sous le nom d'Iris peut faire interdire à une seconde compagnie qui se forme l'usage de la même dénomination, alors même que la demanderesse n'aurait pas encore effectivement commencé ses opérations, pourvu d'ailleurs qu'elle soit déjà constituée. — Paris, 1er juin 1840, Cie de l'Iris, [Gaz. trib., 2 juin 1840]

215. — De plus, la compagnie d'assurances, connue sous un nom déterminé, est fondée à revendiquer la priorité de ce titre à l'égard d'une autre compagnie qui l'a adopté comme sous-titre, du moment où cet emploi simultané de la même désignation peut amener une confusion regrettable, et alors même qu'elle aurait longtemps toléré l'usage de son titre par la compagnie rivale. — Trib. comm. Seine, 23 janv. 1860, Compagnie d'assurances générales, [Ann. prop. ind., 64.139] — V. cep. Paris, 10 nov. 1857, La Paternelle, [cité par Le Hir, 65.2.96]

216. — Pareillement, le propriétaire d'un établissement industriel, d'une pharmacie, en l'espèce, qui adopte même en sous-ordre, une désignation commerciale dont un autre est déjà en possession, commet un acte de concurrence déloyale qui rend admissible contre lui une action en suppression de désignation et une action en dommages-intérêts. — Trib. comm. Seine, 24 juill. 1857, Dorvault, [Ann. prop. ind., 58.425]

217. — Une compagnie française d'assurances peut s'opposer à ce qu'une compagnie étrangère, portant le même nom, établisse sous ce nom une succursale en France; il importe peu que la compagnie étrangère ait été fondée à l'étranger antérieurement à la société française, et que sa raison sociale, ayant le même sens que celle de la société française, soit rédigée en langue étrangère. — Trib. comm. Seine, 1er sept. 1854, [cité par Blanc, p. 702] — Sic, Pouillet, n. 468.

218. — Lorsqu'une société a accolé comme une de ses devancières, à sa désignation légale, une dénomination qualificative révélant au public la nature de son industrie, les tribunaux peuvent ordonner, en vue d'une confusion possible, que cette société ne pourra faire usage de la dénomination usuelle par elle adoptée qu'en la faisant précéder ou suivre de la raison sociale qui est son nom légal. — Paris, 16 juin 1887, Société française de tranchage des bois, [Ann. prop. ind., 89.222]

219. — Se rend coupable de concurrence déloyale une compagnie de tramways qui, dans le but de faire naître à son profit une confusion entre elle et une compagnie de chemins de fer, usurpe, pour sa dénomination, l'appellation propre de cette dernière et s'efforce, en outre, de détourner à son profit une partie des voyageurs de ladite compagnie de chemins de fer, en effectuant ses parcours à une vitesse d'un tiers plus grande que celle déterminée à son cahier des charges. — Paris, 13 déc. 1892, Cie des chemins de fer de Bayonne à Biarritz, [Gaz. pal., 7 janv. 1893]

220. — Faisons remarquer d'ailleurs à ce sujet que, comme le nom de tramway est un nom générique qui ne peut faire l'objet d'une propriété privée, et que dans l'usage ce nom s'applique à toute voiture, même ne suivant pas une voie ferrée, mais qui transporte des voyageurs à bas prix, un entrepreneur de transport peut donner à ses voitures le nom de tramways et se servir

---

(1) Il est même douteux que légalement, le mariage, tant qu'il subsiste, produise un effet quelconque sur le nom de l'un ou de l'autre des époux; les modifications que l'on constate chaque jour sont simplement l'effet de l'usage et la loi n'y est pour rien.

de la corne et du sifflet d'appel, alors qu'il n'y a pas de confusion possible entre ses voitures et celles de ses concurrents. — Nîmes, 9 févr. 1881, C⁰ des tramways de Nîmes, [*Ann. prop. ind.*, 89.37] — V. Blanc, p. 709.

221. — Il est nécessaire, pour qu'on puisse réglementer l'usage d'un homonyme ou au besoin pour qu'on puisse en ordonner la suppression, que chacune des parties en cause exerce un même commerce ou un commerce semblable. Ainsi, une compagnie d'assurances, désignée sous le nom de *l'Urbaine*, ne peut s'opposer à ce qu'une compagnie, pour le balayage des rues, prenne la même dénomination qu'elle-même, alors surtout que le siège social de l'une et de l'autre est établi dans des villes différentes. — Lyon, 9 déc. 1840, C⁰ *l'Urbaine*, [S. 41.2.151, D. 41.2.142] — *Sic*, Pouillet, n. 507; Allart, n. 36 et 38.

222. — Le commerçant qui, vendant du thé et du chocolat, a adopté comme dénomination les mots *compagnie coloniale*, ne peut pas agir en concurrence déloyale contre celui qui a adopté la même dénomination pour le commerce des cafés. — Paris, 9 avr. 1889, Vinet et C⁰, [*Ann. prop. ind.*, 90.103] — Sur le point de savoir si la solution aurait encore été la même, à supposer que la dénomination incriminée ait constitué une véritable marque de fabrique, V. *Rép. du dr. fr.*, v⁰ *Marques de fabrique*.

223. — C'est en faisant de cette idée, juste en soi, une application exagérée, qu'il a été décidé qu'une compagnie d'assurances maritimes ne peut s'opposer à ce qu'une compagnie d'assurances contre l'incendie choisisse la même dénomination qu'elle-même. — Trib. comm. Seine, 23 mars 1864, *la Centrale*, [*Ann. prop. ind.*, 64.141]

224. — Mais le public est disposé à considérer comme ne formant qu'un seul tout les diverses compagnies qui, sous une même dénomination, exploitent les diverses branches de l'assurance; ainsi, au cas de similitude de nom, la confusion est en fait possible, en ce sens que la mauvaise réputation de l'une des compagnies pourrait rejaillir sur l'autre portant le même nom. — Aussi, a-t-il été, à plus forte raison, décidé que la compagnie qui, sous une certaine dénomination, *la Nationale*, en l'espèce, exploite une ou plusieurs branches d'assurances, peut demander à ce qu'une autre compagnie, qui se livre à d'autres opérations d'assurances, abandonne un nom, la *Société nationale*, en l'espèce, qui peut prêter à la confusion. — Trib. comm. Seine, 26 mars 1881, *la Nationale*, [*Ann. prop. ind.*, 81.190]

225. — Celui qui, en première instance, a revendiqué la propriété d'un nom ou d'une dénomination industrielle, par exemple, du nom d'un hôtel garni, et qui, par voie de conséquence, a demandé qu'il soit interdit au défendeur de désigner son hôtel sous ce nom, soit par ses enseignes, soit dans les journaux, peut, en appel, sans en cela former une demande nouvelle, demander d'une manière absolue qu'il soit interdit à son adversaire de faire usage, de quelque manière que ce soit, de cette désignation, non seulement dans ses enseignes ou annonces, mais encore sur les objets à l'usage de l'hôtel. — Cass., 22 déc. 1863, C⁰ immobilière, [S. 64.1.42, P. 64.321, D. 64.1.121]

226. — Les sociétés et associations dont nous nous occupons actuellement ne reçoivent leur nom qu'à la suite d'un choix qui en est fait par leurs fondateurs, alors que les particuliers doivent le leur au hasard de la naissance, et que les sociétés anonymes ou en commandite le tirent de celui de certains de leurs associés. Dans ce dernier cas, le nom doit être protégé, qu'il soit répandu ou non, puisqu'il ne dépend pas des intéressés de porter un nom qui soit absolument nouveau; pour les dénominations des sociétés anonymes et autres associations, au contraire, elles ne sont garanties contre les usurpations des tiers que si elles ne sont pas tombées dans le domaine public, c'est-à-dire que si, d'une part, elles n'ont point déjà été employées pour désigner un commerce ou une industrie semblable, et que si, d'autre part, elles ne sont pas devenues la désignation nécessaire de telle ou telle branche de l'industrie ou du commerce : comment, en effet, un négociant pourrait-il légitimement se plaindre de la confusion qui s'établit entre sa maison et celle d'un tiers, alors qu'à raison même du choix qu'il a librement fait, il devait s'attendre à cette confusion qu'il pouvait facilement éviter en donnant la préférence à une dénomination plus caractéristique? — Allart, n. 36; Mayer, n. 19.

227. — Le tout dépend d'ailleurs des circonstances de la cause. Ainsi, il a pu être jugé, dans un cas particulier, que, pour contester le caractère de nouveauté d'une dénomination employée par une société, on ne peut arguer de ce fait qu'une compagnie

similaire, exerçant la même industrie, en a fait précédemment usage dans une partie éloignée de la France. — Paris, 28 nov. 1891, Société anonyme des chalets de nécessité, [*Gaz. des trib.*, 17 janv. 1892]

228. — Jugé, encore, que si, en groupant des mots pris dans la langue usuelle, pour dénommer son exploitation commerciale, une société acquiert un droit de propriété sur cette dénomination, cette propriété ne saurait s'étendre aux termes employés pour indiquer l'objet même de cette exploitation, lorsqu'elle se rapporte à une industrie dans le domaine public. — Paris, 4 août 1887, Compagnie générale des voitures à Paris, [D. 88.2.174]

229. — Notamment, comme il est constant que l'exploitation des voitures dans la ville de Paris est dans ce cas, si les mots de *compagnie générale des voitures* qui font partie de la dénomination prise par une société ont été adoptés par elle antérieurement à la création d'une autre société, cette partie du titre, désignant une industrie commune à beaucoup d'autres sociétés peut être employée par d'autres sociétés, sans donner lieu à aucun grief de concurrence déloyale. — Même arrêt.

230. — Mais, la dénomination de compagnie du canal des deux mers est une désignation spéciale et caractéristique; on ne saurait prétendre que ce titre constitue une expression consacrée et tombée depuis longtemps dans le domaine public. — Trib. Seine, 27 févr. 1894, Société anonyme du canal des Deux-Mers de l'Océan à la Méditerranée, [J. *Le Droit*, 1ᵉʳ mars 1894]

231. — De même, comme le mot *Veritas* n'est pas une appellation nécessaire pour l'industrie des renseignements maritimes, il constitue une propriété privée au profit de la société qui se consacre à ce genre d'industrie, l'emploie depuis longtemps comme raison sociale, et, par suite, celle-ci peut s'opposer à ce qu'une autre société, fondée en vue de fournir des renseignements commerciaux, en fasse usage, alors qu'il existe une certaine analogie entre les genres d'industrie exploités par les parties en cause et qu'il apparaît manifestement que le défendeur, en usurpant partie du titre de la société demanderesse, n'a poursuivi qu'un but, celui de profiter, en faveur d'une confusion provoquée par lui, de la notoriété indiscutable dont jouit le *Bureau Veritas* dans le monde commercial. — Trib. comm. Seine, 1ᵉʳ sept. 1891, Bureau Veritas, [*Gaz. Pal.*, 91.2.324]

232. — On conçoit aisément telles hypothèses, où deux dénominations prises isolément soient suffisamment distinctes pour que toute confusion entre elles soit en principe impossible et où, néanmoins, une confusion peut parfois se produire par suite de la négligence ou de la mauvaise foi de l'une des sociétés; des dommages-intérêts peuvent en ce cas être prononcés à la charge de celle-ci. Il en est ainsi dans le cas où des industriels ont adopté une raison sociale qui se distingue, notamment par certaines adjonctions, de celle employée par d'autres commerçants, mais où, à leur connaissance et sans qu'ils aient manifesté d'opposition, certains de leurs voyageurs de commerce se présentent aux détaillants dans des conditions telles qu'on peut les considérer comme des représentants de l'autre maison. — Trib. Seine, 30 juin 1892, Picon et C⁰, [J. *La Loi* du 6 juill. 1892]

233. — L'observation qui vient d'être présentée quant à la dénomination des sociétés anonymes, peut être reproduite à l'égard des pseudonymes que choisissent certains particuliers; ils n'ont droit à la protection que s'ils sont nouveaux, ou mieux que si dans le genre d'industrie ou de commerce où on se propose de l'employer, il n'est pas déjà employé, soit comme nom patronymique, soit comme pseudonyme. — Aussi, celui qui, le premier, a pris comme enseigne la qualification d'artiste tronc, peut s'opposer à ce qu'un tiers choisisse la même dénomination, bien que les mots artiste et tronc, pris séparément, fassent partie du domaine public, il ne s'ensuit pas que leur adjonction soit la qualification nécessaire d'une situation physique semblable. — Trib. comm. Bordeaux, 11 mars 1885, Kobelkoff, [*Ann. propr. ind.*, 86.340] — *Sic*, Allart, n. 34; Mayer, n. 20; Amar, n. 316, 350.

234. — Cette réserve faite, il peut y avoir poursuite en concurrence déloyale au cas d'emploi non autorisé. — Aussi, il y a lieu de condamner à des dommages-intérêts le directeur de théâtre qui annonce et fait paraître un artiste sous un pseudonyme qui, depuis plusieurs années, appartient à un autre artiste. — Paris, 30 déc. 1868, Gravelet dit Blondin, [S. 69.2.139, P. 69.598, D. 69.2.224] — Trib. comm. Seine, 17 juill. 1867, Gravelet dit

Blondin, [*Ann. propr. ind.*, 67.303] — *Sic*, Allart, n. 33 ; Pouillet, n. 512.

235. — De même le fabricant, dans l'espèce un fabricant de vin de Champagne, qui a contracté l'habitude de vendre ses produits sous un nom imaginaire, peut agir en dommages-intérêts contre ceux de ses concurrents qui, usurpant le nom qu'il a continué d'employer, vendent sous ce nom les produits de leur fabrication. — Paris, 5 nov. 1855, Thomas, [S. 56.2.234, P. 56.2.106, D. 56.2.144]

236. — Le négociant qui a adopté comme marque de fabrique un nom qui n'est pas le sien, disposé d'une certaine façon, peut s'opposer à ce qu'un autre négociant, portant ce même nom, l'emploie sous ce même aspect sur les produits qu'il met en vente. — Paris, 20 août 1863, Massez, [*Ann. propr. ind.*, 64.318]

237. — Bien plus, un individu qui porte véritablement un nom choisi par un tiers comme pseudonyme, ne peut s'en faire un moyen de concurrence déloyale à l'égard de celui qui est en possession du pseudonyme ; il ne peut donc notamment en faire l'apport à une société uniquement créée en vue de profiter de cette similitude de nom. — Paris, 10 janv. 1858, Job, [cité par Teulet, t. 7, p. 115] — V. Pouillet, n. 380.

238. — De même, commet vis-à-vis de sa mère un acte de concurrence déloyale la jeune fille qui joint à son nom de famille celui sous lequel sa mère était connue dans le commerce. — Trib. comm. Seine, 1er juin 1855, Oudot et Manoury, [D. 55.5.275]

239. — Le pseudonyme appartient, en principe, à celui qui l'emploie, et spécialement, en matière littéraire, à celui qui s'en sert pour signer ses œuvres ou ses articles. Mais il se peut que le choix ne soit pas le fait de l'auteur ; en ce cas, la propriété du pseudonyme appartient évidemment à celui qui l'a imaginé. — En conséquence, commet un acte de concurrence déloyale l'auteur qui, après avoir, dans un journal, écrit différents articles sous un pseudonyme dont la conception ne lui appartient pas, mais qui a été adopté comme une signature générale par un journal, fournit à une autre publication des articles analogues qu'il signe de ce pseudonyme. — Trib. Seine, 16 janv. 1883, Piégu, [*Ann. propr. ind.*, 89.317] ; — 24 janv. 1889, *Gil Blas*, [*Droit industriel*, 89.155] — Sic, Amar, n. 316 *in fine* ; Rosmini, *Droit d'auteur*, 88.16 ; X..., *Droit d'auteur*, 90.83. — V. *Rép. du dr. fr.*, v° *Brevet d'invention*, n. 929 et s.

§ 2. Nom de localité.

240. — Notre intention n'est pas, ainsi d'ailleurs que nous l'avons précédemment indiqué, de fournir ici un commentaire de la loi des 28 juill.-4 août 1824, qui frappe de peines correctionnelles, notamment, quiconque appose, ou bien faire paraître par addition, retranchement ou par une altération quelconque sur des objets fabriqués, le nom d'un lieu autre que celui de la fabrication. Nous supposerons donc que le nom de localité usurpé n'apparaît pas sur les produits, mais est employé, par exemple, dans des prospectus, annonces, etc., ou, encore, que, pour un motif ou pour un autre, il n'y a pas eu poursuite pénale, bien que, se trouvent réunies les conditions prescrites par la loi de 1824. Même restreinte de cette façon, l'étude de l'usurpation du nom de localité est encore très-importante. Ainsi donc, le fait par un commerçant d'avoir pris faussement, sur des factures et annonces, la qualité de fabricant dans une localité où une maison rivale est établie, constitue un acte de concurrence déloyale qui le rend passible de dommages-intérêts vis-à-vis de cette maison. — Cass., 4 mai 1868, Monteux, [S. 68.1.293, P. 68.757, D. 69.1.288] — Sic, Blanc, *Contrefaçon*, p. 730 ; Allart, n. 39 ; Pouillet, n. 394 ; Lallier, n. 213. — V. aussi la convention de Madrid (1891), sur les fausses indications de provenance.

241. — Spécialement, lorsque le nom de la localité où est situé un établissement industriel forme la partie la plus importante de la marque du fabricant, le fait par un autre fabricant de produits similaires, dans une localité voisine, de mettre sur ses produits le nom de la même localité, dans le but d'établir une confusion et de détourner la clientèle du premier fabricant, constitue un acte de concurrence déloyale qui le rend passible de dommages-intérêts envers celui-ci, et qui autorise l'interdiction à lui faite de mettre à l'avenir sur ses produits le nom de la localité dont il s'agit. — Cass., 17 nov. 1868, Perrusson, [S. 69.1.82, P. 69.168] — Trib. Seine, 30 juin 1880, P. Grézier, Maillard de Marafy, t. 2, p. 655]

242. — Il en est de même lorsqu'on donne à un produit le nom d'un lieu où on ne le fabrique pas, mais où se trouve un autre fabricant qui a donné à un produit semblable le nom de la ville où il le fabrique. — Douai, 6 juill. 1876, Louquetz, [*Ann. prop. ind.*, 76.317]

243. — Commet aussi un acte de concurrence déloyale celui qui met ses produits dans des boîtes où figure en gros caractères le nom d'une ville renommée pour leur fabrication, alors qu'il est lui-même établi dans un autre endroit et que la mention de cette ville est précédée de l'indication *fabriqués comme à...* imprimée en caractères minuscules. — Trib. comm. Nantes, 12 mars 1880, Peltier et autres, [*Ann. prop. ind.*, 83.557]

244. — Bien plus, il y a concurrence déloyale à mentionner en vue de créer une confusion, comme lieu de fabrication un endroit indiqué comme tel par un concurrent, alors que, pour l'un comme pour l'autre, cette mention est inexacte. — Trib. Avesnes, 3 avr. 1874, Boch frères, [*Ann. prop. ind.*, 74.382]

245. — S'il en est ainsi, c'est que le nom d'une ville appartient exclusivement aux industriels qui y possèdent des fabriques ; eux seuls peuvent, à l'exclusion des étrangers, en revêtir leurs produits et profiter ainsi de la réputation acquise par une fabrication spéciale. — Amiens, 3 déc. 1886, Tausin, [*Ann. prop. ind.*, 87.190] — Trib. comm. Nantes. 30 nov. 1878, Mellinet et autres, [*Ann. prop. ind.*, 87.201] — Trib. comm. Seine, 19 nov. 1881, Voiret, [*Ann. prop. ind.*, 83.47]

246. — Ce droit, pour ainsi dire indivis, reconnu à tous les habitants d'une localité, amène ce résultat que tout individu qui fait commerce des produits d'un certain endroit peut les signaler au public par la mention du lieu de production, sans s'exposer, pour cela, à une poursuite en concurrence déloyale de la part de celui qui, le premier, a fait usage de cette indication de provenance. — Cass., 24 févr. 1840, de Laleu, [S. 40.1.612, P. 41.2.320, D. 40.1.161] ; — 15 juill. 1863, Michel, [*Ann. prop. ind.*, 63.328] — Lyon, 6 déc. 1866, Chabrier, [*Ann. prop. ind.*, 70.73] — Pau, 27 juill. 1867, Paillasson, [D. 67.2.218] — Trib. Havre, 3 juin 1859, Levigoureux et Postel, [*Ann. prop. ind.*, 59.279] — Trib. comm. Nancy. 21 juill. 1858, Cuny-Géraud, [cité par Teulet, t. 8, p. 147] — Trib comm Seine, 8 oct. 1863, Tilleul-Bataillier, [cité par Teulet, t. 14, p. 186] — Sic, Allart, n. 40 ; Calmels, n. 135 ; Pouillet, n. 404.

247. — Spécialement, un industriel qui a fait figurer dans sa marque le nom de la ville où il a son principal établissement ne peut se plaindre qu'un autre négociant qui possède dans cette même ville une maison de vente de ses produits indique sur ces papiers de commerce le nom de cette localité. — Rouen, 5 juin 1883, Lanman et Kemp, [D. 84.2.177]

248. — De même, le fait par un fabricant d'avoir pris pour nom commercial et pour marque de fabrique le nom de la localité où est situé son établissement ne saurait empêcher les autres fabricants de la même localité d'en faire entrer le nom dans leurs marques, alors surtout qu'il s'agit d'un produit naturel du sol, sauf aux tribunaux à prescrire les mesures nécessaires pour éviter une confusion. — Grenoble, 11 févr. 1870, Duru, [S. 70.2.76, P. 70.421, D. 71.2.120]

249. — Dans une espèce analogue, il a été décidé à juste raison que, lorsque dans une localité renommée pour la production de certains produits agricoles, plusieurs personnes se consacrent à cette industrie, l'une d'elles ne peut, dans ses prospectus et annonces, se donner comme se livrant seule dans le pays à cette industrie. — Paris, 14 déc. 1888, Lhérault, [*Ann. prop. ind.*, 91.261, J. *Le Droit*, 17 févr. 1889]

250. — De même, encore, lorsque sur la poursuite d'un seul des fabricants établis dans une localité, un négociant est condamné à des dommages-intérêts à fixer par état pour usurpation du nom de la localité, les dommages-intérêts qui doivent être alloués au demandeur ne peuvent être de l'intégralité du bénéfice réalisé par le défendeur sous le couvert de l'usurpation ; le demandeur n'a droit qu'à des dommages-intérêts fixés par les tribunaux en tenant compte du nombre des autres concurrents qui se sont désintéressés de la poursuite. — Paris, 12 août 1864, Blaise, [*Ann. prop. ind.*, 65.38] — Sic, Allart, n. 51. — V. Pouillet, n. 450.

251. — Le négociant qui, en vue d'induire le public en erreur, mentionne sur ses produits une fausse indication de provenance peut donc être condamné à supprimer de ses produits cette fausse indication, mais on ne peut lui interdire de rappeler sur ses cartes et prospectus que la commune où il habite est desservie par le bureau de poste de telle localité connue pour la fabrication des objets qu'il fabrique lui-même. — Dijon, 8 mai 1867, Avril, [*Ann. prop. ind.*, 67.543]

252. — Il est aussi essentiel de remarquer que, comme la preuve incombe au demandeur, celui qui, dans une marque par lui déposée et destinée à figurer sur des produits de sa fabrication, indique le nom d'une ville où il ne possède aucun établissement, ne se rend coupable de concurrence illicite au détriment des négociants de cette ville, que si ceux-ci parviennent à démontrer que la marque incriminée a été véritablement employée pour la désignation de produits fabriqués en dehors de la ville indiquée — Trib. comm. Nantes, 21 nov. 1891, Lechat ès-qual., [*Jur. comm. et marit. de Nantes*, 1892, p. 35]

253. — Les motifs mêmes qui font interdire à des étrangers l'usage du nom d'une commune conduisent à reconnaître à cet égard un large pouvoir d'appréciation aux tribunaux : on ne songe, en principe, à employer le nom d'une localité, autre que celle où se trouve situé son établissement, que lorsque celle-ci est déjà connue dans le genre particulier d'industrie auquel on se consacre ; cette renommée est le plus souvent due à des circonstances climatériques ou géologiques, à une aptitude plus grande des habitants du pays, etc ; cela étant, on conçoit sans peine que l'usage du nom d'une commune n'est pas restreint aux seuls fabricants établis dans les limites de la circonscription administrative ; cet avantage peut être reconnu par les tribunaux à d'autres personnes, établies près de cette limite, qui fabriquent dans des conditions sensiblement analogues à celles qui ont fait la renommée de la ville voisine. — Allart, n. 41 ; Calmels, n. 134 ; Bédarride, n. 787 ; Pouillet, n. 397. — V. Deluze, *Monde économique*, 30 juillet et 6 août 1892. — V. aussi Cass., 2 juill. 1888, Martell et Cⁱᵉ, [S. 88.1.361, P. 88.894, D. 88.1.111] — Trib. Versailles, 23 févr. 1888, de Ricaumont, [*Ann. prop. ind.*, 91.349]

254. — Les fabricants habitant la banlieue d'une ville peuvent apposer sur les produits de leur fabrication le nom de cette ville, alors que ces produits sont fabriqués avec les mêmes procédés et les mêmes matières que ceux employés dans la ville, et qu'ils y reçoivent même les dernières opérations : il n'est pas rigoureusement nécessaire, pour avoir le droit d'apposer la marque d'une ville, que le fabricant demeure dans l'enceinte de cette ville. — Cass., 28 mars 1844, Loupot, [S. 44.1.727, P. 44.1.794, D. 44.1.220]

255. — Cette atténuation apportée au caractère exclusif de l'usage des noms de localité conserve toute sa raison d'être lorsque le nom de provenance est celui d'un domaine privé, toutefois le respect absolu dû au droit de propriété a fait qu'en ce cas la jurisprudence n'a pas consacré cette même atténuation ; le propriétaire d'un domaine privé, libre de le désigner sous le nom de son choix, peut s'opposer à ce que ses voisins reproduisent ce nom sur leurs produits. — Grenoble, 14 févr. 1879, Grézier, [*Ann. prop. ind.*, 79.324] — Lyon, 1ᵉʳ août 1879, Grézier, [*Ann. prop. ind.*, 79.331] — Trib. Seine, 18 janv. 1879, Grézier, [*Ann. prop. ind.*, 79.310] ; — 23 avr. 1879, Grézier, [*Ann. prop. ind.*, 79.327] — Trib. corr. Seine, 20 janv. 1879, Grézier, [*Ann. prop. ind.*, 79.314] — Sic, Allart, n. 43.

256. — Les usurpations de noms de localité ont été particulièrement plus nombreuses dans le commerce des vins, produits qui tirent leurs qualités propres du lieu où ils ont été récoltés, et non de celui où ils ont été fabriqués. Quoi qu'il en soit, les divers propriétaires d'un même territoire ont le droit de désigner leur vin sous le nom de celui-ci, alors surtout que leur prétention est assortie d'une longue possession. Les détenteurs d'un même crû, entre eux partagé, ont *seuls*, mais ont *tous* le droit d'estamper leurs produits du nom sous lequel ce crû est connu dans le commerce. — Bordeaux, 22 juill. 1885, Boureaud-Laussac, [*Ann. prop. ind.*, 85.346] — Sic, Pouillet, n. 410.

257. — Tous les propriétaires de fonds situés dans l'étendue d'un territoire désigné sous un nom général, peuvent vendre les produits de ces fonds (notamment des vins), avec une estampille portant ce nom : ce droit n'appartient pas exclusivement au propriétaire qui possède dans le même territoire un domaine plus spécialement désigné sous ce nom. — Bordeaux, 24 mars 1846, Chadeuil, [S. 46.2.529, P. 46.2.581, D. 46.2.196] ; — 2 avr. 1846, Fabre de Rieunègre, [S. 46.2.529, P. 46.2.581, D. 46.2.196]

258. — L'usage constant et universel est de désigner les vins par le nom du crû d'où ils proviennent, sans se préoccuper du lieu où est située la cuve vinaire. — Cass., 6 juin 1847, Fabre de Rieunègre, [S. 47.1.521, P. 47.2.100, D. 47.1.164]

259. — Il y a concurrence déloyale dans le fait, par un commerçant, d'offrir en vente un vin d'un certain crû et d'une certaine année, alors qu'il est établi que la récolte entière du vin de ce crû et de cette année a été achetée par un autre négociant qui en a, par suite, le monopole exclusif. — Bordeaux, 28 avr. 1890, [*Rec. Bordeaux*, 90.1.373] — V. aussi Bordeaux, 1ᵉʳ juin 1887, Ducos, [*Rec. Bordeaux*, 87.1.405]

260. — Les juges du fond ont d'ailleurs le droit, pour prévenir toute erreur et pour empêcher toute confusion entre les produits mis en vente par le propriétaire d'un domaine et ceux offerts par le fermier de partie de ce domaine, de prescrire au fermier de mettre dans ses annonces, prospectus ou étiquettes, certaines mentions conformes à la vérité et de lui interdire d'y mettre certaines autres indications. — Cass., 21 juill. 1890, Duvergey-Taboureau, [S. 91.1.99, P. 91.1.245, D. 91.1.159]

261. — Ainsi, le fermier d'une partie des vignes de l'hospice de Beaune peut se voir interdire de vendre ses vins sous le nom de « Grands vins de l'hospice de Beaune », ou même simplement « Vins de l'hospice de Beaune », alors que cette dénomination n'appartient qu'aux vins récoltés par l'hospice dans les parties non affermées par lui. — Dijon, 30 oct. 1888, sous Cass., 21 juill. 1890, précité.

262. — La lutte a été particulièrement vive entre les fabricants des vins de Champagne établis dans l'ancienne province de ce nom et ceux établis dans des départements parfois éloignés ; pour bien comprendre les solutions intervenues, il est bon de constater tout d'abord que le grand principe de loyauté commerciale, inscrit dans l'art. 1382, C. civ., protège tout aussi bien les noms de province que les noms de localité (V. Allart, n. 42), et qu'ensuite, même pour les vins qui, comme les vins de Champagne, subissent de nombreuses opérations, c'est l'origine de la matière première, et non le lieu et le mode de fabrication, qui donne à ces vins leurs qualités particulières et par suite aussi le nom qui sert à les distinguer. — Allart, n. 45 et 46 ; Pataille, *Rapport*, P. 45.2.655. — V. Pouillet (n. 399) qui, dans sa 3ᵉ édit., se montre plus exigeant ; pour lui, un vin ne peut être désigné sous le nom d'une région renommée qu'autant qu'il y a été tout à la fois fabriqué et récolté. — V. aussi Paris, 24 août 1854, Chrétien, [cité par Blanc, p. 776] — V. *infrà*, vᵒ *Nom*.

263. — Tout d'abord, il avait été jugé que le fait par un commerçant en vins de vendre ses produits dans des bouteilles revêtues d'étiquettes indiquant une fausse provenance et portant l'indication d'une maison imaginaire dans une localité où ce négociant n'a aucun établissement, constitue, indépendamment du délit qu'il peut renfermer, une tromperie envers les consommateurs et une concurrence illicite envers les producteurs ou commerçants de la contrée dont le nom est ainsi usurpé. — Angers, 4 mars 1870, Werlé, [S. 70.2.150, P. 70.597, D. 70.2.59]

264. — ... Que dès lors, si l'on peut contester à ces derniers le droit de demander qu'il soit interdit à ce négociant d'usurper le nom générique de la contrée dont il s'agit (par exemple, de vendre des vins d'Anjou champanisés sous la dénomination de vins de Champagne), ceux-ci peuvent du moins exiger qu'il s'abstienne, soit de désigner ses produits par le nom des crûs dont ils sont propriétaires ou acheteurs habituels. — Même arrêt. — Sic, sur le second point Gastambide, n. 460 ; Calmels, n. 181 ; Rendu, n. 441 ; Bédarride, t. 2, n. 784 et s.

265. — ... Soit de se présenter faussement comme propriétaire d'un établissement dans les localités où ils sont eux-mêmes établis. — Trib. Angers, 20 août 1869, sous Angers, 4 mars 1870, précité.

266. — Depuis, il a été décidé que le nom de Champagne, accompagné de celui de Saumur, ne peut être considéré comme étant purement et simplement équivalent et indicatif, même en Angleterre, de vin mousseux de Saumur ; le mot Champagne désigne, en effet, un procédé de fabrication de vin mousseux spécial, récolté et fabriqué dans l'ancienne province de Champagne. — Angers, 15 déc. 1891, Syndicat du commerce des vins de Champagne, [*J. La Loi* des 10 et 11 janv. 1892, *Journ. dr. int. pr.*, 1892, p. 1144] — V. Pouillet, n. 411.

267. — En déduisant de ces faits par lui souverainement constatés que la personne poursuivie s'était livrée à des actes de concurrence déloyale à l'égard des producteurs et des vendeurs des vins récoltés et fabriqués en Champagne, cet arrêt n'a fait qu'une exacte application de la loi. — Cass., 9 avr. 1894, Ackerman-Laurance, [*Rec. arrêts Angers et Rennes*, 1894, p. 121]

268. — Le nom sous lequel des eaux minérales sont débitées est aussi un élément considérable de leur succès; les principes précédemment indiqués s'appliquent d'ailleurs en ces matières. Ainsi, il a été jugé que la ville de Vichy étant le centre d'une région hydrographique connue sous le nom plus ou moins exact, au point de vue scientifique, de bassin de Vichy, où prennent naissance des eaux alcalines ayant les mêmes principes minéraux, sauf de légères différences de dosage et possédant des qualités thérapeutiques identiques ou analogues, le nom de Vichy ne saurait faire l'objet d'un droit exclusif pour les eaux qui émergent dans les limites administratives de la commune de Vichy. — Trib. comm. Seine, 8 mai 1894, Cie fermière de Vichy, [J. *La Loi*, 9 mai 1894; *Gaz. Pal.*, 94.1.627] — *Sic*, Allart, n. 48.

269. — En conséquence, les propriétaires de sources situées en dehors de Vichy, mais dans le bassin de Vichy, s'ils ne peuvent mettre simplement sur leurs étiquettes le nom de Vichy, peuvent désigner leurs eaux comme eaux minérales naturelles du bassin de Vichy. — Même jugement.

270. — Réciproquement, la compagnie fermière de Vichy ne peut employer la mention : Vichy, seule, pour les eaux provenant des sources de son exploitation qui n'émergent pas dans la commune de Vichy : elle est tenue de faire en ce cas, sur des étiquettes, la même mention que celle imposée à ses concurrents qui se trouvent dans la même situation qu'elle-même. — Même jugement.

271. — Il a même été jugé, d'une manière encore plus large, que la compagnie propriétaire des sources Elisabeth et Sainte-Marie à Cusset, près Vichy, a le droit de donner à ses eaux le nom d'eaux minérales de Vichy, à la condition d'indiquer sur ses étiquettes que ses sources sont situées à Cusset, et d'éviter ainsi toute confusion avec la compagnie fermière de l'établissement thermal de Vichy. — Trib. Seine, 13 févr. 1881, Cie fermière de Vichy, [cité par Allart, n. 48]

272. — En tous cas, le ministre de l'Agriculture et du Commerce ne peut, en autorisant un particulier à exploiter, pour un usage médical, des sources d'eau minérale qu'il possède, lui interdire de faire figurer sur les affiches et autres pièces relatives à l'exploitation de ces sources, le nom d'un établissement d'eaux minérales situé dans une commune voisine; en agissant ainsi, le ministre excède les pouvoirs conférés à l'administration par l'ordonnance du 18 juin 1823, par la loi du 14 juill. 1856 et par le décret du 28 janv. 1860. — Cons. d'Et., 29 août 1865, Larbaud, [S. 66.2.293, P. adm. chr., D. 67.5.154]

273. — Décidé aussi, par une application spéciale d'une règle générale précédemment posée, qu'un nom de localité, une expression géographique, même abréviative de l'appellation officielle, si elle est d'un usage vulgaire et commun, n'est pas susceptible d'une propriété primitive; une désignation de cette nature est à la libre disposition de tous les habitants du lieu auquel elle s'applique, quand ils ont intérêt à en faire usage pour faire connaître la situation topographique de leur établissement et l'origine des produits qu'ils mettent en vente. — Lyon, 31 mars 1890, Société générale des eaux minérales de Couzan, [*Ann. prop. ind.*, 91.164]

274. — Les propriétaires de sources d'eaux minérales ont aussi à craindre la concurrence des fabricants d'eaux minérales artificielles. Il a été jugé, à cet égard, que le propriétaire d'une source d'eau minérale naturelle peut interdire à un fabricant d'eaux gazeuses artificielles l'emploi d'une dénomination comprenant le nom de la localité d'où provient l'eau minérale naturelle. — Trib. comm. Seine, 22 mai 1890, Etablissements de Saint-Galmier, [*Ann. prop. ind.*, 91.174]

275. — A l'appui de ce système, on a présenté les observations suivantes : « On pensait, à une certaine époque, a-t-on dit, que les fabricants d'eaux gazeuses pouvaient donner à leurs produits les noms des eaux minérales naturelles qu'ils vendaient, à la condition d'indiquer nettement que le produit mis en vente était un produit artificiel; on croyait que les eaux artificielles, quand elles étaient bien faites, produisaient les mêmes effets que les eaux naturelles ayant servi de type... ». — G. Maillard, *Ann. prop. ind.*, 91.174.

276. — Cette opinion, ajoute-t-on, ne peut plus être soutenue aujourd'hui en présence de la dernière édition du Codex (1884), qui déclare impossible de reconnaître aux préparations connues sous la dénomination d'eaux minérales artificielles les propriétés thérapeutiques des eaux minérales naturelles, qui affirme qu'en raison de la facilité et de la rapidité des communications, les eaux naturelles peuvent être transportées sans altération sensible et qui fait disparaître de la pharmacopée française la dénomination évidemment impropre d'eaux minérales artificielles. On ne peut pas donner à une eau artificielle le nom d'une eau naturelle..., même en y ajoutant un qualificatif quelconque pour indiquer qu'il n'y a là qu'une imitation.

277. — Il n'en serait autrement, dans cette opinion, que si le nom de localité avait perdu son caractère primitif de désignation de provenance pour devenir une appellation générique, comme eau de seltz. Mais cela se présentera bien rarement pour les eaux minérales, car elles tiennent leurs qualités du sol même dont elles jaillissent, et le nom de cette localité est leur dénomination nécessaire. « Si l'expression eau de seltz est tombée dans le domaine public pour désigner une eau gazeuse simple, c'est qu'il n'y a eu personne, à l'origine, pour protester contre cette usurpation, qu'il n'y a aujourd'hui personne pour s'en plaindre, et qu'aucun préjudice n'en résulte pour les habitants du village de Selters dont Seltz est la traduction française. »

278. — Nous ne pouvons admettre cette manière de voir : l'ordonnance du 18 juin 1823 (art. 1) a formellement reconnu aux pharmaciens le droit de composer et de vendre des eaux minérales artificielles; on doit en conclure qu'il leur est permis de donner à ces eaux préparées artificiellement le nom des sources naturelles dont elles reproduisent la composition; sans cela, leur droit serait illusoire et contrairement aux vues du législateur, la possibilité de vendre des eaux minérales artificielles n'appartiendrait réellement qu'aux propriétaires de sources. — Allart, n. 49; Pouillet, n. 408; Lyon-Caen, note sous Paris, 29 juin 1882, Saxlehner, [S. 82.2.201, P. 82.1.989] — V. *Rép. du dr. fr.*, v^is *Eaux minérales, Tromperie sur la marchandise vendue.*

279. — Il est bien entendu, d'ailleurs, que les débitants d'eaux minérales artificielles doivent prendre toutes les mesures nécessaires en vue de bien établir que les produits par eux vendus ne sont pas des produits naturels. — Allart, *loc. cit.*

280. — Jugé, en ce sens, que, sous peine de priver du secours des sources d'eaux thermales ceux qui habitent au loin. On ne peut reconnaître au propriétaire de telles sources un droit de propriété privative sur le nom de celles-ci; la faculté d'user de cette dénomination doit appartenir à ceux qui fabriquent artificiellement des eaux dont les qualités se confondent avec celles des eaux minérales naturelles correspondantes. — Lyon, 7 mai 1841, Goin, [S. 42.2.107]

281. — Jugé encore que la fabrication des fromages de Roquefort dont le monopole avait été attribué aux habitants de Roquefort par des décisions de justice antérieures à 1789 ne peut, sous peine de concurrence déloyale, être entreprise dans d'autres localités. — Trib. Marseille, 30 janv. 1892, Syndicat du commerce des fromages de Roquefort, [J. *Le Droit*. 21 avr. 1892, *Gaz. trib.*, 13-14 juin 1892, *Droit commercial*, 1892, p. 62]

282. — Il importe peu que, sur les marchandises incriminées, ou sur leurs emballages, il n'ait été apposé aucune marque ou estampille de nature à faire croire que ces produits avaient été fabriqués à Roquefort, alors que, sur les factures des marchands poursuivis, on constate l'usurpation de la dénomination revendiquée. — Même jugement.

283. — Les détaillants qui ont facilité l'écoulement de semblables produits sont, aussi bien que les fabricants, responsables de la concurrence déloyale imputable à ces derniers. — Même jugement.

284. — Ces détaillants, informés par la force même des choses de cette circonstance que leurs vendeurs ne fabriquaient pas au lieu qu'impliquait le nom donné à la marchandise, ne peuvent, en cas de poursuite, recourir en garantie contre ces derniers. — Même jugement.

285. — On voit, par l'examen qui précède, combien est importante, abstraction faite de la loi de 1824, l'étude des noms de localité en matière commerciale; leur protection est assurée par le principe général posé dans l'art. 1382, C. civ., mais il est bon de faire remarquer, en terminant, que sous certaines distinctions précédemment indiquées, cette protection peut être plus large encore. — Pour cela, il suffit de se rappeler que la protection établie par la loi de 1824 peut être invoquée et par l'acheteur trompé sur la provenance du produit vendu et par tous ceux qui se trouvent atteints d'une façon quelconque par une désignation mensongère, notamment par les fabricants victimes d'une concurrence déloyale ou illicite. — Angers, 19 juill. 1887, Syndicat des vins de Champagne, [*Ann. prop. ind.*, 88. 337] — *Sic*, Pouillet, n. 436 et s. — V. *Rép. du dr. fr.*, v° *Nom*.

§ 3. *Emploi de titres qui rattachent un établissement à un autre établissement. — Titre de successeur, d'ancien associé.*

286. — L'acquéreur d'un fonds de commerce peut, à moins de stipulations contraires, se dire le successeur de celui qui lui a vendu ce fonds de commerce. — Rouen, 9 juill. 1829, [cité par Blanc, p. 723] — Paris, 27 févr. 1847, précité; — 26 avr. 1881, Montagne, [*Ann. prop. ind.*, 82.191] — Trib. Seine, 16 mai 1845, Cassan, [*Gaz. des trib.*, 17 mai 1845]; — 25 mars 1858, Muy, [J. *Le Droit*, 3 avr. 1858]; — 2 mai 1863, Bénard, [*Monit. des trib.*, 64.236]; — 14 mars 1888, Boucher ès-qualité de syndic Fanta, [*Ann. prop. ind.*, 90.287; *Gaz. Pal.*, 88.1, supp. 78] — *Sic*, Pouillet, n. 98, 548; Ruben de Couder, v° *Fonds de commerce*, n. 28, 71; Allart, n. 57; Bédarride, n. 466; Rendu, n. 417 et 518; Mayer, n. 22; Dufourmantelle, p. 162; Lionel-Laroze, *Ann. prop. ind.*, 82.194; Amar, n. 347. — *Contrà*, Trib. Seine, 5 déc. 1857, Perdreau, [*Gaz. des trib.*, 6 déc. 1857] — V. Amar, n. 328. — V. aussi sous Cass., 8 nov. 1880, Cie générale des allumettes, [S. 82.1.9, P. 82.1.11]

287. — ... Alors surtout que celui-ci s'est expressément engagé à ne plus se livrer dans la suite au commerce qu'il exploitait dans le fonds cédé. — Paris, 29 juin 1858, Ternaux, [*Ann. prop. ind.*, 58.331]

288. — Ce n'est point seulement le nom de son cédant immédiat que le cessionnaire peut faire figurer sur ses enseignes et papiers de commerce; il jouit de la même prérogative à l'égard des noms de ses autres prédécesseurs; il est, sous ce rapport, aux droits de son cédant immédiat; celui-ci, en lui vendant son fonds de commerce, s'est dépouillé en sa faveur de tout ce qui est de nature à faire fructifier le fonds. — Allart, n. 60.

289. — Toutefois, ce droit de se servir du nom de ses prédécesseurs médiats ne passe au cessionnaire qu'autant qu'il a pu légitimement compter sur cette transmission et que celle-ci constitue réellement son avantage; cette faculté n'existe donc pas si l'on suppose que, depuis longtemps, le nom de ces prédécesseurs ne sert plus à désigner l'établissement cédé. Jugé, en ce sens, que le cessionnaire d'un fonds de commerce précédemment exploité sous un certain nom qui, dans le contrat de cession, s'est réservé le droit de se dire successeur du cessionnaire intermédiaire, plus connu que le cessionnaire primitif, ne peut s'opposer à ce que l'un des beaux fils de ce cessionnaire primitif joigne à son nom celui de sa femme, c'est-à-dire celui du cessionnaire primitif : le mari qui intervient uniquement pour habiliter sa femme qui vend le fonds de commerce jadis exploité par son père, ne contracte personnellement aucune obligation soit envers l'acquéreur immédiat, soit envers le cessionnaire médiat. — Trib. comm. Seine, 31 août 1888, Alavoine, [*Ann. prop. ind.*, 90.338] — *Sic*, Allart, *loc. cit.*

290. — Ce droit de se dire successeur de telle ou telle maison peut parfois recevoir certaines limitations du fait des circonstances. Ainsi, malgré le bien-fondé de la règle précédemment posée, il a pu être décidé, à juste raison, que lorsqu'une pharmacie, connue sous le nom de son titulaire (en l'espèce, la pharmacie Guyot), a été vendue à un successeur, et que, d'autre part, un produit spécial connu sous le nom de la même personne (en l'espèce, le goudron Guyot), a fait l'objet d'une cession distincte à un tiers; il appartient au juge du fond de décider, par une interprétation souveraine des conventions, que le successeur dans la pharmacie pourra continuer à la désigner, sur son enseigne, ses vignettes et prospectus, par le nom de l'ancien titulaire, mais sans pouvoir porter atteinte aux droits du tiers cessionnaire d'un produit spécial connu sous le même nom, en désignant par ce nom les préparations similaires qu'il a la faculté de faire, comme appartenant au domaine public. — Cass., 22 mai 1889, Fournier, [S. et P. 92.1.311]

291. — De même, lorsque le cédant est, en même temps, à la tête d'une maison de commerce et d'un établissement industriel, le cessionnaire de la maison de commerce n'acquiert aucun droit à se faire considérer comme ayant acquis des droits aux signes distinctifs employés dans l'établissement industriel. Aussi a-t-il été décidé que l'acquéreur d'un fonds de commerce qui, en même temps, n'a acquis ni le droit de se servir de la marque de fabrique du cédant ni celui d'exploiter des produits portant son nom, commet un acte de concurrence déloyale s'il débite, sous le nom du cédant (bière Fanta), des produits fabriqués par des tiers. — Trib. comm. Seine, 24 mai 1884, Fanta, [*Ann. prop. ind.*, 90.287]

292. — La faculté de se dire successeur n'existe naturellement que lorsqu'il y a véritablement succession, c'est-à-dire substitution d'une personne à une autre dans l'administration d'une maison de commerce ou d'industrie. Aussi, celui qui, tout en vendant à un tiers un procédé relatif à la fabrication de certaines pilules, n'a pas cessé d'exploiter la pharmacie qu'il dirigeait jusque-là, peut s'opposer à ce que, dans ses prospectus, le tiers se donne comme son successeur. — Paris, 22 janv. 1884, Payolle, Hugot et Peuphary, [*Ann. prop. ind.*, 85.21] — *Sic*, Rendu, n. 519; Allart, n. 61; Pouillet, n. 564 et 567.

293. — Un ancien employé ne pourrait prendre la qualité de successeur, alors même qu'il aurait occupé une situation prépondérante dans l'établissement, qu'il aurait eu dans les affaires un intérêt considérable et que la maison aurait disparu sans faire l'objet d'aucune cession. — Allart, *loc. cit.*; Pouillet, n. 569.

294. — De même, l'achat d'une partie du matériel d'un fonds de commerce ne donne pas à l'acquéreur le droit de prendre le titre de successeur de son cédant, alors surtout qu'il est établi que le fonds de commerce a été vendu à part à une tierce personne; en ce cas, la qualité de successeur n'appartient qu'à l'acquéreur du fonds. — Paris, 25 août 1857, Kellerman, [Teulet, 6.237] — *Sic*, Pouillet, n. 570. — V. aussi Rouen, 20 déc. 1862, [Leblé, Le Hir, 64.2.46]

295. — En d'autres termes, le titre d'ancienne maison ne peut être pris qu'à charge pour la maison nouvelle de réunir dans son immeuble toutes les conditions d'existence de celle à laquelle elle prétend succéder et il n'en saurait être ainsi de la maison nouvelle qui se compose uniquement d'une partie du matériel de l'ancienne maison. — Paris, 5 nov. 1872, Alexis Godillot, [*Ann. prop. ind.*, 73.255]

296. — A *fortiori*, commet un acte de concurrence déloyale, le voyageur, attaché à une maison de commerce, qui se donne comme le successeur d'un voyageur attaché à une autre maison et déclare faussement que des arrangements sont intervenus entre l'une et l'autre maisons. — Bordeaux, 11 janv. 1881, de Bourran et Cie, [*Ann. prop. ind.*, 81.315]

297. — Des dommages-intérêts peuvent encore être prononcés à l'égard du commerçant qui vient s'installer dans les locaux jadis occupés par un concurrent et qui dispose ses enseignes et réclames de manière à faire croire qu'il en est le successeur; si, pour créer la confusion, il met en vedette le nom du père de son concurrent qu'il a pris comme employé, le tribunal peut ordonner que l'indication de nom de celui-ci soit accompagnée de toutes indications nécessaires pour faire disparaître la confusion. — Trib. comm. Seine, 13 juill. 1892, Aubry, [J. *Le Droit*, 5 août 1892, *Gaz. Pal.*, 93.1, supp. 35]

298. — De même, l'ancien gérant et l'ancien rédacteur en chef d'un journal vendu à des tiers sont passibles de dommages-intérêts, alors même qu'ils n'ont pas participé à l'acte de cession, du moment où, s'étant procuré, grâce à leur qualité ancienne, la communication de la liste des abonnés du journal qu'ils venaient de quitter, ils ont envoyé à ces abonnés les numéros d'un nouveau journal qu'ils annonçaient à tort comme la continuation de l'ancien et qu'ils ont déclaré que celui-ci, brusquement livré à une direction étrangère, ne resterait pas fidèle à sa ligne politique et religieuse et ne répondrait plus exactement aux convictions politiques et religieuses de ses abonnés. — Paris, 4 août 1881, Société des publications conservatrices, [*Ann. prop. ind.*, 81.244]

299. — Lorsqu'un négociant, propriétaire de deux maisons de commerce, cède l'une d'elles, avec réserve expresse du droit de continuer l'exploitation de l'autre fonds et que, d'ailleurs, son cessionnaire immédiat n'a jamais élevé la prétention de se dire son successeur, le cessionnaire de l'autre maison de commerce peut s'opposer à ce que le sous-acquéreur de la première maison de commerce prenne la qualité de successeur. — Trib. comm. Seine, 22 déc. 1857, Lavaissière, [*Ann. prop. ind.*, 59.363] — *Sic*, Allart, n. 64; Amar, n. 347; Pouillet, n. 567.

300. — Il va de soi, d'ailleurs, que le droit de se dire successeur n'existe qu'autant que l'on n'a pas changé la nature du commerce précédemment exploité dans le fonds cédé. — Paris, 1er juin 1859, Laurent, [Teulet, 8.443] — Sic, Allart, loc. cit.; Amar, n. 347; Pouillet, n. 565.

301. — Le cessionnaire d'un fonds de commerce, qui développe l'importance des affaires de son prédécesseur et qui joint de nouvelles branches de commerce à celles déjà exploitées par celui-ci, ne peut appliquer le nom du cédant aux objets qui ne rentraient pas dans le genre de commerce auquel il se livrait. — Paris, 7 janv. 1875, Laurent, [Ann. prop. ind., 76.252] — Trib. Seine, 29 janv. 1846, Montbro, [Gaz. des trib., 30 janv. 1846]

302. — L'acquéreur d'une clientèle, s'il peut se dire successeur de son prédécesseur, doit néanmoins, dans les annonces qu'il publie, prendre soin de distinguer son individualité de celle de son cédant, et, à la demande de celui-ci ou d'un de ses descendants qui se livre à la même industrie ou au même commerce, il peut être contraint d'indiquer sa qualité de successeur. — Paris, 7 janv. 1875, précité; — 26 avr. 1881, Montagne, [Ann. prop. ind., 82.191] — Trib. comm. Seine, 11 oct. 1876, Robert Estibal, [Ann. prop. ind., 77.222]; — 3 févr. 1877, Terrier, [Ann. prop. ind., 77.44]; — 25 oct. 1888, Louis Régnarl et Biélewiecki, [Ann. prop. ind., 90.297] — Sic, Rendu, n. 520; Allart, n. 58; Bédarride, n. 757; Pouillet, n. 552; Bert, p. 108; Ruben de Couder, v° Concurrence déloyale, n. 73; Dufourmantelle, p. 162. — V. aussi Trib. comm. Seine, 27 avr. 1852, Wagner, [Le Hir, 52.2.450]

303. — Cette nécessité de distinguer la personnalité du cédant de celle du cessionnaire apparaît avec toute sa force, lorsque le cessionnaire tombe en faillite ou en liquidation; en pareil cas, le cédant peut exiger que l'établissement désigné sous le nom de maison X... soit désigné sous celui d'ancienne maison X..., et aussi que le cessionnaire fasse figurer son propre nom sur son enseigne et sur ses papiers de commerce. — Trib. comm. Seine, 1er mai 1862, V° Delisle, [Ann. prop. ind., 63.251] — Sic, Allart, n. 64; Dufourmantelle, p. 163.

304. — En vue d'éviter toute réclamation, l'intéressé fera bien de prendre les devants; car ce qu'il est vrai de dire, c'est que l'acheteur d'un fonds de commerce a le droit de désigner son établissement sous le nom de son prédécesseur, pourvu que cette mention soit précédée des mots ancienne maison — Rouen, 17 janv. 1878, Bacquet, [Ann. prop. ind., 86.14]

305. — Ce qui s'exprime encore en disant qu'un tel acquéreur a le droit de s'annoncer au public sous l'ancienne dénomination, pourvu qu'il fasse connaître en même temps qu'il est le successeur de l'ancienne maison. — Paris, 28 juin 1856, Bletry, [Ann. prop. ind., 56.252]

306. — Un tribunal peut donc, afin d'éviter toute confusion, obliger le cessionnaire d'un fonds de commerce à ne faire usage du nom de son prédécesseur qu'en le faisant précéder des mots « ancienne maison », en toutes lettres et avec les caractères de même grandeur et suivis de la raison sociale comme successeur. — Trib. comm. Seine, 19 déc. 1888, John Arthur, [Ann. prop. ind., 92.73] — V. Lehr, n. 61 et s.

307. — Au surplus, il est hors de conteste que le cessionnaire d'un fonds de commerce, autorisé à faire usage du nom de son cédant, ne peut, lorsqu'il a été entendu entre les parties qu'il ne pourrait se servir de ce nom qu'en le faisant accompagner de son nom personnel, faire figurer sur ses enseignes, cartes et factures, le nom seul de son prédécesseur. — Paris, 21 mars 1857, Baulain, [Ann. prop. ind., 57.207]

308. — Ces mesures sont le plus souvent prescrites dans l'intérêt du cédant ou de ses héritiers, mais il n'en est pas toujours ainsi; elles peuvent aussi être ordonnées par les tribunaux lorsque cette précaution leur paraît nécessaire pour éviter une confusion avec une tierce maison désignée de la même manière. — Trib. comm. Seine, 3 déc. 1852, Ménier, [Le Hir, 53. 2.50]; — 16 juin 1857, Chevet, [Ann. prop. ind., 58.329]

309. — Spécialement, le négociant qui vient s'établir près d'un magasin tenu jadis par un commerçant dont le nom est connu et qui se trouve être le cessionnaire d'un fonds de commerce précédemment exploité par une personne portant précisément le même nom, ne peut désigner son commerce sous le nom de cette personne; il peut rappeler le nom de son cédant, mais il doit le faire de manière à bien indiquer qu'il n'est qu'un cessionnaire; les tribunaux peuvent en outre le forcer à indiquer son ancien domicile, dans ses prospectus, factures, enseignes

et annonces. — Paris, 13 avr. 1853, Collin, [Maillard de Marafy, t. 3, p. 506]

310. — De même, le cessionnaire d'un fonds de commerce, connu sous le nom de son propriétaire, qui vient par la suite à déplacer le centre de ses affaires, peut s'opposer à ce que le locataire des immeubles jadis occupés, qui se livre au même genre de commerce, emploie pour désigner sa maison le nom de l'ancien propriétaire. — Cass., 28 févr. 1870, Hitresse, [D. 71.1.238]

311. — Ces mesures peuvent être ordonnées à la demande du cédant alors même qu'il s'est engagé à ne pas se rétablir; car, même alors, il a un intérêt moral manifeste à ce que sa personnalité ne soit pas confondue avec celle de son cessionnaire. — Il a été jugé toutefois que l'acquéreur d'un fonds de commerce peut laisser figurer sur son enseigne et sur ses factures le nom du vendeur, sans être forcé d'y joindre son nom et sa qualité de successeur, alors d'ailleurs que son cédant s'est interdit le droit de se rétablir. — Trib. Seine, 25 mars 1858, Chevreuil, [Ann. prop. ind., 58.395]

312. — Ainsi qu'on le verra plus loin (V. Rép. du dr. fr., v° Fonds de comm.) la cession d'un fonds de commerce emporte le plus souvent, sous certaines distinctions, l'interdiction de se rétablir pour le cédant; il n'en est pas cependant toujours ainsi. — C'est dans une pareille espèce qu'il a été décidé que le cédant et les acquéreurs d'un fonds de commerce doivent, les uns et les autres, prendre les mesures nécessaires pour éviter toute confusion entre leurs diverses maisons. — Paris, 3 juin 1868, Legé, Danguy et Bergeron, [D. 68.2.217]

313. — Ainsi, le vendeur d'une maison de commerce qui a autorisé l'acheteur à conserver son nom comme enseigne ne peut, encore bien qu'il se soit réservé par l'acte de cession le droit « de se remettre dans une entreprise industrielle ou commerciale d'une nature similaire à celle qu'il a cédée », fonder, sous le nom qu'il a autorisé son acheteur à conserver, à peu de distance de la maison cédée, une maison faisant exactement le même commerce que cette dernière. — Paris, 9 nov. 1885, Gamain-Griffon, [S. 86.2.54, P. 86.1.503] — Sic, Ruben de Couder, v° Fonds de commerce, n. 49; Pouillet, n. 556.

314. — De même, l'ancien propriétaire d'un établissement industriel ne peut fonder un nouvel établissement sous la désignation nouvelle maison telle, sans y joindre un signe qui le désigne de l'ancien. — Trib. comm. Seine, 9 mars 1854, Bonnard, [Le Hir, 54.2.231]

315. — Comme la vente d'un fonds de commerce comprend l'enseigne et le nom commercial sous lequel était connu l'établissement cédé, les parents du cédant, portant le même nom que lui, et se livrant dans la même ville au même commerce ne peuvent agir en concurrence déloyale contre le cessionnaire ni même demander sur l'enseigne de celui-ci la suppression complète du nom de l'ancien propriétaire après un délai suffisant pour assurer la transmission de la clientèle. — Bordeaux, 2 mars 1892, Laurent, [Journ. arr. cour Bordeaux, 92.1.184]

316. — Alors surtout qu'il est établi que ce cessionnaire a pris soin, lors de son installation, de faire connaître au public, par des prospectus et par des affiches, sa qualité de successeur de celui dont le nom figure sur son enseigne. — Même arrêt. — Sic, Amar, n. 310; Gastambide, n. 464; Calmels, n. 161; Lèbre, n. 63. — V. Allart, n. 65.

317. — La circonstance que la cession d'un fonds de commerce aurait été accompagnée de la conclusion d'un bail portant sur les lieux consacrés à l'exercice du commerce ne peut avoir pour effet de rendre temporaire le droit du cessionnaire de se dire successeur du cédant; si la location des magasins constitue un pacte temporaire, il n'en est pas de même de la cession du fonds de commerce qui est définitive. — Aix, 9 janv. 1850, Roux, [Le Hir, 51.2.224]

318. — Il est permis de rapprocher de cette décision celle d'après laquelle, comme la cession d'un fonds de commerce, d'un café par exemple, comprend non seulement les meubles nécessaires à son exploitation mais encore l'enseigne à laquelle se rattache l'achalandage, le vendeur qui a, en même temps, loué à l'acheteur les lieux où se trouve le café, et qui, après la cessation du bail, ouvre lui-même un nouveau café dans le même local, ne peut prendre pour cet établissement l'enseigne qu'il a précédemment vendue. — Caen, 13 déc. 1853, David, [S. 54.2.398, D. 54.5.613]

319. — Jugé cependant que le droit pour l'acquéreur d'un fonds de commerce d'indiquer sur son enseigne et sur ses produits le nom de son cédant cesse lorsqu'il s'est écoulé un délai suffisant pour assurer la transmission de l'achalandage et que l'emploi de ce nom serait de nature à constituer un fait de concurrence déloyale, comme, par exemple, lorsque le cessionnaire met sur des produits de sa fabrication le nom du vendeur, alors que celui-ci est parvenu à donner son nom à de semblables produits. — Lyon, 12 juin 1873, Jaussaud, [S. 74.2.246, P. 74.1034, D. 75.2.12] — *Sic*, Lyon-Caen, note sous Bordeaux, 17 nov. 1873, [S. 74.2.145, P. 74.615] — Rendu, n. 418; Pouillet, n. 558.

320. - - En tous cas, il semble incontestable que le droit de se dire successeur de son cédant cesse d'exister lorsque celui-ci a fait faire une vente judiciaire du fonds de commerce, faute de paiement aux époques fixées par l'acte de vente primitif. — Trib. comm. Seine, 16 janv. 1834, Gardet, [D. 34.3.38] — *Sic*, Pouillet, n. 571.

321. — Mais, le cessionnaire d'un fonds de commerce qui, par un concordat, a fait à ses créanciers abandon de l'actif pour lors réalisé par les soins du syndic et qui a été remis à la tête de ses affaires, s'est ainsi vu restituer l'exploitation de son fonds de commerce dans les conditions où ce fonds se trouvait avant la faillite et avec le titre qui lui appartenait à cette époque; il peut donc continuer à se dire le successeur de son cédant. — Paris, 12 mars 1884, Lono Pento, [*Ann. prop. ind.*, 88.71] — *Sic*, Allart, n. 64.

322. — En matière de concurrence déloyale, comme en matière d'usurpation de marques de fabrique, la décision correctionnelle qui condamne ou acquitte le prévenu n'emporte pas chose jugée à l'égard des faits ultérieurs, objet d'une poursuite nouvelle; mais l'autorité de la chose jugée s'attache à des décisions rendues par un tribunal civil ou commercial saisi d'un chef distinct principal ou préjudiciel relatif à la propriété ou à la jouissance d'un nom, ou au droit acquis à tout successeur d'une ancienne maison de commerce de se prévaloir de l'origine de l'établissement qu'il continue. — Cass., 30 avr. 1888, Marquis, [S. 91.1.10, P. 91.1.14, D. 88.1.423]

323. — Spécialement, lorsqu'un jugement de tribunal de commerce, passé en force de chose jugée, consacre pour l'acheteur d'un fonds de commerce le droit de se qualifier successeur de son vendeur, ce droit ne peut être remis en question parce que plus tard cet acheteur ou son cessionnaire, abusant du nom du prédécesseur dans un but de concurrence déloyale, a mérité une répression et a dû être condamné à des dommages-intérêts. — Même arrêt.

324. — En tout cas, le demandeur qui se plaint de la concurrence déloyale n'est pas recevable à alléguer la violation des règles de l'autorité de la chose jugée, lorsque les juges, tout en respectant la chose jugée, n'ont pas refusé de compléter l'indication des mesures ou la formule des inscriptions destinées à prévenir plus sûrement à l'avenir la confusion des produits et des maisons de commerce du demandeur et des défendeurs. — Même arrêt.

325. — Lorsqu'un fonds de commerce appartient à une société, la faculté de se dire successeur de cette société n'existe que dans les limites où on pourrait prendre cette qualité à supposer que le fonds ait jadis appartenu à un simple particulier. En conséquence, celui qui, pendant longtemps, a été l'un des membres d'une société n'a pas le droit de s'en attribuer les résultats ni de laisser supposer qu'il est le continuateur unique de la société actuellement disparue. — Trib. comm. Nantes, 12 mars 1881, Victor Tertrais, [*Ann. prop. ind*, 83.137]

326. — De même, lorsque les associés se sont partagé en commun l'actif social, l'un des associés ne peut dans ses affiches ou prospectus indiquer le domicile de l'ancienne société, alors qu'il se confond d'ailleurs avec celui de l'un des associés. — Paris, 21 déc. 1855, Manchon, [*Ann. prop. ind*, 55.224]

327. — Sans prendre expressément la qualité de successeur d'une ancienne société, il se peut qu'on s'attribue certains avantages qui supposent qu'on est réellement successeur; ces subterfuges sont aussi condamnés. Ainsi, se rend coupable de concurrence déloyale celui qui, venant d'ouvrir une maison de commerce nouvelle, annonce, dans les circulaires qu'il adresse aux clients d'une autre maison où il était jadis associé, qu'il recommence la fabrication de tels ou tels produits et promet un service encore plus complet que par le passé, alors qu'ailleurs qu'il emploie son nom dont il avait cédé l'usage à l'établissement qu'il a quitté, qu'il simule à son profit des distinctions que ce dernier était seul à posséder et qu'enfin il s'attribue, sans droit, les

propres dépositaires des produits de son adversaire. — Trib. comm. Seine, 17 févr. 1892, V⁰ Jablonski, [*Gaz. Pal.*, 92.1, suppl. 37]

328. — Lorsqu'à la suite d'une dissolution de société, il a été reconnu à un des associés le droit de se rétablir là où bon lui semblerait pour le libre exercice de sa profession, celui-ci commet, néanmoins, un acte de concurrence déloyale lorsque, dans des prospectus par lui répandus, il reproduit des témoignages de satisfaction adressés à l'ancienne société et imite les dessins qui ornaient les prospectus de l'ancienne société. — Paris, 12 janv. 1887, Saulé, [*Ann. prop. ind.*, 89.16]

329. — Lorsqu'en vertu d'un acte de dissolution d'une société, l'un des associés est rentré en possession de l'apport qu'il avait fait à cette société et qui consistait dans la propriété exclusive du secret de fabrication d'un produit portant son nom, il y a concurrence déloyale de la part de l'autre associé qui s'étant approprié, par des manœuvres dolosives, le secret de fabrication du même produit, continue à le fabriquer, sous une dénomination différente, il est vrai, mais après avoir eu soin d'annoncer par une circulaire adressée à l'ancienne clientèle de la société, que ces deux produit étaient identiques. — Paris, 5 déc. 1887, Parenteau, [*Ann. prop. ind.*, 88.289, J. La Loi, 1ᵉʳ mars 1888] — V. aussi Lyon, 21 mai 1850, Maderni, [D. 52.2.279]

330. — Jugé cependant que la fille, héritière de son père, ne peut, surtout si elle n'est pas engagée dans les affaires commerciales, s'opposer à ce que le mari de sa sœur continue sous le nom de l'auteur commun le commerce pour lequel il était associé avec lui et dont il est devenu propriétaire, alors que la cession que lui a faite celui-ci de son nom commercial n'a été que l'exécution d'une des conditions de leur association. Elle est, d'ailleurs, sans intérêt pour contester l'usage ainsi fait de ce nom, si, étant mariée, elle ne le porte plus elle-même. — Cass., 17 août 1864, Dubois, [S. 65.1.121, P. 65.268, D. 65.1.305]

331. — Quoi qu'il en soit, tout ancien associé d'une maison de commerce peut, sous réserve des circonstances contraires, se prévaloir dans ses papiers de commerce, de sa qualité d'ancien associé. — Blanc, p. 715; Bédarride, n. 761; Allart, n. 78; Pouillet, n. 545 et 560.

332. — Spécialement, le médecin qui, en vertu d'une convention passée avec un autre médecin, tout en conservant le droit d'exercer sa profession pour son compte, a pendant plusieurs années habité la maison de l'autre médecin, où il a donné des consultations, signé des ordonnances en partageant avec lui les honoraires d'une clientèle commune, peut être considéré, par interprétation souveraine de la convention, comme ayant le droit, lorsque cette collaboration et cette communauté d'intérêts ont cessé, d'annoncer au public qu'il a quitté la maison dont s'agit pour aller en habiter une autre qu'il indique, et où il continue l'exercice de sa profession. — Cass., 3 mai 1884, Raspail, [S. 86.1.469, P. 86.1.1155, D. 84.1.227]

333. — Il en est ainsi du moins lorsqu'il n'y a eu, de la part du médecin, ni usurpation de nom, ni concurrence déloyale, qu'il s'est borné à énoncer le fait vrai d'une collaboration commune, et que, d'un autre côté, il n'a eu recours à cette publicité que parce qu'à la suite de sa rupture avec son confrère, celui-ci refusait de faire connaître la nouvelle adresse de son ancien collaborateur. — Même arrêt.

334. — De même, l'associé qui, au moment de la liquidation d'une société, a acquis sans aucune condition la propriété d'une marque peut, sans s'exposer à une poursuite pour concurrence déloyale, indiquer dans la marque le nom de son cédant. — Trib. comm. Nantes, 12 mars 1881, Victor Tertrais, [*Ann. prop. ind.*, 83.137; Jur. comm. Nantes, 81.1.377]

335. — L'associé qui s'est rendu acquéreur des marchandises, modèles, ustensiles, créances, etc., d'une société en liquidation ne peut, sauf convention contraire, interdire à son ancien associé de se livrer au même genre d'industrie que celui qui formait l'objet de l'ancienne société, alors qu'il résulte des circonstances de la cause que le prix de la cession concerne uniquement la marchandise et ne comprend point la clientèle de l'établissement qui disparaît. — Orléans, 11 août 1860, Patural, [*Ann. prop. ind.*, 61.244]

336. — Mais, il est essentiel de remarquer que la raison sociale s'éteint avec la société qu'elle servait à désigner. Ainsi, lorsqu'une société formée de trois frères et connue sous le nom de X... frères, s'est dissoute, chacun déclarant reprendre sa liberté d'action pour continuer immédiatement le même commerce, deux des frères ne peuvent former, sous le même nom X... frères, une société nouvelle. — Paris, 16 janv. 1868, Goulet, [S. 68.2.84, P. 68.445] — *Sic*, Allart, n. 66; Pouillet, n. 560; Blanc, p. 715.

337. — En cas de dissolution d'une société industrielle qui, pendant son existence, avait pour raison sociale le nom de son fondateur, l'un des associés ne peut donc, alors qu'il porte un autre nom et en l'absence de toute réserve faite à ce sujet dans l'acte de liquidation, continuer, contre le gré des héritiers du fondateur, à se servir, pour l'exercice de la même industrie. de cette raison sociale. — Colmar, 1er mai 1867, Wein, [S. 68.2.83, P. 68.443, D. 67.2.169]

§ 4. Emploi de titres qui rattachent à un autre établissement le chef d'une maison nouvelle. — Titre d'ancien employé, d'ancien ouvrier, d'ancien élève.

338. — Trois systèmes sont en présence sur la question de savoir si l'employé d'une maison de commerce ou d'industrie peut, après avoir quitté cet établissement, prendre le titre d'ancien employé de cette maison. Suivant un premier système, l'ancien employé ne commet aucune usurpation, lorsqu'il rappelle un emploi qu'il a réellement rempli et prend un titre qui lui appartient. En agissant de la sorte, en faisant connaître au public ses antécédents commerciaux ou industriels, il le rend juge de sa capacité, il lui présente ses références.

339. — Il a été jugé, en ce sens, que le directeur d'une fabrique et l'élève qui y a été employé comme tel, peuvent, dans le cas où ils quittent cette fabrique pour former un établissement du même genre à leur compte personnel, prendre dans leurs prospectus et sur les étiquettes de leurs produits, les qualités d'ex-directeur et d'élève de la fabrique qu'ils ont quittée : le propriétaire de cette fabrique n'a pas le droit de s'y opposer. — Paris, 5 mars 1839, Thiboumery, [S. 39.2.389, P. 39.2.83]

340. — Suivant le deuxième système, l'ancien employé n'a pas le droit de rappeler ses anciennes fonctions, car, en agissant ainsi, il fait du nom de ses anciens patrons un usage que rien n'autorise. En effet, l'employé s'est engagé, pendant un temps plus ou moins long, à fournir à son maître son temps, son travail et son intelligence. En retour, le patron lui a fourni un salaire et des appointements. Lorsque le contrat a pris fin, il n'existe plus aucun lien entre le patron et son ancien employé. L'employé, qui a reçu le prix de son travail, ne peut rien prétendre au delà, et il ne lui est pas permis, dans ses prospectus ou annonces, de faire paraître le nom de son patron sur lequel il n'a acquis aucun droit : le nom du maître étant sa propriété exclusive, il ne doit être permis à personne de s'en prévaloir sans l'autorisation du titulaire. Telle fut, jusque dans ces derniers temps, la doctrine de la plupart des auteurs, et tel fut aussi le système de la jurisprudence. — Gastambide, n. 476; Rendu, n. 488; Huard, *Rép. de législ., de doctr. et de jurispr. en mat. de marq. de fabr.*, n. 174 et s.; Pouillet, n. 542; Blanc, n. 714.

341. — Jugé, en ce sens, que le nom patronymique de chacun étant une propriété à laquelle nul ne peut porter atteinte, on ne saurait admettre que le long séjour d'un employé dans une maison de commerce puisse autoriser celui-ci, lorsqu'il s'établit pour son propre compte, à rappeler dans ses prospectus qu'il a rempli dans cette maison un emploi important dont il a d'ailleurs été rémunéré. — Trib. comm. Seine, 17 mai 1888, Dupré, [Ann. propr. ind., 92.24]; — 3 nov. 1892, Cie Singer, [Ann. propr. ind., 94.110]

342. — L'ancien employé d'une maison de commerce qui, soit sur ses cartes, soit dans ses rapports verbaux avec les clients, se prévaut de cette qualité, s'expose donc à une poursuite en concurrence déloyale. — Paris, 26 août 1864, Léger, [Ann. propr. ind., 64.415] — V. aussi Alger, 12 janv. 1870, Picon, [Maillard de Marafy, t. 1, p. 366] — Trib. comm. Seine, 11 avr. 1864, Fould frères et Cie, [Ann. propr. ind., 64.323]

343. — L'ancien employé qui vient à s'établir pour son compte personnel ne peut, sans commettre de concurrence déloyale, se servir du nom de ses anciens patrons pour annoncer qu'il les a quittés et que, tant qu'il était attaché à leur maison, il était le seul opérateur. — Rouen, 7 août 1888, Fontaine, [Recueil de Rouen et de Caen, 88.1.241]

344. — Celui qui a quitté le dentiste dont il était l'employé, ne peut donc, sur son enseigne ou dans ses prospectus, se dou-

ner comme « ex-premier opérateur » de la maison où il exerçait jadis cette fonction. — Trib. Seine, 27 déc. 1862, Cohen, [Ann. propr. ind., 63.143]

345. — Parfois, pour dénier aux employés le droit de se prévaloir de leur ancienne qualité, on a mis en avant d'autres arguments que celui tiré de la propriété du nom de leurs anciens patrons. — C'est ainsi qu'il a été jugé que tout employé ou artiste, travaillant pour le compte d'une maison de commerce, ne pouvant revendiquer le droit de conserver son individualité dans les travaux auxquels il a participé, il y a concurrence déloyale dans le fait de certains artistes, jadis employés dans une maison de photographie, d'apprendre au public, par leurs tableaux et annonces, qu'ils sont les véritables auteurs des portraits de tels ou tels personnages connus. — Trib. comm. Seine, 23 janv. 1857, Mayer et Pierson, [Ann. propr. ind., 57.63]

346. — A la différence des élèves d'une maison, les employés ne peuvent donc, sans commettre de concurrence déloyale, se recommander, sur leurs enseignes, du nom de leurs anciens patrons. — Même jugement.

347. — Un employé excède les limites de la concurrence permise du moment où, après avoir nominativement désigné dans des circulaires, la maison qui jadis l'occupait, il s'attribue comme étant une conséquence de son travail ce qui, en réalité, n'était que le résultat des soins apportés par les patrons personnellement au recrutement de leur personnel et à l'exécution des commandes qui leur étaient confiées. — Trib. comm. Seine, 27 nov. 1891, Lhener et David, [J. *Le Droit*, 6 janv. 1892]

348. — Parfois, enfin, on produit un autre argument : on prétend qu'autoriser un ancien employé de prendre cette qualité c'est lui permettre d'accaparer à son profit la notoriété dont jouissent ses anciens patrons. Jugé, en ce sens, qu'à l'encontre de l'élève et de l'apprenti, l'ancien employé d'une maison de commerce qui fonde un établissement rival de cette maison ne peut prendre dans ses factures, adresses ou annonces la qualité d'ancien employé de ladite maison. Il ne saurait, en effet, être permis à un employé qui a travaillé dans une maison de commerce de chercher à s'attirer la clientèle en annonçant au public qu'il a été un des collaborateurs de cet établissement, la notoriété d'une maison de commerce constitue un patrimoine, et quiconque se livre à des manœuvres ayant pour objet de le lui ravir, en tout ou partie, pour en faire son profit personnel, commet à son égard un acte de concurrence déloyale qu'il échet aux tribunaux de réprimer. — Trib. comm. Seine, 22 nov. 1888, sous Cass., 23 juin 1891, Redfern and sons, [S. et P. 92.1.116]

349. — Sans aller jusqu'à considérer comme coupable de concurrence déloyale un industriel qui avait pris dans ses annonces la qualité d'ex-employé de la maison X. ., un arrêt de Bordeaux du 20 juin 1883, Loth, [Le Ill., 84.2.291], l'a contraint à supprimer cette mention, estimant qu'une personne n'a pas le droit de faire de la réclame avec un nom qui ne lui appartient pas.

350. — Ce second système donnait une importance trop considérable au droit de chacun sur son nom, en considérant comme une violation de ce droit tout usage quelconque, qui était fait du nom d'un tiers, même dans un but légitime en soi; cette opinion découlait d'une fausse conception du droit sur les noms que l'on considérait à tort comme un véritable droit de propriété, alors qu'il constitue en réalité un droit *sui generis* qui, au point de vue purement commercial, n'est violé que s'il y a eu véritablement un préjudice causé à celui qui porte le nom usurpé. Aussi, la préférence semble devoir être accordée à un troisième système en faveur duquel la Cour suprême a fini par se prononcer; d'après ce système, il faut distinguer. S'il résulte des circonstances que l'employé, rappelant ses anciennes fonctions, s'abstient de tout agissement susceptible de causer du dommage à son patron, et s'il a pris toutes les précautions pour éviter une confusion entre les deux établissements, le patron ne peut se plaindre; car il ne peut alors prétendre que l'ancien employé s'efforce d'accaparer par des moyens illicites la notoriété de la maison de commerce d'où il est sorti. Au contraire, lorsque l'ancien employé rappelle ses fonctions dans un but de concurrence déloyale, le patron peut lui faire interdire l'usage de son nom. — *Sic*, Calmels, n. 193; Ruben de Couder, v° *Enseigne*, n. 56 et s.; Allart, n. 71; Amar, n. 346.

351. — C'est à ce dernier système que se rattache un récent arrêt de cassation d'après lequel l'ancien employé d'une maison de commerce peut, en fondant lui-même un établissement, insérer dans des circulaires imprimées ou manuscrites la mention qu'il a été employé de cette maison, si cette mention, conforme à la vérité, n'est pas faite en vue d'une concurrence déloyale, si elle ne peut faire naître une confusion dans le public, et si, d'ailleurs, aucun engagement n'avait été pris par ledit employé envers ses anciens patrons. — Cass., 23 juin 1891, précité. — *Pand. fr.*, 92.1.153, et le rapport de M. le conseiller Babinet.

352. — C'est en effet, au point de vue de la liberté de l'industrie et de la concurrence loyale qu'il faut apprécier le fait de l'ancien employé qui, en invoquant ses propres antécédents professionnels pour s'en faire un titre à la confiance publique, ne viole par là aucun des principes du contrat de louage d'ouvrage. — Même arrêt.

353. — La Cour suprême avait, d'ailleurs, été précédée dans cette voie par la cour de Paris qui, dans la même affaire, avait décidé que lorsque des employés ne se sont pas engagés, au moment où ils sont entrés dans une maison, à ne pas faire connaître, au cas où ils s'établiraient à leur compte, qu'ils avaient travaillé dans cette maison, une poursuite en concurrence déloyale ne peut utilement procéder contre eux quand dans leurs circulaires ou annonces ils font connaître leur ancienne qualité d'employés de la maison. S'ils n'ont point cherché à établir une confusion entre l'établissement de leur ancien patron et celui par eux fondé, s'ils n'ont rien dit, écrit ou fait qui puisse laisser supposer que cette ancienne maison a cessé ses affaires, ils ne font que rendre hommage à la situation qu'elle occupe et par suite ne peuvent être passibles de dommages et intérêts. — Paris, 4 août 1890, sous Cass., 23 juin 1891, précité. — *Contrà*, Pouillet, n. 542 *in fine*.

354. — Cette jurisprudence de la Cour de cassation semblait déjà, au surplus, se pressentir dans un précédent arrêt, aux termes duquel celui qui, après avoir, pendant un certain nombre d'années, exécuté à forfait et à ses risques et périls tous les travaux confiés à un fabricant (dans l'espèce, un fabricant d'enduits tyroliens), et qui, libre de tout engagement, s'est lui-même établi entrepreneur des mêmes enduits, peut être considéré comme ne commettant pas un acte de concurrence déloyale, lorsque, dans une circulaire, en tête de laquelle il prend la dénomination d'entrepreneur, il se recommande de la qualité des travaux exécutés par lui comme sous-traitant chez ledit fabricant, et annonce qu'il exécutera les travaux qui lui seraient confiés à des prix inférieurs aux prix précédemment exigés. — Cass. 2 déc. 1885, Tchoffen, [S. 87.1.409, P. 87.1.1023] — *Sic*, Allart, n. 183.

355. — Du moins, l'arrêt qui le décide ainsi, en appréciant les faits de la cause et la situation des parties, échappe au contrôle de la Cour de cassation. — Même arrêt.

356. — Depuis lors, différents jugements ont été rendus dans le même sens. Il a été décidé qu'on ne saurait condamner à des dommages-intérêts l'ancien employé qui, sans son autorisation, fait usage du nom de son ancien patron, dans une circulaire envoyée à tout le monde, et non pas seulement aux clients de l'ancienne maison qu'il vient de quitter. — Trib. comm. Reims, 15 janv. 1892, Fauchat, [*Gaz. Pal.*, 92.1.195] — V. aussi Trib. comm. Havre, 30 mai 1892, [*Rec. du Havre*, 92.1.132]

357. — Il en est ainsi alors que l'ancien employé n'avait pas songé à faire une concurrence déloyale à son patron, puisqu'il s'est établi dans un endroit assez éloigné pour ne pas attirer la clientèle de l'établissement auquel il était jadis attaché, et qu'il n'a rien dit, écrit ou fait qui soit de nature à faire naître une confusion quelconque ou à faire penser que l'ancienne maison avait cessé ses affaires, s'est modifiée, ou, pour une cause quelconque, a démérité de sa clientèle. — Trib. comm. Reims, 15 janv. 1892, précité.

358. — De même, l'employé qui fait connaître au public, par des circulaires ou par des annonces dans les journaux, qu'il a quitté son ancien patron, chez lequel il est demeuré de longues années, ne fait qu'user du droit qui lui appartient de s'établir à son compte et de faire concurrence à ce dernier. — Trib. Lyon, 15 déc. 1893, Paillasson, [*J. La Loi*, 17 avr. 1894; *Gaz. Pal.*, 94.1.313]

359. — Tout en adoptant le troisième système, nous n'hésitons pas à proclamer que les tribunaux devront, à raison même des liens qui jadis existaient entre le patron et l'employé, exiger de celui-ci une observation plus scrupuleuse des règles de la loyauté commerciale. C'est qu'en effet la liberté du commerce est la condition essentielle des transactions, mais l'exercice de cette liberté, qui engendre la concurrence, est soumise à l'ob-

servation d'une complète loyauté, qui s'impose à tout commerçant, alors surtout que la concurrence a lieu du fait d'anciens employés qui font usage des connaissances qu'ils ont acquises chez leur ancien patron. — Trib. comm. Seine, 4 avr. 1894, Guesquin, [J. *La Loi*, 17 avr. 1894] — *Sic*, Pouillet, n. 639.

360. — Ainsi, s'il ne peut être contesté à un employé le droit de s'établir et de faire concurrence à son ancienne maison, ce ne peut être qu'à la condition que cette concurrence s'exerce d'une manière loyale et à l'aide des moyens non répréhensibles; si l'on peut considérer comme un de ces moyens le fait de s'adresser au public en général, en invoquant verbalement ses antécédents comme employé, ce moyen change de caractère lorsqu'il consiste dans l'envoi de circulaires adressées spécialement à la clientèle de son ancienne maison, alors surtout que la situation particulière de l'employé ne lui permettait pas de connaître les adresses des personnes composant cette clientèle. — Trib. comm. Seine, 27 nov. 1891, Lehrner et David, [J. *Le Droit* du 6 janv. 1892] — V. Paris, 4 janv. 1893, Ruffin, [*Gaz. Pal.*, 93.1, 2e part., 33]

361. — L'employé qui a quitté un patron pour s'établir lui-même dans un commerce similaire a le droit incontestable d'y mettre à profit les connaissances qu'il a acquises dans la maison d'où il sort, mais il lui est interdit d'abuser des renseignements que sa position lui a permis de recueillir, pour détourner la clientèle de son ancien patron; il ne peut, notamment, dans une circulaire adressée aux clients et aux agents de son ancien patron et où il prend la qualité d'ancien employé, déclarer qu'il peut, grâce à un matériel perfectionné, offrir les mêmes objets à des conditions très-avantageuses, défiant toute concurrence. — Trib. comm. Nantes, 24 avr. 1880, Ve Raymondière, [*Ann. prop. ind.*, 83.37]

362. — De même, le patron peut légitimement se plaindre de ce que les mentions, insérées dans les circulaires et dans les annonces, ne sont pas conformes à la vérité, ou de ce qu'il résulte soit des termes employés, soit des circonstances, que le défendeur a cherché à faire croire que son ancien patron a cessé, pour une cause ou pour une autre, d'exercer sa profession ou a démérité de sa clientèle. — Trib. Lyon, 15 déc. 1893, précité.

363. — De même encore, il y a concurrence déloyale dans le fait de celui qui, installant une maison de commerce, prend la qualité « d'ex-intéressé » d'une autre maison de commerce, dans laquelle il n'a été qu'un employé aux appointements fixes auquel étaient allouées parfois des gratifications. — Trib. comm. Seine, 8 janv. 1887, [J. *La Loi*, 19 janv. 1887] — *Sic*, Allart, n. 73.

364. — ... De celui qui, précédemment employé dans une fabrique d'huiles, déclare qu'il a été tout spécialement chargé de la fabrication, alors qu'il ne remplissait dans cette maison d'autres fonctions que celles de commis aux écritures. — Trib. comm. Arras, 15 juill. 1892, Paul Périn, [*Avenir* (d'Arras), 31 juill. et 1er août 1892]

365. — Mais, nous hésiterions à admettre qu'un employé ne peut se prévaloir, auprès d'une nouvelle clientèle qu'il cherche à créer, du nom de ses anciens patrons, alors que le commerce par lui entrepris est sans grande importance et qu'il n'est pas exactement analogue à celui de ses anciens patrons, du moment où l'ancien employé entendait faire concurrence à ceux-ci pour plusieurs articles de leur commerce. — Trib. Seine, 30 mars 1876, Courtois, [*Ann. prop. ind.*, 76.111]

366. — Il ne suffit pas, d'ailleurs, pour qu'un ancien employé soit condamné à des dommages-intérêts d'arguer d'une association qui aurait été contractée entre celui-ci un négociant poursuivi lui-même du chef de concurrence déloyale. — Trib. comm. Seine, 27 nov. 1891, précité.

367. — Étant donné que le droit pour un employé de se faire connaître sous cette qualité doit disparaître lorsque pareille mention pourrait conduire à une concurrence déloyale, il est incontestable que ce droit ne peut être accordé qu'à l'employé qui, à raison de l'importance des fonctions dont il était revêtu, doit être considéré comme ayant été initié, dans une certaine mesure, aux détails de l'industrie ou du commerce de son ancien patron; il faut de plus, pour le même motif, que cet ancien employé ait servi pendant un temps assez long chez celui dont il fait figurer le nom sur ses papiers de commerce et sur son enseigne. — Allart, n. 72.

368. — Mais il nous paraît qu'on ne saurait lui refuser l'usage de ce droit au cas où il aurait été renvoyé même pour les motifs les plus graves; car cette circonstance ne ferait point que la mention soit inexacte et de nature à tromper les tiers. — V. Ruben de Couder, v° *Enseigne*, n. 58; Allart, *loc. cit.*; Bédarride, n. 751.

369. — Les différents systèmes qui viennent d'être analysés relativement aux anciens employés de maison de commerce et d'industrie ont été mis en avant, dans les mêmes termes, pour résoudre une difficulté analogue qui naît lorsque d'anciens ouvriers, d'anciens contre-maîtres, ou d'anciens travailleurs manuels de telle ou telle usine se prévalent de cette qualité; la question qui se pose dans les mêmes conditions que précédemment doit, selon nous, recevoir la même solution : la prétention de ces ouvriers, contre-maîtres et autres est légitime en principe, à moins qu'elle ne serve à couvrir une véritable concurrence déloyale. — V. Pouillet, n. 542; Blanc, p. 716; A. Rendu, n. 488; Amar, n. 346.

370. — Jugé, dans le sens de la seconde opinion exposée relativement à la qualité d'employé que, celui qui ayant occupé, dans un atelier, le poste de contre-maître général, a touché pendant toute la durée de ses fonctions la rémunération des services qu'il pouvait rendre, ne peut, s'il devient membre d'une société qui se livre à la même industrie, se prévaloir dans ses annonces et prospectus, auprès du public, de cette ancienne qualité. — Trib. comm. Seine, 9 janv. 1868, Alexandre, [*Ann. prop. ind.*, 69.95] — *Sic*, Maillard de Marafy, t. 3, p. 548. — V. aussi Trib. comm. Seine, 20 févr. 1867, Roche, [Teulet, 16.219] — V. cependant Pouillet (n. 542), qui semble disposé à admettre les contre-maîtres à mentionner leur qualité.

371. — Un ancien employé ne peut donc sans l'autorisation expresse du patron qu'il vient de quitter, prendre dans ses annonces et prospectus la qualité d'ex-chef ou contre-maître de la maison X... — Trib. comm. Toulouse, 5 janv. 1891, [*Gaz. Midi.* 18 janv. 1891] — V. aussi, Paris, 24 avr. 1834, Dujariez, [S. 34.2.261, P. chr.] — Trib. comm. Seine, 12 mars 1850, Quiquandon, [Le Hir, 50.2.206]

372. — On a même été jusqu'à décider que le contre-maître d'une fabrique, médaillé lors d'une exposition, comme coopérateur de cette maison, ne peut, s'il s'établit dans la suite, indiquer sur son enseigne qu'il fut jadis le coopérateur de cette maison. — Trib. comm. Seine, 10 mars 1869, Penaud et Amour, [*Ann. prop. ind.*, 69.122]

373. — Mais, rentre, au contraire, dans le troisième système par nous exposé et adopté, l'arrêt d'après lequel si un ancien directeur d'atelier peut rappeler cette qualité dans ses prospectus et annonces, il commet néanmoins un acte de concurrence déloyale lorsqu'il fait apparaître cette qualité, de telle sorte qu'on y voit l'intention évidente de s'approprier le renom et le relief de la maison dirigée par ses anciens patrons. — Paris, 27 mars 1889, Decauville, [*Ann. prop. ind.*, 89.178]

374. — Un industriel a toujours le droit, pour prouver qu'il est digne de la confiance qu'il sollicite, de faire connaître ses antécédents et les établissements où il a travaillé. On ne saurait donc voir un acte de concurrence déloyale, dans le fait d'un industriel qui, sur ses cartes et prospectus, prend la qualité d'ex-chef de l'établissement viticole de M. X..., lorsque les énonciations des cartes et prospectus ne sont pas de nature à jeter dans le public une confusion sérieuse entre les deux établissements rivaux. — Trib. Fontainebleau, 18 juill. 1883, Salomon, [Le Hir, 83.2.455]

375. — Jugé encore qu'il n'est point permis de prendre la qualité d'ancien ouvrier d'un fabricant alors que l'on a soin d'écrire en petits caractères la qualification d'ouvrier, mais en grands caractères le nom de l'ancien patron. — Trib. comm. Seine, 11 janv. 1836, Desprez, [*Gaz. des trib.*, 20 janv. 1836]

376. — De même, on ne peut prendre la qualité de premier ouvrier de tel ou tel fabricant, alors qu'en fait cette qualité est inexacte. — Trib. comm. Seine, 21 mars 1850, Gotten, [Le Hir, 50.2.206]

377. — Les mêmes difficultés que celles qui viennent d'être indiquées se représentent en ce qui concerne la mention de la qualité d'élève ou d'apprenti ; pour quelques commentateurs, le droit de l'élève ou de l'apprenti serait absolu ; il pourrait toujours, sans aucune distinction, rappeler le nom de celui qui jadis lui apprit son métier. — Bédarride, n. 751.

378. — Il est au contraire certains auteurs qui refusent de la manière la plus absolue à l'apprenti ou à l'élève le droit de se servir du nom de son maître ou patron. — Blanc, p. 715; Gastambide, n. 476; Mayer, n. 29; Huard, *Prop. ind.*, n. 169.

379. — Une troisième opinion reconnaît, en principe, à l'élève ou à l'apprenti le droit de mentionner sur ses factures et enseignes sa qualité d'élève du maître ou patron. Mais l'emploi du nom du maître ou du patron devrait être interdit à l'élève ou apprenti toutes les fois que cet emploi pourrait entraîner une confusion nuisible aux intérêts du maître ou patron. — Calmels, *Des noms et marques de fabrique*, n. 169, et *De la propriété et de la contrefac. des œuvres de l'intelligence*, n. 193; Rendu, n. 487; Ruben de Couder, v° *Enseigne*, n. 51; Pouillet, n. 537; Allart, n. 77; Bert, p. 102; Amar, n. 346. — X..., note sous Paris, 5 mars 1839, Thibonmery, [P. 39.1.280]

380. — On remarquera aisément qu'un certain nombre d'auteurs qui interdisent aux anciens employés d'une maison connue le droit de se prévaloir de cette qualité, reconnaissent, au contraire, aux anciens apprentis ou aux élèves la possibilité de mentionner leur qualité; ces auteurs croient pouvoir expliquer cette différence en faisant remarquer que, dans l'intention commune des parties qui passent un contrat d'apprentissage, cette faculté est largement escomptée et doit, par suite, sous réserve d'une convention contraire, être considérée comme acquise par l'élève ou par l'apprenti.

381. — Cette différence que l'on prétend ainsi établir entre les anciens employés et les élèves serait parfois délicate à déterminer; un employé est toujours dans une certaine limite un élève; en tous cas, cette distinction apparaît sous sa forme pratique dans l'espèce suivante où il a été jugé que si celui qui a donné gratuitement son temps ou payé pour son apprentissage peut, sous certaines garanties, prendre sur ses enseignes la qualité d'ancien élève de son maître, il en est autrement de celui qui n'a jamais été que l'employé moyennant salaire du maître. — Bordeaux, 9 févr. 1886, Ribeyrol, [S. 87.2.9, P. 87.1.92]

382. — Ainsi, l'employé d'un dentiste ne peut, après avoir quitté son patron, et s'être établi pour son compte, prendre sur ses enseignes le titre d'élève de son patron. — Même arrêt.

383. — Un arrêt a posé pour arriver à une distinction entre l'élève et l'ouvrier le critérium suivant : l'élève est celui qui reçoit les leçons d'un maître, tandis que l'ouvrier est celui qui travaille chez son maître; on peut avoir été l'ouvrier d'un fabricant, sans avoir été son élève, si on a travaillé dans ses ateliers, non sous sa direction directe, mais seulement sous celle de ses employés. — Paris, 24 avr. 1834, Dujariez, [S. 34.2.261, P. chr.]

384. — Décidé, conformément aux données du premier système, que les apprentis d'un fabricant qui ont payé leur apprentissage, soit en argent, soit en travail, peuvent prendre le titre d'élèves de ce fabricant. — Trib. comm. Seine, 17 juin 1837, [J. *Le Droit*, 18 juin 1837]

385. — Dans le sens de la seconde opinion, il a été jugé que le cessionnaire d'un fonds de commerce peut s'opposer à ce qu'un ancien apprenti de la maison se donne comme élève de l'ancien propriétaire du fonds. — Paris, 4 mars 1863, Rommetin, [*Ann. prop. ind.*, 63.173]

386. — De même, il a été décidé, mais les circonstances de fait ont dû jouer un grand rôle en l'espèce, que le cessionnaire d'un fonds de commerce, connu sous le nom de son fondateur, peut s'opposer à ce que d'anciens employés de la maison se donnent, sur leurs enseignes, comme élèves du fondateur. — Trib. comm. Seine, 27 oct. 1863, Dubois, [*Ann. prop. ind.*, 64.187]

387. — Il importe peu qu'après la cession du fonds, le cédant ait autorisé ses employés à prendre cette qualité. — Même jugement. — V. Pouillet, n. 541.

388. — Il en est ainsi, alors surtout que soit par la combinaison des lumières, soit par l'abaissement d'un store placé à l'intérieur de leurs magasins, les défendeurs n'ont fait apparaître dans l'enseigne que le nom du cédant. — Même jugement.

389. — D'autres décisions judiciaires, antérieurement d'ailleurs à l'arrêt de cassation de 1891, ont admis, en l'absence de tout fait de concurrence déloyale, le droit pour l'ancien élève de se prévaloir de cette qualité. Décidé, en ce sens, qu'un semblable droit ne peut exister qu'au profit de celui qui aurait payé pour entrer comme apprenti chez un fabricant. — Trib. comm. Seine, 9 janv. 1868, Alexandre, [*Ann. prop. ind.*, 69.95] — V. aussi Trib. comm. Seine, 13 oct. 1841, Batton, [*Gaz. des trib.*, 18 oct. 841]

390. — La qualité d'élève de telle ou telle personne ne peut s'acquérir que par un apprentissage payé, joint à une longue collaboration, qui, l'un et l'autre ont rendu l'élève capable de fabriquer aussi bien que son patron. — Paris, 4 mars 1863, précité. — *Sic*, Allart, n. 72; Lallier, n. 222.

391. — Mais, en supposant que le titre d'élève n'appartienne qu'à celui qui a accompli un contrat d'apprentissage à titre onéreux, cette prétention ne saurait être opposée à la jeune fille qui a acquis chez sa mère les talents qu'elle utilise dans la même industrie, alors que son éducation professionnelle ne pouvait être chez sa mère l'objet d'un contrat de cette nature. — Trib. comm. Seine, 1er juin 1855, Oudot, [*Ann. prop. ind.*, 55-56.160] — *Sic*, Rendu, n. 489.

392. — Quelqu'opinion qu'on adopte d'ailleurs sur la difficulté dont l'exposé précède, il est incontestable qu'un élève ne peut se recommander du nom du prédécesseur de son maître. — Pouillet, n. 539.

§ 5. *Emploi de moyens destinés à créer la confusion entre les boutiques ou magasins. — Enseigne, devantures, agencements intérieurs, etc.*

393. — L'enseigne dont l'objet est de différencier entre elles les diverses maisons de commerce est parfois, au contraire, employée pour créer une confusion fâcheuse; sous cet aspect, l'étude des questions relatives à l'enseigne rentre directement dans celle de la concurrence déloyale, mais, dans un but de clarté, il paraît préférable de grouper en un seul tout l'ensemble des matières concernant l'enseigne; remarquons seulement pour montrer les rapports entre la concurrence déloyale que celle-ci ne constitue pas une propriété qui soit protégée en soi-même et en dehors de toute concurrence ou confusion; il en résulte, ainsi qu'on le verra plus loin, d'une part, que l'enseigne choisie pour un genre de commerce ne permet à son titulaire d'agir en usurpation que contre ceux qui prétendraient l'employer dans la même branche du commerce, et, d'autre part, que l'étendue de la protection est purement relative, puisque certaines enseignes ne sont garanties que dans un quartier d'une ville, tandis que d'autres le sont dans tout un pays et même dans plusieurs pays, suivant l'importance des affaires du négociant qui le premier a adopté ce signe distinctif. — V. *Rép. du dr. fr.*, v° *Enseigne*.

394. — A une époque où la pratique de la réclame a pris une extension considérable, il est rare que celui qui usurpe l'enseigne d'un concurrent s'en tienne là dans la voie des imitations; il copie le plus souvent, outre l'enseigne, les modes de publicité imaginés par son devancier. Jugé, dans une pareille espèce, que le propriétaire d'un établissement de chapellerie, connu sous le nom de « chapellerie 4 et 8 », chacun de ces chiffres suivi de points d'exclamation, peut agir en concurrence déloyale contre celui qui, s'étant venu installer dans un immeuble contigu, emploie, dans son enseigne, ses prospectus et réclames diverses, les mêmes chiffres 4 et 8, disposés dans des conditions analogues et n'en différant, en réalité, que par le remplacement des points d'exclamation par des lettres minuscules usitées comme abréviation du mot franc. — Trib. comm. Seine, 19 mai 1890, V° Chauveau, [*Gaz. Pal.*, 90.2.67] — *Sic*, Rendu, n. 500.

395. — Sans commettre une usurpation d'enseigne, des négociants habiles peuvent en arriver à créer une confusion entre deux boutiques voisines; de pareilles pratiques tombent sous l'application des lois, des dommages-intérêts peuvent être prononcés et de plus, pour empêcher que se perpétuent les faits de concurrence déloyale, les tribunaux peuvent prendre les mesures nécessaires en vue d'assurer le respect absolu de la loyauté commerciale; il en est ainsi lorsque l'apparence générale d'une boutique nouvellement ouverte, l'usage des mêmes couleurs employées dans les mêmes tons, le choix des mêmes caractères, de même corps et de même dimension, les dispositions semblables, à des places identiques, de l'enseigne proprement dite et des mêmes mots tombés dans le domaine public peuvent tromper le public et lui laisser croire que deux magasins, séparés sur la rue par une seule boutique, dépendent de la même maison de commerce et sont reliés entre eux par des communications intérieures ou sur cours. — Aix, 20 mai 1890, Simon et Cie, [*Ann. prop. ind.*, 91.361] — *Sic*, Bert, p. 78; Allart, n. 89; Rendu, n. 496; Blanc, p. 709; Pouillet, n. 484. — V. Mayer, n. 34.

396. — Les précautions prises pour éviter la contrefaçon entre deux établissements voisins n'ont jamais été plus minutieuses peut-être que dans l'espèce jugée par la cour de Paris dans son arrêt du 3 janv. 1890, Dupond, [*Gaz. Pal.*, 90.1.194, *Ann. prop. ind.*, 91.83]; il s'agissait d'une fabrique de brioches exploitée rue de la Lune sous la raison commerciale : Léon; un tiers était venu s'établir tout à côté de cette maison et il avait fait mettre sur son enseigne, en gros caractères, son prénom de Léon; la cour de Paris ordonna l'adjonction du nom de famille au prénom qui dut être reproduit en caractères moindres de moitié que ceux employés pour le nom de famille et de couleurs différentes de ceux employés par le demandeur; l'aspect extérieur du magasin dut être modifié dans son ensemble et jusque dans ses moindres détails, le costume des femmes préposées à la vente dut être changé de manière à éviter toute confusion. — V. encore Lyon, 31 déc. 1889, V° Huin, et consorts, [D. 90.2.320] — Trib. comm. Versailles, 23 avr. 1852, Lebat, [Maillard de Marafy, t. 3, p. 505]

397. — Il y a encore concurrence déloyale dans le fait du commerçant qui vient s'établir dans une boutique immédiatement voisine de celle de son concurrent et donne intentionnellement à l'objet par lui mis en vente la forme et l'aspect général de l'objet de son concurrent et le désigne sous un nom qui prête à la confusion. — Trib. Seine, 6 févr. 1885, Choubersky, [*Ann. prop. ind.*, 87.132]

398. — Celui qui, dans ses vitrines, arrange une assez grande quantité de boîtes contenant les produits de son concurrent, en y joignant des brochures émanant de celui-ci, et en ôtant sur ces boîtes l'adresse de celui-ci pour faire croire au public que son magasin est celui même où se fabriquent ces objets. — Paris, 24 nov. 1861, Dehaut, [Teulet, 9.106]

399. — De même, lorsqu'un inventeur de produits nouveaux confie à un négociant le dépôt exclusif de ses produits, à la condition expresse que les flacons, boîtes et prospectus contiendraient son nom suivi de la mention : inventeur, et que ces produits seraient vendus sous de certaines dénominations, non tombées dans le domaine public, il y a concurrence déloyale de la part de ce négociant qui vend ces produits sous ces dénominations et sans rappeler le nom de l'inventeur. — Paris, 23 juill. 1861, Galy, [*Ann. prop. ind.*, 62.374]

400. — Il y a aussi fait répréhensible de la part du commerçant qui donne à son établissement placé entre deux boutiques appartenant à une même personne le même aspect extérieur que celui de ces boutiques (peintures de la boutique de même couleur, lettres de l'enseigne de même couleur, forme et dimension, absence de nom, etc.). — Paris, 29 déc. 1852, Farlongue, [P. 53.1.335, D. 53.2.163]

401. — ... D'un épicier qui vend du thé, à orner sa boutique d'un auvent à forme chinoise analogue à celui qui décore la boutique d'un concurrent. — Trib. comm. Seine, 17 févr. 1847, Houssaye, [*Gaz. des trib.*, 18 févr. 1847]

402. — ... Des compagnies de transport qui peignent les devantures de leurs bureaux et leurs voitures de la même manière qu'une autre compagnie de transport. — Lyon, 31 déc. 1889, Société de factage général lyonnais, [*Droit industriel*, 90.256] — *Sic*, Allart, n. 138; Pouillet, n. 470. — V. aussi Trib. comm. Seine, 30 janv. 1855, Loisel, [Le Hir, 55.2.567]

403. — ... Des loueurs de voitures qui, à l'exemple d'une compagnie rivale, font peindre les panneaux de leurs voitures de couleurs variées et qui donnent à leurs cochers des livrées à peu près semblables à celles de leurs concurrents. — Angers, 26 févr. 1885, Cie des petites voitures d'Angers, [*Ann. prop. ind.*, 89.14] — *Sic*, Rendu, n. 506; Pouillet, n. 482.

404. — ... Du propriétaire qui, venant s'établir dans un local précédemment occupé par un marchand d'articles de voyage, adopte une enseigne prêtant à la confusion, vend les mêmes objets et crée par l'agencement des montres et par la nature des marchandises offertes au public une confusion intentionnelle avec l'établissement fondé par l'ancien locataire qui a transporté son industrie dans un autre local. — Trib. comm. Seine, 2 janv. 1856, Godillot, [*Ann. prop. ind.*, 56.30]

405. — Cela étant, on comprend que tout industriel, quittant les lieux où il a exercé un commerce, a le droit de faire annoncer à ses frais son changement de domicile dans la mesure nécessaire pour empêcher la confusion entre la nouvelle maison et l'ancienne; on ne saurait voir dans ce fait un acte de concurrence déloyale à l'égard de ceux qui occupent actuellement les locaux que cet industriel a cessé d'occuper. — Paris, 2 juill. 1870, Lebon et Crozat, [*Ann. prop. ind.*, 72.53]

406. — Des espèces dont l'énumération précède, il est permis de rapprocher un jugement d'après lequel le négociant qui, sur une voiture à usage de son commerce, fait reproduire la marque appartenant à un fabricant, commet un acte de concurrence déloyale, alors qu'il vend des produits sortis des usines de ce fabricant, si, en même temps, il en débite d'autres provenant des usines de ses concurrents. — Trib. Andelys, 3 mars 1885, Cⁱᵉ Singer, [*Ann. prop. ind.*, 85.285] — Ce même jugement, sous date du 3 mars 1886, se trouve reproduit dans le même recueil, 87.103.

407. — Au surplus, le fait, par un industriel, d'avoir fait vendre ou laissé sciemment vendre ses produits par le représentant d'une maison rivale et sous le nom de cette maison, constitue un acte de concurrence déloyale donnant lieu à des dommages-intérêts. — Douai, 11 août 1865, Six-Duduve, [S. 66.2.8, P. 66.78] — *Sic*, Pouillet, n. 460, 469, 521 et 657; Allart, n. 229. — V. *Rép. du dr. fr.*, vᵒ *Commis*, n. 121 et s.

408. — Il a été toutefois décidé par appréciation des circonstances que bien, qu'en principe, un commis-voyageur ne puisse vendre pour son propre compte les articles qu'il s'est engagé à placer pour le compte de son patron, néanmoins, on ne saurait considérer comme constituant un acte de concurrence déloyale une vente ainsi faite, du moment où elle ne revêt pas un caractère frauduleux et où les termes de l'accord qui lie les parties semblent plutôt exclure toute prohibition que de comporter une interdiction de ce genre. — Toulouse, 1ᵉʳ mars 1889, [*Gaz. Midi*, 10 mars 1889]

409. — Mais, un courtier d'abonnement aux journaux, qui a des abonnés en province, ne peut, pour les servir, employer des bandes imprimées portant en tête le nom du journal, alors que ce procédé est de nature à faire croire ainsi aux abonnés qu'ils sont servis par l'administration même du journal. — Trib. comm. Seine, 19 sept. 1849, Perrée, [cité par Blanc, p. 389]

410. — Constitue encore, dans le même ordre d'idées, un acte de concurrence déloyale le fait d'un commerçant qui a contrefait le catalogue d'un autre commerçant et l'a distribué dans le but d'établir une confusion entre sa maison et celle de son concurrent. — Nancy, 18 avr. 1893, Aiman, [S. et P. 93.2.255, D. 93.2.418] — *Sic*, Allart, n. 231. — V. cependant Rouen, 24 juin 1887, Bigot-Renaux, [*Ann. prop. ind.*, 88.65]

411. — ... Qui a pris communication par des moyens répréhensibles d'un certain nombre de lettres contenant des commandes adressées à une maison de commerce similaire et d'offrir ses services aux signataires de ces lettres.—Trib.comm.Seine,5 mai 1887, [*J. La Loi*, 15 juin 1887] — V. Allart, n. 229. — V. cependant Rennes, 12 janv. 1886, Dubois, [*Jur. comm. Nantes*, 87.1.277]

412. — ... Qui, pour écouler ses produits, se sert du titre de « société coopérative », si les marchandises vendues ne sont pas, en réalité, fabriquées ou mises en vente par une société de cette nature. — Trib. comm. Angers, 9 janv. 1891, [*Rec. d'Angers*, 91.93]

413. — ... Qui vend et facture sous le nom d'une société connue, un objet dont certains éléments sortent bien des établissements de cette société, mais qu'il a joints à d'autres éléments fabriqués par une maison rivale. — Trib. comm. Seine, 4 déc. 1880, Howe, [*Ann. prop. ind.*, 84.367]

414. — Celui qui était jadis lié, par une convention actuellement périmée, avec un négociant, ne peut plus continuer à laisser figurer sur ses prospectus la représentation des établissements de celui-ci. — Paris, 10 nov. 1887, Truffault,[*Ann. prop. ind.*, 89.115, *Gaz. Pal.*, 87.2.620]

415. — On a même été jusqu'à décider qu'un négociant qui se borne à vendre les produits fabriqués par un industriel, ne peut néanmoins pas publier des circulaires et des instructions copiées sur celles de cet industriel, dans lesquelles il s'approprie les résultats de ses expériences pour annoncer les qualités des produits qu'ils proposent en vente. — Trib. comm. Marseille, 7 janv. 1880, Ragosine et Cⁱᵉ, [*Ann. prop. ind.*, 83.295] — V. Allart, n. 230.

Section II.
Des faits ayant pour but de produire une confusion entre les produits de deux établissements différents.

§ 1. *Imitation des signes distinctifs des produits.*

416. — a) *Marques de fabrique ou de commerce.* — *Dénominations.* — Les marques de fabrique ou de commerce jouent un rôle analogue à celui de l'enseigne; elles servent à distinguer les produits entre eux, comme l'enseigne sert à différencier les maisons de commerce entre elles; il existe toutefois entre l'un et l'autre signes distinctifs une différence notable; l'usurpation d'une enseigne ne tombe sous le coup d'aucune loi pénale et aucune loi spéciale n'en a réglé l'usage; pour ce qui est des marques de fabrique ou de commerce, au contraire, la loi du 23 juin 1857 a édicté des pénalités particulières pour les protéger contre les usurpations des tiers. A ce titre, bien que l'imitation des marques soit un moyen très-actif de concurrence déloyale, son étude échappe pour la plus grande partie à notre examen actuel; il est cependant certains points dont nous devons dès maintenant nous occuper; il peut, en effet, y avoir imitation de marques, sans que la loi de 1857 puisse s'appliquer : il en est ainsi notamment, lorsque l'intéressé n'a point procédé au dépôt de sa marque, lorsqu'il ne veut pas se prévaloir de la loi de 1857 à l'égard d'un concurrent dont la mauvaise foi n'est pas caractérisée, lorsque la marque imitée n'est point apposée sur des produits mais figure seulement sur des annonces, prospectus, etc., lorsque l'imitation n'est point nettement établie en soi, mais qu'elle peut devenir l'un des éléments d'une concurrence déloyale, si on la rapproche d'autres faits, etc. Dans ces diverses hypothèses, à défaut de la loi de 1857, le principe général de l'art. 1382 peut être utilement invoqué. — V. Allart, n. 118; Pouillet, n. 460.

417. — Même à ce point de vue tout particulier, nous n'insisterons guère d'ailleurs sur l'emploi des marques de fabrique ou de commerce usurpées ou imitées dans un but de concurrence déloyale; c'est ainsi que, notamment, en vue d'éviter des redites il nous paraît inutile de rechercher quelles conditions doit remplir un signe distinctif pour jouir du bénéfice de l'art. 1382, C. civ.; son caractère de nouveauté doit, en effet, être apprécié sous ce rapport de la même façon que si on prétendait revendiquer l'application de la loi de 1857.

418. — Cette observation est vraie à l'égard de ce que l'on a appelé les marques vocales (dénominations de fantaisie) comme à l'égard des marques emblématiques. Disons donc simplement que, pour que l'usurpation d'une dénomination commerciale constitue un acte de concurrence déloyale, il faut que la dénomination soit non générique et comme telle appartienne à tous, mais qu'elle soit caractérisée et spéciale; tel n'est pas le cas de la dénomination « Gâteau nantais ». Rennes, 27 avr. 1893, Ducasse et Ginballe, [*Jurispr. comm. et marit. de Nantes*, 93.1.273] — *Sic*, Pouillet, n. 460.

419. — De même, un nom ou une qualification employé par un breveté pour désigner le produit de son invention suit le sort du brevet, et cesse d'être une propriété privée en même temps que l'invention brevetée, alors que ce nom ou cette qualification est tirée du langage vulgaire ou usuel : telle est, par exemple, celle de *corsets sans couture*. — Nancy, 7 juill. 1855, N..., [S. 55.2.581, P. 56.2.196, D. 56.2.53]

420. — En employant cette dénomination, les fabricants de produits similaires doivent, d'ailleurs, sous peine de dommages-intérêts, éviter toute concurrence déloyale par une imitation des factures, estampilles, étiquettes, enveloppes, etc., qui pourrait tromper le public sur la provenance des produits fabriqués, et les faire confondre avec ceux de l'inventeur originaire. — Même arrêt. — *Sic*, Allart, n. 19.

421. — L'indifférence prolongée de celui qui, le premier, a imaginé une dénomination pour désigner certains produits doit être interprétée comme une renonciation de sa part aux droits privatifs qu'il avait pu acquérir. — Ainsi, un médecin ou ses ayants-cause ne peuvent réclamer l'usage exclusif de la dénomination « dosimétrie », lorsqu'il est certain que l'inventeur de la méthode nouvelle en a laissé, pendant de longues années, le libre emploi à tous; la qualification de sa méthode ayant été, ainsi, dégagée à l'origine, de toute idée de propriété exclusive, tout intéressé, pharmacien ou autre, peut employer cette expression pour désigner les produits de son commerce fabriqués selon la méthode nouvelle. — Paris, 30 juin 1892, Gustave Chanteaud, [*Gaz. des trib.*, 8 juill. 1892, *Ann. prop. ind.*, 94.92 et la note Maunoury] — *Sic*, Allart, n. 15.

422. — De même, le fait, par un commerçant, d'annoncer sur ses devantures de magasins, étiquettes, etc., un certain produit (des châles brochés) sous le nom d'un fabricant (celui de Ternaux), peut être considéré comme ne constituant point une concurrence déloyale qui le rende passible de dommages-intérêts envers les ayants-droit de ce fabricant, si le nom dont il s'agit, depuis longtemps employé dans le commerce comme adjectif qualificatif pour désigner, non l'origine ou le fabricant du produit, mais une espèce particulière de ce produit fabriquée généralement, est tombé dans le domaine public, et s'il est d'ailleurs constaté que l'agencement et la combinaison des inscriptions contestées existaient depuis un grand nombre d'années, et n'étaient pas de nature à causer un dommage appréciable à ces mêmes ayants-droit. — Cass., 22 juin 1869, Bournhonet, [S. 69.1.426, P. 69.1097, D. 70.1.87] — Paris, 19 nov. 1868, Même affaire, [Ann. prop. ind., 69.90] — Sic, Allart, n. 14.

423. — Il en est ainsi, parce que si le nom patronymique d'un industriel ajouté au nom d'un produit est devenu la qualification d'un genre spécial de produits dont la fabrication appartient à tous, chacun a le droit de s'en servir sans avoir à craindre de poursuite pour concurrence déloyale. — Amiens, 14 janv. 1887, [Rec. d'Amiens, 87.257]

424. — Mais, lorsque l'inventeur d'un produit n'a pas fait connaître l'intention de lier, d'une manière indissoluble, son nom au produit de son invention et que, par conséquent, l'usage de son nom est resté sa propriété, un autre fabricant ne peut l'employer pour un produit semblable, alors même qu'il le ferait précéder des mots Imité de..., ou imitation de.... — Cass., 15 avr. 1878, A. et M. Landon, [D. 79.1.169] — Trib. comm. Seine, 3 nov. 1892, Cie Singer, [Ann. prop. ind., 94.108]; — 23 juin 1893, Cie Singer, [Ann. prop. ind., loc. cit.] — V., d'ailleurs, divers arrêts et jugements rendus au profit de la Cie Singer et publiés dans La Loi du 31 oct. 1893. — Sic, Allart, n. 18.

425. — Car, s'il n'est pas permis aux tiers de se servir directement et sans détours du nom d'un inventeur dont le brevet est expiré, ils ne sauraient non plus l'employer à l'aide de moyens détournés en le faisant précéder des expressions : Comme façon de, système de... — Amiens, 5 janv. 1894, Lefebvre et Cie, [Journal des audiences de la cour d'Amiens, 94.76] — Trib. comm. Nantes, 24 avr. 1880, Ve Raymondière, [Ann. prop. ind., 83.37]

426. — C'est qu'en effet, sous réserve de ce qui se passe lorsque le nom est devenu une désignation nécessaire le fait par un commerçant de vendre un produit, tombé dans le domaine public, sous la dénomination spéciale déjà prise par un autre, de manière à faire croire que ce qu'il donne est identiquement le produit que l'on aurait trouvé chez cet autre, est un fait de nature à causer un dommage à ce dernier et oblige, par conséquent, celui par la faute duquel il est arrivé à le réparer. — Paris, 4 mars 1869, Jaluzot, [Ann. prop. ind, 69.97]; — 1er mars 1888, Société Charbonniez, [Ann. prop. ind., 94.103]

427. — Il faut, d'ailleurs, pour qu'il puisse y avoir concurrence déloyale qu'une confusion soit à craindre entre les deux produits. Ainsi, la demande en dommages-intérêts que, en dehors des droits assurés par le dépôt de sa marque, un fabricant a formée, par application de l'art. 1382, C. civ., contre un tiers qu'il accuse de s'être attribué, dans un but de concurrence déloyale, les désignations sous lesquelles ses marchandises sont connues dans le commerce, n'est admissible qu'autant que, les produits de ce tiers pouvant être confondus avec les siens, il en doit nécessairement résulter, à raison notamment de l'infériorité de qualité desdits produits, un dommage pour sa réputation industrielle, et, par suite, dans la vente de ses propres marchandises. — Colmar, 10 juin 1857, Rinn, [S. 58.2.184, P. 57.1003]

428. — De même, il a été décidé que du moment où il est constant que, depuis quelque temps la dénomination de corsets plastiques a été fréquemment employée par divers fabricants pour recommander ce genre de produits au public, l'un des marchands de ces corsets ne peut s'opposer à ce que l'un de ses rivaux vende des corsets sous la dénomination d'orthoplastiques. — Trib. comm. Seine, 13 oct. 1859, Fontaine, [Ann. prop. ind., 59.420]

429. — Mais, jugé que lorsqu'un négociant vend sous le nom d'eau de la Floride, une eau destinée à teindre les cheveux, il y a concurrence déloyale, de la part d'un autre commerçant qui vend, sous le nom d'eau de la fluoride, un produit destiné aux mêmes usages, alors même que celui-ci serait une combinaison du fluor avec d'autres substances. — Paris, 15 nov. 1862, Guislain et Cie, [Ann. prop. ind., 63.40]

430. — Quoi qu'il en soit, ce que nous tenons avant tout à constater, c'est que, comme en droit français, le dépôt de la marque est simplement déclaratif de la propriété acquise par la priorité d'usage, l'emploi d'une marque par un autre que celui qui l'a adoptée et en a le premier fait usage constitue, indépendamment même d'un délit caractérisé de contrefaçon (faute de dépôt régulièrement effectué), un fait de concurrence déloyale qui entraîne l'allocation de dommages-intérêts. — Paris, 13 juill. 1883, Franck, [S. 85.2.158, P. 85.1.835, D. 84.2.151] — Sic, Lyon-Caen, note sous Paris, 29 juin 1882, Saxlehner, [S. 82.2.201, P. 82.1.989] — Bédarride, p. 476 — V. Rendu, n. 77.

431. — En d'autres termes, l'action en concurrence déloyale peut survivre aux actions en contrefaçon de marque ou en usurpation de nom, éteintes pour défaut d'observation des formalités préalables. — Nîmes, 2 déc. 1893, Société South bent iron works, [J. La Loi, 19 déc. 1893]

432. — Un fabricant peut donc intenter une action pour concurrence déloyale à raison de l'imitation d'une marque qu'il possédait avant le dépôt et à la condition que la possession ait été exclusive et antérieure à toute autre. — Lyon, 30 nov. 1886, Flachat, [Ann. prop. ind., 87.176]

433. — Cela étant, nous ne pouvons admettre avec un arrêt que celui qui, le premier, a eu la pensée de donner à une liqueur de sa fabrication le nom d'un auteur connu, ne peut se plaindre de ce qu'un de ses concurrents a fait figurer le même nom sur certaines de ses étiquettes, si lui-même a perdu, par suite d'un dépôt irrégulier, le droit à un usage exclusif de cette dénomination et, si, d'ailleurs, il n'établit pas que son adversaire a agi dans une pensée de fraude. — Paris, 13 nov. 1861, [Ann. prop. ind., 61.414] — V. en sens contraire la note de Pataille sous l'arrêt rapporté, [Ann. prop. ind., loc. cit.]

434. — Mais les principes de la chose jugée conduisent à décider que lorsqu'il a été décidé que l'emploi d'une dénomination, telle que linoleum, ne pouvait être considéré comme un fait d'usurpation de marque de fabrique et constituait l'exercice d'un droit légitime, il en résulte nécessairement que l'emploi de ce mot ne peut, à lui seul, constituer une concurrence déloyale. — Paris, 19 août 1881, The Linoleum Manufacturing Company limited, [Ann. prop. ind., 81.289]

435. — Le principe général de l'art. 1382, C. civ., peut aussi être utilement invoqué par des personnes qui, à raison du défaut de qualité, ne peuvent se prévaloir des dispositions de la loi de 1857. Ainsi, celui à qui a été concédé une simple licence sur une marque de fabrique ou de commerce et qui ne peut agir en contrefaçon contre les imitateurs peut néanmoins les poursuivre pour concurrence déloyale, lorsque leurs agissements sont de nature à créer une confusion préjudiciable à ses intérêts. — Paris, 5 mai 1883, Lefebvre, [Ann. prop. ind., 83.316]

436. — De même, une action directe en suppression et en dommages-intérêts peut être dirigée, au profit non seulement du fabricant, mais aussi du dépositaire contre celui qui annonce et vend des produits similaires, sous la dénomination particulière qui lui a été donnée par un fabricant. — Trib. comm. Seine, 5 août 1868, Bourdois, [Ann. prop. ind., 68.385]

437. — Les dénominations des produits peuvent être employées par tous, du moment où elles sont tombées dans le domaine public; mais la concurrence déloyale reparaît aussitôt qu'on les emploie dans une intention malhonnête, pour désigner d'autres produits que ceux auxquels elles s'appliquent normalement. — Ainsi, en admettant qu'il soit difficile de distinguer scientifiquement deux poissons, il suffit que commercialement cette distinction soit faite, pour que celui qui débite des poissons de l'espèce plus recherchée s'oppose à ce que, sous le nom de ces poissons, il en soit vendu d'autres, appartenant à l'espèce qui offre une valeur moindre. — Rennes, 27 déc. 1881, Penaures, [Jur. comm. Nantes, 81.1.356] — Trib. comm. Nantes, 6 mars 1880, Pellier frères, [Ann. prop. ind., 83.133] — Sic, Allart, n. 233; Pouillet, n. 664.

438. — b) *Formes des produits.* — C'est une question délicate, et qu'il n'y a pas lieu pour le moment d'étudier que celle de savoir si une forme prise en elle-même peut constituer une marque de commerce ou de fabrique valable; sur ce point, deux opinions principales sont en présence; d'après certains auteurs et certains arrêts, la forme d'un produit ne peut jamais être considérée comme une marque valable (V. notamment Pataille, [Ann. prop. ind., 57.256] — Bédarride, n. 841; Calmels, n. 35); d'après d'autres auteurs et d'autres arrêts, au contraire, la forme pourrait être employée comme marque, à moins d'ailleurs qu'elle ne soit la forme nécessaire du produit ou qu'elle ne soit une forme vulgaire. — Pouillet, n. 41; Rendu, n. 54; Braun, n. 28; Maillard de Marafy, *Compte-rendu du Congrès de 1878*, p. 85;

Darras, *Nouv. traité sur les marques de fabrique et de commerce*, n. 101; Allart, n. 134; Blanc, p. 708.

439. — Cette controverse relative aux marques exerce un contre-coup incontestable sur la matière de la concurrence déloyale; ainsi, ce n'est bien évidemment que, dans le premier système, qu'il est possible de décider que l'emploi de telle ou telle forme géométrique considérée isolément (par exemple pour la disposition des papiers à cigarettes), ne peut constituer une propriété commerciale, et que l'imitation de cette forme, essentiellement dans le domaine public, ne saurait, à elle seule, être un fait de concurrence déloyale. — Paris, 24 juin 1865, Prudon, [S. 65.2.296, P. 65.1125] — Trib. comm. Seine, 29 avr. 1864, Mêmes parties, [*Ann. prop. ind.*, 64.239] — *Sic*, Huard, *Rép. des marq. de fabr.*, 3e part., n. 226.

440. — Nous ne pouvons approuver la donnée de cet arrêt; pour nous, en effet, sans qu'il y ait lieu d'insister sur ce point, la forme d'un produit peut, en principe, être employée comme marque; la généralité de l'art. 1 de la loi de 1857, qui parle de tout signe distinctif, nous conduit à admettre cette opinion; le texte n'exige point que la marque soit extérieure au produit garanti; elle peut donc s'y incorporer, en être la forme même.

441. — Au surplus, dans l'une et l'autre opinions, on doit admettre que dans le commerce des livres, l'identité du format d'impression et de prix de vente ne constitue un fait de concurrence déloyale que si l'on peut considérer cette circonstance comme un moyen de faire naître intentionnellement entre les deux ouvrages une confusion préjudiciable à l'ouvrage qui a servi de modèle. — Trib. Seine, 6 mars 1867, Jeannel et Delagrave, [*Ann. prop. ind.*, 67.74]

442. — On est aussi d'accord pour reconnaître que si l'usurpation seule de la forme ne peut suffire pour constituer un fait de concurrence déloyale, elle peut être un élément important d'une telle concurrence. — Jugé, en ce sens, qu'il y a fait répréhensible de la part de ceux qui fabriquent et mettent en vente des chocolats de même aspect extérieur que ceux d'une maison connue, et qu'il en est ainsi spécialement lorsque les tablettes, qui ont le même nombre de divisions, ont la même forme demi-sphérique, que les enveloppes sont en papier de même couleur, etc. — Trib. Rouen, 19 mars 1872, Menier, [*Ann. prop. ind.*, 73.24] — *Sic*, Pouillet, n. 486.

443. — De même, si des fabricants (des fabricants de chocolat, en l'espèce) ne peuvent exercer une action en contrefaçon dans l'acception légale du mot contre l'emploi de la forme de leur produit, ils n'en ont pas moins le droit de se plaindre du tort que peut leur causer une concurrence déloyale fondée sur l'imitation des signes habituels et connus qui forment comme l'enseigne de leur marchandise. — Orléans, 7 déc. 1853, Menier, [Maillard de Marafy, t. 3, p. 11] — Paris, 2 juin 1854, (2 arrêts), Menier, [Maillard de Marafy, t. 3, p. 15, 21]; — 29 juin 1855, Menier, [Maillard de Marafy, t. 3, p. 22]; — 27 août 1855, Menier, [Maillard de Marafy, t. 3, p. 24] — Aix, 8 janv. 1873, Menier, [Maillard de Marafy, t. 3, p. 160]; — 24 mars 1874, Menier, [Maillard de Marafy, t. 3, p. 171]

444. — Indépendamment de son emploi comme marque, la forme d'un objet peut encore, si elle est susceptible de produire un effet industriel, constituer une invention brevetable (V. *supra*, v° *Brevet d'invention*, n. 250 et s.). On s'est demandé ce qu'il arriverait au cas où l'intéressé ne se serait point conformé aux prescriptions de la loi de 1844, sur les brevets et où un tiers viendrait à imiter une pareille forme; on a pensé que les principes généraux de l'art. 1382, C. civ., ne pourraient être d'aucune utilité pour l'inventeur : « il est inadmissible, a-t-on dit, que l'inventeur d'une forme nouvelle et brevetable soit protégé indéfiniment, lorsqu'il n'a pas pris de brevet, alors qu'il serait garanti seulement pendant quinze années, s'il s'était fait breveter ». — Allart, n. 135.

445. — Cette observation n'est point concluante; il ne résulte nullement de la loi de 1844, que l'inventeur ne peut être protégé contre les usurpations que s'il se conforme aux exigences de cette même loi; cela est tellement vrai que tout le monde est d'accord pour reconnaître que l'inventeur, qui n'a point demandé la délivrance d'un brevet, se trouve être néanmoins protégé par les dispositions qui punissent la révélation du secret de fabrique.

446. — Ce n'est pas à dire, d'ailleurs, que l'opinion qui vient d'être indiquée ne soit pas exacte en soi; seulement, c'est d'autre façon qu'il paraît préférable d'en établir le bien fondé; pour cela, il suffit de rappeler que si la forme d'un produit peut constituer une marque valable et que si, par conséquent, son imitation peut, à elle seule, constituer une concurrence déloyale, cette règle doit cependant recevoir exception lorsque la forme est la forme nécessaire de l'objet, ce qui se trouvera toujours au cas où celle-ci, encore nouvelle, est de nature à produire un résultat industriel, résultat qui ne pourrait plus être atteint si l'objet revêtait une autre apparence.

447. — La forme d'un objet peut encore constituer un modèle de fabrique; on reconnaît généralement que la loi du 18 mars 1806, sur les dessins de fabrique, étend sa protection jusqu'aux modèles; mais, pour cela, il faut que certaines formalités aient été accomplies; à défaut de cette observation des règles posées par la loi, qu'arrive-t-il de la forme d'un objet susceptible de constituer un modèle de fabrique? Nous pensons que le fabricant peut, en principe, agir en concurrence déloyale contre l'imitateur; nous avons décidé, en effet, que la forme d'un objet, prise en elle-même et à supposer qu'elle remplisse certaines conditions, pouvait, au cas d'imitation, donner naissance à une action en concurrence déloyale; la circonstance particulière que cette même forme est susceptible de constituer un modèle de fabrique ne nous paraît point de nature à modifier, en cette hypothèse, la donnée générale de notre système; toutefois, il y a lieu de présenter une observation importante : la concurrence déloyale n'existe que s'il y a mauvaise foi. Le défendeur pourra donc, assez souvent, se soustraire à la poursuite, en établissant qu'il a eu juste motif de croire, étant donnée l'inobservation des formalités prescrites par la loi de 1806, que, d'après le demandeur lui-même, la forme n'était pas nouvelle ou, du moins, n'était pas suffisamment caractéristique pour que celui-ci songe à revendiquer sur elle un droit privatif. — V. Allart, n. 136.

448. — Il a été jugé, dans le sens de notre opinion, que le fondeur qui fait exécuter des objets semblables à un modèle appartenant à un de ses concurrents (des coupes, en l'espèce commet un acte de concurrence déloyale). — Paris, 25 mars 1889, Lesure, [*Ann. prop. ind.*, 92.167]

449. — Mais il a été décidé que la reproduction faite sans fraude d'un objet tombé dans le domaine public ne peut constituer une concurrence déloyale ni devenir le principe de dommages-intérêts. — Trib. Seine, 13 avr. 1866, Revelhac, [*Ann. prop. ind.*, 66.292]

450. — Ainsi, le fondeur qui a exécuté certains objets sur des modèles ou moules en bois envoyés par celui qui a conçu ces objets, ne peut être condamné à des dommages-intérêts pour avoir fondu des objets analogues pour le compte de tiers, alors qu'il est établi qu'à cette dernière époque il n'avait plus les modèles dont il s'était précédemment servi. — Même jugement.

451. — En tous cas, à supposer que la copie d'un modèle de fabrique qui n'a pas été déposé soit licite, il paraît difficile de ne pas condamner à des dommages-intérêts celui qui, dans ce but, recourt au procédé commode du surmoulage. La jurisprudence est très-hésitante sur ce point. — V. dans le sens de notre opinion, Paris, 19 déc. 1862, Delaunay, [*Ann. prop. ind.*, 62.438] — Trib. Seine, 2 juin 1865, Pigis, [*Ann. prop. ind.*, 65.340] — Trib. comm. Seine, 22 mars 1864, Bauchot, [*Ann. prop. ind.*, 64.189] — *Contra*, Paris, 13 juill. 1865, Bauchot, [S. 66.2.275, P. 66.955, D. 66.3.391]; — 17 août 1866, Petitpas, [*Ann. prop. ind.*, 66.366] — Allart, n. 137.

452. — Quoi qu'il en soit, il est certain que l'artiste qui a observé les formalités prescrites par la loi de 1806 peut renoncer au bénéfice de cette loi et se contenter d'agir contre son adversaire au moyen de l'action en concurrence déloyale. Jugé, en ce sens, que les négociants qui se sont procuré les modèles déposés des objets fabriqués par leurs concurrents (dans l'espèce, les modèles de la tête des bébés jumeaux) et qui les ont fait surmouler pour les employer à la construction de leurs poupées, se rendent coupables de concurrence déloyale. — Trib. comm. Seine, 7 déc. 1891, Jumeau et Cie, [J. *La Loi*, 18 déc. 1891]

453. — Il importe peu qu'ils aient apporté aux poupées qu'ils fabriquent certaines modifications, si ces modifications n'enlèvent pas aux têtes leur physionomie originale et sont, du reste, tellement légères que l'on peut dire, qu'à distance, elles sont imperceptibles. — Même jugement.

454. — Il importe peu, pour éviter la confusion possible entre leurs produits et ceux de leurs adversaires, les défendeurs à l'action en concurrence déloyale aient employé des marques, des étiquettes et des paquetages autres que ceux des demandeurs et aient apposé sur leurs lettres et factures des vignettes spéciales; ces changements ne peuvent suffire à éviter la confusion dans l'esprit de l'acheteur, qui ne considère, lors de l'achat, que l'objet lui-même et non les enveloppes qui doivent le contenir, les factures qui peuvent lui être remises et les marques de fabrique qui n'éveillent pas son attention. — Même jugement.

455. — De même, on doit, en tous cas, admettre que le surmoulage devient passible de dommages-intérêts lorsqu'il est pratiqué par un contre-maître sur les modèles appartenant à son patron. — Trib. Seine, 10 juill. 1875, Hericé, [*Ann. prop. ind.*, 76.46] — *Sic*, Allart, n. 137.

456. — Pour terminer, faisons observer qu'il est contraire à l'honnêteté et au droit que d'anciens commis, venant à fonder une maison concurrente à celle dans laquelle ils ont travaillé, mettent à profit la confiance qui leur a été accordée pour s'approprier, en les copiant servilement, des produits ou des procédés qui, tout en étant dans le domaine commun par leurs caractères généraux, forment cependant, par certains détails, le patrimoine ou la spécialité d'une maison de commerce. — Lyon, 3 juin 1870, Pramoudon, Coront et Cie, [*Ann. prop. ind.*, 70-71.363]

457. — c) *Forme des récipients, flacons, enveloppes, etc.* — La concurrence déloyale ne s'exerce pas uniquement par la contrefaçon des marques proprement dites apposées aux produits, mais elle peut encore résulter de la confusion intentionnelle et préjudiciable qu'un fabricant cherche à établir entre ses produits et ceux de ses concurrents. Ainsi, il y a concurrence déloyale de la part d'un fabricant qui vend ses produits sous un nom, avec un pliage et des cartons adoptés par un autre fabricant. — Lyon, 3 mars 1375, Graissot, [S. 76.2.133, P. 76.569, D. 76.2.12] — *Sic*, Allart, n. 131; Pouillet, n. 473; Mayer, n. 34.

458. — Il est donc permis de faire cesser de la part de ses concurrents tout fait de nature à produire une confusion entre les produits vendus; ceux-ci ne peuvent, sous peine de dommages-intérêts, continuer à employer la même forme du flacon, la même manière de le boucher et de le cacheter, la même forme et le même libellé d'étiquette. — Trib. Seine, 8 avr. 1858, Barbier, [*Ann. prop. ind.*, 58.191]

459. — Un négociant n'a pas, en effet, le droit de jeter dans le public, par un subterfuge, de l'incertitude sur la vraie provenance des produits qu'il débite et de laisser croire qu'ils sont de la fabrication d'un industriel connu. — Lyon, 14 avr. 1883, Courny, [D. 84.2.431] — Paris, 23 juill. 1887, Ve Potin, [Maillard de Maraly, t. 6, p. 50]

460. — Commet donc un acte de concurrence déloyale le négociant qui adopte, pour y renfermer les produits de sa fabrique, une enveloppe semblable par sa forme, sa couleur, ses dimensions et ses inscriptions à celle précédemment employée par une autre personne qui se livre au même commerce; il importe peu que chacune des enveloppes se distingue par le nom différent du commerçant qui en fait usage. — Lyon, 15 janv. 1851, Lecoq et Bargoin, [S. 58.2.37, P. 58.2.308, D. 54.2.137] — Paris, 10 déc. 1856, Guillout, [*Ann. prop. ind.*, 57.123] — Trib. comm. Seine, 11 janv. 1855, Ménier, [*Le Hir*, 55.2.223]; — 6 avr. 1865, Vinit et Cie, [*Ann. prop. ind.*, 65.349] — *Sic*, Pouillet, n. 473.

461. — Lorsque, pour la vente des mêmes produits, un négociant adopte des enveloppes ayant une analogie de forme, de couleur et de dimension avec celles dont un autre négociant fait usage et a voulu s'attribuer la propriété, en en opérant le dépôt, conformément à la loi, les tribunaux ont le pouvoir suffisant pour lui interdire d'employer de semblables enveloppes. — Trib. comm. Seine, 4 avr. 1856, Poupier, [*Ann. prop. ind.*, 56.363]

462. — Il en est de même à l'égard de celui qui vend les produits de sa fabrication dans des boîtes de mêmes formes et de même couleur que celles d'une maison rivale alors qu'elles sont munies d'étiquettes analogues et que pour compléter la confusion, on adopte pour ses produits la même dénomination que celle de l'autre établissement bien que d'ailleurs on en arrive ainsi à leur donner une fausse indication de provenance. — Paris, 5 janv. 1865, Dollfus, Mieg et Cie, [*Ann. prop. ind.*, 65.409]

463. — L'emploi qu'un commerçant, pour la vente d'un produit industriel, de la dénomination sous laquelle un autre commerçant débite le même produit, ainsi que des boîtes, prospectus et étiquettes, semblables par leur forme et leur teinte à ceux adoptés par ce dernier, peut donner lieu à une action en dommages-intérêts et en destruction des boîtes, prospectus et étiquettes, encore bien que le produit ainsi vendu provienne de la fabrication du commerçant dont la marque a été imitée, si le nom de ce commerçant a été supprimé par l'imitateur. — Paris, 9 juill. 1859, Bodevin, [S. 60.2.260, P. 60.783, D. 59.1.198]

464. — Ce qui vient d'être dit des enveloppes est vrai, de la forme de récipients. En conséquence, si les pharmaciens ont le droit de vendre des produits insérés au codex, ce ne peut être qu'à la condition que ces produits ne seront pas vendus ou livrés au public dans des flacons ou avec des étiquettes et dénominations pouvant amener la confusion avec des produits similaires, mis en vente par d'autres négociants. — Paris, 17 août 1855, Lamouroux, [*Le Hir*, 56.2.468] — Trib. comm. Seine, 16 mars 1878, Clin et Cie, [*Ann. prop. ind.*, 78.78] — *Sic*, Allart, n. 132; Rendu, n. 541; Pouillet, n. 41 et 476; Bert, p. 79. — V. aussi, Paris, 3 août 1859, Barbier, [*Ann. prop. ind.*, 59.366]

465. — Alors que la fabrication d'un produit est tombée dans le domaine public, il y a concurrence déloyale à vendre ce produit dans des flacons avec fermeture spéciale et dans des enveloppes avec étiquettes particulières, lorsque ces signes distinctifs sont imités de ceux employés par l'ancien breveté ou par ses ayants-cause. — Trib. comm. Seine, 13 août 1857, Fumouze Albespeyre, [*Ann. prop. ind.*, 57.383] — *Sic*, Pouillet, n 482.

466. — Celui qui modifie la forme des flacons dans lesquels il débite ses marchandises pour adopter la forme caractéristique employée par un autre commerçant commet un acte de concurrence déloyale, alors même qu'il a fait graver son nom et son adresse sur les flacons, et qu'il a été précédemment jugé que la forme de ces flacons ne peut point constituer une propriété privée, soit comme objet d'art, soit comme modèle de fabrique. — Paris, 17 nov. 1865, Laverdet, [*Ann. prop. ind.*, 66.268]

467. — Il en est de même à l'égard de celui qui, ayant primitivement adopté, pour l'usage de son commerce, une bouteille d'une certaine forme et un certain mode de bouchage, vient à se servir pour boucher ses bouteilles semblables à celles d'un concurrent d'un cachet pareil à celui employé par celui-ci ainsi que de cire d'une couleur identique. — Lyon, 21 août 1851, André, [S. 51.2.607, P. 51.2.643, D. 52.2.266] — *Sic*, Blanc, p. 709.

468. — Ce fait d'employer des vases et des étiquettes de même forme et disposition que ceux dont se sert un négociant est d'autant plus répréhensible qu'il peut être imputé à d'anciens dépositaires et mandataires de celui-ci. — Trib. comm. Seine, 13 août 1857, Combier-Destre, [*Ann. prop. ind.*, 57.351]

469. — Enfin, à supposer qu'il n'y ait pas usurpation du nom de fabricant et du nom de lieu de fabrication dans l'emploi du mot Chartreuse pour désigner des liqueurs qui ne proviennent pas du couvent de la Grande-Chartreuse, il y a tout au moins concurrence déloyale dans le fait de vendre une liqueur de la même couleur que celle des Chartreux dans des bouteilles semblables revêtues d'une étiquette analogue à celle employée pour la vente de la véritable chartreuse. — Trib. Seine, 31 mai 1870, L. Garnier, [*Ann. prop. ind.*, 70-71.229]

470. — Il est d'ailleurs essentiel de remarquer que, pour voir si la confusion est possible et si elle a été préméditée, il faut s'attacher à l'apparence générale de l'objet, et qu'il n'y a pas lieu de tenir compte des dissemblances dans les capsules, les étiquettes et l'extérieur même des bouteilles, lorsque ces différences ne sont point assez sensibles pour être retenues et constatées aux yeux des acheteurs ou consommateurs non prévenus. — Aix, 10 avr. 1885, Lambert, [*Ann. prop. ind.*, 85.156]

471. — Mais lorsque du rapprochement et de la comparaison des flacons employés par les parties en cause, il résulte que ceux des personnes poursuivies ne sont pas une imitation servile de ceux des demandeurs et qu'ils ne peuvent tromper les acheteurs, on ne saurait dire qu'il y a concurrence déloyale. — Paris, 8 nov. 1855, Tissier, [*Ann. prop. ind.*, 55-56.190] — V. aussi Aix, 1er févr. 1887, Velten, [*Ann. prop. ind.*, 88.237]

472. — On ne saurait donc voir une concurrence déloyale dans le fait par un commerçant d'avoir renfermé ses produits dans des boîtes pareilles à celles d'un autre commerçant, alors que ces boîtes n'ont rien, par leur matière, leur forme, leur couleur, ni par l'agencement de leurs inscriptions qui les distingue des boîtes généralement employées. — Paris, 16 nov. 1864, Carpentier, [*Ann. prop. ind.*, 66.354]

473. — De même encore, il y a lieu, dans l'examen et l'appréciation des dispositions extérieures destinées à l'ornementation des boîtes, de tenir compte des usages commerciaux; dans la même industrie, certaines ressemblances se rencontrent inévitablement dans les illustrations des boîtes renfermant des produits analogues, et elles ne sauraient être considérées comme illicites, du moment où le nom du produit et celui de la maison qui l'a fabriqué sont indiqués d'une manière suffisamment apparente pour que le public ne puisse être trompé sur la nature et la provenance du produit qui lui est offert. — Rennes, 27 avr. 1893, Ducasse et Guibal, [*Jur. comm. et marit. de Nantes*, 93.1. 285] — V. Pouillet, n. 473.

474. — Dans le même ordre d'idées, il est bon de rappeler que tout fabricant a la faculté de donner aux boîtes contenant ses produits la coloration qui lui convient, à moins que la ressemblance des couleurs jointe à d'autres détails ne rende possible une confusion avec les récipients déjà employés par autrui. — Même arrêt. — Allart, n. 138.

475. — La couleur du produit ou de son enveloppe ne peut, en principe, faire l'objet d'un droit privatif; mais il y a au contraire concurrence déloyale lorsqu'il y a imitation d'une couleur adoptée par un fabricant et des autres éléments caractéristiques par lui employés. Ainsi, celui qui livre au commerce une toile vésicante pour laquelle il a adopté une couleur déterminée et sur laquelle il a imprimé une division métrique, peut s'opposer à ce que l'un de ses concurrents se serve de ces mêmes dispositions. — Paris, 21 janv. 1850, Delvallée, [D. 51.2.123] — Sic, Blanc, p. 708.

476. — d) *Titre des œuvres intellectuelles.* — C'est une question délicate que celle de savoir si l'usurpation du titre des œuvres intellectuelles constitue ou non une contrefaçon; pour certains auteurs, une telle imitation ne constituerait jamais qu'un acte de concurrence déloyale; les partisans de ce système produisent rarement un argument à l'appui de leur thèse, et lorsque, par hasard, ils essaient de fournir une justification, ils pensent qu'il suffit de dire que le titre d'un livre ou d'un journal est pour le livre ou le journal comme l'enseigne ou comme la marque qui sert à distinguer les produits matériels. — Pouillet, *Prop. litt.*, n. 64, et *Marques de fabr.*, n. 631; Allart, n. 139 et 140; Blanc, p. 381 et 388; Gastambide, p. 215; Mayer, n. 31.

477. — Cette argumentation n'est pas convaincante; tout d'abord, il est permis de rappeler que cette assimilation que l'on prétend établir entre le titre et la marque de fabrique ou de commerce n'est pas concluante, puisque, précisément, si l'imitation d'une marque peut constituer une concurrence déloyale, elle peut aussi constituer une véritable contrefaçon (V. supra, n. 416 et s.); ensuite, d'autre part, la découverte d'un titre suppose un travail intellectuel qui doit être protégé comme tel; il ne faut pas que le titre qui sert à distinguer le livre ne soit pas protégé de la même façon que le livre lui-même dont il forme une partie intégrante. — Merlin, *Quest.*, v° *Prop. litt.*, § 1; Huard et Mack, *Répertoire de législation, de doctrine et de jurisprudence, en matière de propriété littéraire et artistique*, n. 1470; Darras, *Du droit des auteurs et des artistes dans les rapports internationaux*, p. 257; X..., *Lettre de Suisse, Droit d'auteur*, 1890, p. 103. — V. Renouard, *Droit industriel*, p. 369, et *Traité des droits d'auteurs*, n. 56. — V., sur cette question, X..., *De l'usurpation des titres des œuvres littéraires, Droit d'auteur*, des 15 août et 15 sept. 1890.

478. — Ce n'est pas à dire, d'ailleurs, selon nous, que l'usurpation d'un titre ne puisse jamais être poursuivie par l'action en concurrence déloyale; une telle conséquence serait exagérée, mais, ce que nous tenons à remarquer, c'est que cette action n'est point la seule qui soit mise au service de l'intéressé; il pourra intenter aussi l'action en contrefaçon; le plus souvent, il choisira, à son gré, entre l'une et l'autre actions, mais on peut aisément concevoir telles hypothèses où il pourra intenter l'une de ces actions sans qu'il lui soit permis d'intenter l'autre; c'est ainsi, par exemple, qu'il recourra à l'action en contrefaçon s'il ne peut démontrer la possibilité d'une confusion, ou qu'au contraire, il préférera l'action en concurrence déloyale si l'imitation est plus dans le son des mots que dans les mots eux-mêmes, ou encore si les délais de protection accordés aux œuvres intellectuelles sont expirés.

479. — Nous n'avons pas à nous occuper, dans cette étude, de la concurrence déloyale, du cas où l'intéressé prend le premier parti; nous devons dire, d'ailleurs, que le plus souvent c'est l'action en concurrence déloyale qui est intentée et que la

jurisprudence, pas plus que certains auteurs, ne fait pas toujours une distinction bien nette entre l'une et l'autre actions; cette confusion se comprend assez aisément, lorsque l'on songe que, somme toute, l'action en contrefaçon est double, et que lorsqu'elle n'est point portée devant les juges correctionnels, elle se rapproche beaucoup de l'action en concurrence déloyale. — V. *Rép. du dr. fr.*, v° *Contrefaçon*.

480. — Les cas les plus nombreux d'usurpation de titres se sont produits à l'occasion des journaux; en cette matière, le principe posé ne soulève en soi aucune difficulté. Le titre d'un journal est la propriété exclusive de son fondateur, et donner à un journal nouveau un titre appartenant déjà à une autre feuille, est une usurpation de propriété, et, par conséquent, un acte de concurrence déloyale. — Trib. comm. Amiens, 18 juill. 1871, Millaud, [*Ann. prop. ind.*, 72.101] — V. aussi Paris, 5 mai 1892, Leroy, [*Ann. prop. ind.*, 92.349] — Trib. comm. Seine, 15 sept. 1884, *le Matin*, [*Ann. prop. ind.*, 86.81]

481. — Un titre, pour constituer ce qu'on appelle improprement une propriété littéraire, doit être original; la même condition n'est plus requise d'une manière aussi rigoureuse pour le succès de l'action en concurrence déloyale; l'usurpation d'un titre banal, joint à certaines circonstances, peut, sous ce rapport particulier, être répréhensible, alors qu'elle ne donne pas naissance à une véritable contrefaçon. Ainsi, d'une part, si le mot *patriote* employé dans le titre d'un journal est général et appartient au domaine public, on ne peut cependant le faire entrer dans le titre d'un nouveau journal qu'à la condition de ne pas créer de confusion avec le titre d'un journal déjà existant, surtout si ces deux feuilles sont publiées dans la même ville et s'adressent à la même clientèle. — Trib. comm. Nantes, 16 août 1893, Merson, [*Jurispr. comm. et marit. de Nantes*, 93.1.352] — V. Allart, n. 142; Blanc, p. 382; Pouillet, n. 632.

482. — De même, une désignation qui se trouve dans le domaine public comme expression générique (par exemple, celle de *Moniteur*), n'en constitue pas moins, au profit de ceux qui l'ont adaptée à la publication d'un journal pour le dénommer, un droit d'appellation exclusif. — Trib. comm. Seine, 28 déc. 1868, Panckoucke, [S. 69.2.121, P. 69.472, D. 69.3.6]

483. — Par suite, cette dénomination ne peut être employée, même avec un qualificatif différent (*Moniteur officiel* au lieu de *Moniteur universel*), pour l'exploitation d'un nouveau journal, si une confusion entre ce nouveau journal et l'ancien doit nécessairement en résulter. — Même jugement. — V. en ce sens, Rendu et Delorme, *Droit industr.*, n. 757.

484. — Mais, d'autre part, l'éditeur d'un journal spécial dont le titre rappelle l'objet ne peut se plaindre qu'un rival publie, dans les mêmes conditions, un journal semblable, du moment où il n'établit pas qu'on a employé des formats, des caractères et des frontispices similaires, en vue de jeter la plus entière confusion entre les deux publications. — Trib. comm. Seine, 13 oct. 1859, Dubedat, [*Ann. prop. ind.*, 59.401]

485. — Spécialement l'éditeur du *Journal des fiancés* ne peut se plaindre de la publication d'un nouveau journal, répondant au même but que le sien et désigné sous le nom de *Moniteur des fiancés*. — Même jugement.

486. — Pour que l'usurpation de titre puisse donner naissance à une action en concurrence déloyale, il faut, suivant la règle générale précédemment posée, qu'une confusion soit possible entre l'une et l'autre publications. Jugé, à cet égard, dans un cas où l'action en contrefaçon n'aurait pu être utilement intentée, que pour rechercher si une confusion peut exister entre deux titres de journaux, il ne faut pas seulement s'attacher au titre sous lequel chacun d'eux est officiellement connu, mais à celui sous lequel il est usuellement désigné. — Trib. comm. Clermont-Ferrand, 8 août 1874, Montlouis, [*Ann. prop. ind.*, 74.345] — Sic, Allart, n. 146.

487. — Il doit donc être admis que, par titre ou dénomination d'un journal, il faut entendre uniquement le nom sous lequel il est connu et désigné, c'est-à-dire, le plus souvent, les mots imprimés en très-grands caractères en tête de la première page, et non les qualifications qui suivent, imprimées en caractères beaucoup moins grands, en seconde et troisième ligne. — Caen, 15 janv. 1878, Gagnant, [S. 78.2.88, P. 78.364]

488. — Par suite, à supposer qu'il ne puisse y avoir confusion, les qualifications destinées, soit à indiquer la ligne politique que le journal suivra, soit la circonscription pour laquelle il est spécialement créé, étant dans le domaine public, d'autres feuilles peuvent reproduire les mêmes qualifications ou même faire de l'une d'elles leur titre. — Même arrêt.

489. — De même, lorsqu'un journal qui s'est fusionné avec d'autres journaux s'est réservé le droit de reprendre isolément ses publications, il ne peut s'opposer à ce qu'un autre journal prenne son titre principal ancien, du moment où, à raison de la différence des sous-titres, toute confusion est impossible. — Trib. Seine, 20 août 1862, Mac Sheehy, [*Ann. prop. ind.*, 62.405]

490. — Un journal ne peut donc être condamné à supprimer un mot qui se trouve dans son titre et dans celui d'un autre journal plus ancien, alors qu'aucune confusion n'est possible entre les deux journaux à raison de la disposition typographique différente et des sous-titres différents. — Trib. comm. Alger, 20 juin 1881, *Le Figaro*, [*Ann. prop. ind.*, 82.256]

491. — Spécialement, lorsqu'un journal est intitulé *l'Acclimatation* et que le même mot *acclimatation* figure comme sous-titre dans un journal dont le titre principal est *l'Éleveur*, l'emploi de ce mot ne saurait être blâmable que si la disposition du journal incriminé est assez semblable à celle du journal préexistant pour que ceux-ci puissent être pris l'un pour l'autre. — Trib. comm. Seine, 20 mai 1887, Degrolle, [*Ann. prop. ind.*, 90.617]

492. — Comme corollaire de ce qui précède, on comprend qu'il ait été décidé que le propriétaire de journal qui s'approprie un titre déjà adopté par un autre journal traitant des mêmes matières, s'adressant aux mêmes lecteurs, peut être forcé de différencier son titre, en y comprenant, par exemple, le lieu de la publication, alors que des deux journaux, l'un paraît en province et l'autre à Paris, que l'un est quotidien et l'autre hebdomadaire. — Trib. Seine, 24 juin 1864, Chanoine, [*Ann. prop. ind.*, 64.299] — V. Pouillet, n. 651.

493. — De même, les tribunaux peuvent, pour sauvegarder la propriété d'un titre de journal, ordonner que celui dont le titre peut être modifié pourra le conserver en y ajoutant, sur la même ligne et en caractères identiques, la mention du lieu de publication qui se trouvait précédemment imprimé en dessous et en petits caractères. — Trib. comm. Seine, 31 mars 1881, *Le citoyen de Marseille*, [D. 82.3.95]

494. — Mais faisons remarquer d'ailleurs, que les tribunaux saisis d'une demande en modification du titre d'un journal formée à raison de la confusion possible entre deux publications doivent tenir grand compte de ce que la vente du journal incriminé qui se fait dans les mêmes lieux que l'autre journal, se fait par des intermédiaires qui, suivant l'intérêt qu'ils y trouvent, peuvent dénaturer le titre en le criant et, par une suppression facile, amener une confusion pour ainsi dire inévitable. — Trib. comm. Seine, 18 juill. 1885, Saint-Amé, [*Ann. prop. ind.*, 89.339]

495. — Tout dépend, au surplus, des circonstances, et l'adjonction d'un sous-titre peut parfois ne point faire disparaître l'usurpation ; il en est ainsi, lorsque ce sous-titre n'est point jugé suffisamment distinctif ou encore lorsque la personne poursuivie ne lui a donné qu'une importance typographique très-restreinte. Ainsi, il a pu être jugé, en vue d'éviter toute confusion, que celui qui prend le titre d'un journal connu en y ajoutant, suivant la résidence des abonnés, le nom de certaines villes de province, peut être condamné à changer le titre de sa publication. — Trib. comm. Seine, 29 nov. 1881, *L'Illustration*, [*Ann. prop. ind.*, 83.125]

496. — La confusion est principalement à redouter, lorsqu'il s'agit de journaux qui s'achètent surtout au numéro. Jugé, dans une espèce où l'usurpation avait porté sur le titre du *Petit journal*, qu'il importe peu que le fondateur du second journal lui ait donné un sous-titre ; l'addition de certains mots en caractères plus petits, imprimés sur la deuxième ligne n'empêche pas la confusion, notamment de la part des acheteurs au numéro. — Trib. comm. Amiens, 18 juill. 1871, Millaud, [*Ann. prop. ind.*, 72.101] — Trib. comm. Douai, 29 juill. 1871, Millaud, [*Ann. prop. ind.*, 72.101] — V. aussi Trib. Seine, 31 mars 1869, Halbronn, [*Ann. prop. ind.*, 69.142]

497. — Jugé, dans le même ordre d'idées, et après un examen particulier des faits de la cause, qu'il n'est pas permis d'adopter la dénomination principale d'un autre journal, alors même qu'on la ferait précéder d'une désignation distinctive telle que *petit*, *nouveau*, ou *du soir*. — Paris, 20 juill. 1880, *Le petit journal*, [*Ann. prop. ind.*, 80.365] — Trib. comm. Seine, 7 juin 1876, de Villemessant, [*Ann. prop. ind.*, 78.269] — Trib. comm.

Nice, 3 mars 1880, *Le Figaro*, [*Ann. prop. ind.*, 80.174]. — Trib. comm. Seine, 7 avr. 1881, *Banque parisienne*, [*Ann. prop. ind.*, 81.281]

498. — Cette confusion est moins à craindre lorsqu'il s'agit de journaux locaux dont la clientèle se compose surtout d'abonnés. En ce cas, tout particulièrement, celui des journaux du pays qui a imaginé de prendre comme titre une désignation tirée du lieu de sa publication, ne peut s'opposer à ce qu'un autre journal fasse de même, pourvu d'ailleurs que des précautions soient prises pour éviter toute erreur. Ainsi, bien que le titre d'un journal soit une propriété à laquelle nul ne peut porter atteinte ni directement, ni indirectement, les propriétaires d'un journal publié à Rouen sous le titre de *Le petit normand* ne peuvent se plaindre de la publication d'un journal à Alençon sous le titre, imprimé sur une même ligne en caractères de grand format, de *Le petit normand de l'Orne*, alors que les deux journaux n'ont ni le même centre d'action, ni la même clientèle, et qu'en réalité aucune confusion ne s'est produite. — Caen, 25 mars 1886, Boissieu et Courapied, [*Ann. prop. ind.*, 89.345] — Sic, Allart, n. 151 et 152. — V. Pouillet, n. 651.

499. — De même, le propriétaire d'un journal, intitulé : le *Journal du Havre*, ne saurait empêcher un concurrent de publier une autre feuille sous le nom de : *Le Havre*, alors d'ailleurs que l'en-tête est imprimé en caractères d'une autre dimension, que le texte est disposé sur un plus grand nombre de colonnes, qu'en un mot la physionomie est différente. — Trib. comm. Havre, 14 nov. 1868, Cazavan, [*Ann. prop. ind.*, 69.350]

500. — Pour qu'il y ait concurrence déloyale, il faut que les faits incriminés soient imputables à une personne se livrant à une même industrie ; il existe plusieurs genres particuliers de journaux ; on aurait donc compris, à la rigueur, que la jurisprudence ne considère comme répréhensible que l'emploi par un tiers dans la même catégorie du même titre ou d'un titre analogue ; mais, à raison sans doute de la connexité qui existe entre chacune des branches de l'industrie du journal et de la crainte d'une confusion possible de la part des lecteurs, les tribunaux ne se sont point attachés à ce critérium ; par suite, il a été jugé, notamment, que le directeur d'un journal actuellement consacré aux opérations de finance et de bourse peut demander aux tribunaux d'empêcher une confusion possible en interdisant de prendre son titre comme désignation d'un journal politique. — Trib. comm. Seine, 18 juin 1881, *L'indépendant français*, [*Ann. prop. ind.*, 83.124] — V. Allart, n. 149.

501. — De même, la concurrence déloyale subsiste bien que, des deux journaux que leur titre analogue rapproche, l'un soit littéraire seulement, l'autre politique et littéraire, que l'un soit hebdomadaire et l'autre quotidien. — Trib. comm. Nice, 3 mars 1880, précité.

502. — A plus forte raison, il importe peu que les journaux aient une tendance, un format et un prix différents. — Trib. comm. Seine, 7 avr. 1881, précité.

503. — C'est le fait même de la priorité dans la publication qui, en principe, donne le droit de s'opposer à ce qu'un tiers prenne le même titre ou un titre analogue pour distinguer ses œuvres, mais on comprend que cette règle reçoive certaines atténuations ; c'est ainsi que l'on doit considérer comme équivalant à une publication, toute manifestation extérieure de nature à faire croire que l'on désire employer tel ou tel titre, lorsque celle-ci est suivie dans le délai convenable d'une prise de possession effective ; il en est ainsi, par exemple, de l'annonce de la fondation d'une société en vue de la création d'un journal déterminé tant qu'il ne s'est pas écoulé depuis cette annonce un délai assez long pour que l'on puisse croire que l'idée est abandonnée. — Allart, n. 141 ; Mayer, n. 31 ; Blanc, p. 373 ; Pouillet, n. 649 ; Gastambide, p. 218.

504. — C'est, sous la même distinction, que le dépôt du titre fait en vertu de la loi de 1881 sur la presse, peut donner naissance à un droit de priorité au profit de celui qui l'a opéré. — Mais le dépôt seul d'un nom ou titre de journal ne constitue qu'une mesure d'ordre public et ne confère nullement à celui qui l'a opéré un droit privatif, s'il n'a été suivi d'une publication courante et effective. — Paris, 8 oct. 1835, Forfelier, [S. 35.2.537, P. chr.] — Trib. comm. Seine, 6 nov. 1849, Dutacq, [cité par Blanc, p. 374 ; Le Hir. 50.2.147] ; — 16 mars 1893, Grégori, [*Gaz. trib.*, 7 avr. 1893, J. Le Droit, 7 avr. 1893, J. La Loi, 8 avr. 1893] — Sic, X..., *De l'usurpation des titres des œuvres littéraires*, Droit d'auteur, 1888, p. 81. — V. aussi, Paris, 28 juin 1847, Borel d'Hauterive, [cité par Blanc, p. 373] — Trib. Seine, 10 juin 1886, Bocquet, [J. *Le Droit*, 23 juin 1886]

505. — Jugé encore, sous l'empire d'une autre législation sur la presse, que le fait d'avoir obtenu l'autorisation de publier un journal sous un titre déterminé, et d'avoir émis quelques prospectus annonçant cette publication, ne peut être considéré comme une prise de possession de ce titre, donnant le droit de le revendiquer contre un tiers, alors qu'en fait l'autorisation a été retirée avant la publication, et que, par suite, cette publication n'a pas eu lieu. — Trib. Seine, 20 avr. 1864, Castelle, [*Ann. prop. ind.*, 64.298]

506. — A une époque où la publication des journaux ne pouvait se faire que moyennant le dépôt préalable d'un cautionnement, il a été également jugé, que la propriété du titre d'un journal pouvait s'acquérir à raison de la priorité dans le dépôt du cautionnement et aussi dans le dépôt à la préfecture de police de la déclaration écrite exigée par la loi. — Trib. civ. Seine, 3 mai 1877, [*Gaz. trib.*, 20 mai 1877]

507. — Décidé encore que la propriété d'un titre de journal peut être attribuée à celui qui, le premier, a manifesté son intention de publier une feuille périodique sous ce titre et qui a porté cette intention à la connaissance du public; par exemple, celui qui a fait des annonces dans les journaux, sa déclaration à la préfecture et le dépôt de son cautionnement avant la partie qui prétend avoir droit au titre litigieux. — Cass., 13 juill. 1880, Vigier, [S. 81.1.103, P. 81.1.236, D. 81.1.24]

508. — En tous cas, l'adoption pure et simple d'un titre que rien ne manifeste extérieurement n'est point de nature à conférer un droit privatif. — Il est donc permis d'adopter pour titre d'un journal, celui qu'un tiers avait précédemment adopté, du moment où celui-ci n'avait d'ailleurs fait paraître aucun numéro de sa publication projetée. — Paris, 6 févr. 1865, Goudon, *Ann. prop. ind.*, 65.147]

509. — A ne se placer qu'au point de vue des règles de la concurrence déloyale, il est certain que la propriété du titre d'une revue ne peut, en thèse générale, survivre à la disparition ou suppression de celle-ci, et qu'il n'y a plus concurrence déloyale de la part du tiers qui, postérieurement, publie une autre revue sous le même titre ou sous un titre analogue. — Trib. Seine, 3 août 1864, Laurent Pichat, [*Ann. prop. ind.*, 65.145] — Sic, Allart, n. 103; Mayor, n 31; Huard et Mack, n. 1449 et s.; Pouillet, n. 647.

510. — Mais, cette faculté de choisir comme titre celui d'un journal actuellement disparu n'existe que si, depuis le moment où celui-ci a cessé de paraître, il s'est écoulé un temps suffisant pour que toute cause de confusion soit écartée. — Dans ces limites, les propriétaires d'un journal supprimé par l'autorité peuvent demander à ce que celui qui, pour une publication nouvelle, a adopté un titre analogue à celui de l'ancienne, soit obligé, en vue d'éviter toute confusion, d'employer des caractères complétement différents de ceux dont eux-mêmes se servaient jadis. — Trib. comm. Seine, 17 juin 1868, de Villemessant, [*Ann. prop. ind*, 68.248] — *Chr. de la Soc. des gens de lettres*, n. 30. — V. sur la critique de ce jugement, Pouillet, n. 648. — V. aussi Paris, 19 avr. 1834, Guérin, [*Gaz. trib*, 20 avr. 1834]

511. — En ce cas, les intéressés n'intentent point, à proprement parler, une action en concurrence déloyale, puisqu'il n'en saurait être question dans une hypothèse où la disparition du premier journal a supprimé toute cause de concurrence; leur action en modification de titre n'en est pas moins fondée, puisque, si elle n'a pas pour objet la sauvegarde d'intérêts matériels, elle a pour but la protection d'intérêts d'un ordre moral élevé.

512. — Nous relevons, à ce sujet, dans un jugement du tribunal de la Seine, une règle qui, d'ailleurs, n'est en rien obligatoire. — Jugé que, d'après l'usage constant de l'administration et de la société des gens de lettres, tout propriétaire de journal qui est resté un an sans publier un numéro, doit être considéré comme ayant renoncé au titre de son journal. — Trib. comm. Seine, 1er sept. 1874, Merit, [*Ann. prop. ind.*, 74.373] — V. cep. Pouillet, n. 647.

513. — L'usurpation du titre va rarement seule; souvent, elle est accompagnée de certaines imitations qui rendent la confusion pour ainsi dire inévitable, et qui, à elles seules, pourraient constituer des faits répréhensibles. — En ce cas, il ne saurait exister de doute sérieux; aussi, a-t-il été jugé qu'il y a concurrence déloyale à prendre pour un nouveau journal le titre d'une autre publication, alors que l'on imite servilement, par des transfor-

mations successives, le format et la forme typographique de celle-ci, et que les affiches annoncent l'apparition d'un feuilleton nouveau ou d'un article important, imitant, soit par leur forme typographique, soit pour la dimension et la couleur du papier, celles que la première publication a l'habitude de faire placarder. — Trib. comm. Lyon, 25 mai 1871, Millaud, [*Ann. prop. ind.*, 73.101] — Sic, Allart, n. 154; Blanc, p. 388; Pouillet, n. 655. — V. aussi Trib. Seine, 29 déc. 1853, l'agnerre, Poy et Bougy, [cité par Blanc, p. 388, J. *Le Droit*, 4 janv. 1854]

514. — Commettent encore des actes de concurrence déloyale ceux qui donnent à leur journal le titre déjà employé pour un autre journal ainsi que le même format et la même disposition de matières, qui le vendent au même prix et le font annoncer sur la voie publique par des crieurs imitant dans leurs allures ceux employés aux mêmes fins par la feuille rivale. — Trib. comm. Douai, 29 juill. 1871, Millaud, [*Ann. prop. ind.*, 72.101]

515. — De même, est passible de dommages-intérêts, le journal étranger qui, prenant un titre analogue à celui d'un journal français, s'attache, dans le corps du journal, par la nature et la composition de son texte, par sa combinaison avec les gravures, par le choix et la disposition de celles-ci, à imiter, d'une façon de jour en jour plus étroite, le journal français et qui installe à Paris un bureau faisant des abonnements pour la France. — Paris, 1er mai 1888, Bogaerts, [*Ann. prop. ind.*, 89.329; *Gaz. Pal.*, 88.1.900]

516. — Des dommages-intérêts doivent encore être prononcés, à la charge de celui qui, faisant paraître un journal d'annonces sous un titre qui permet de le confondre avec un autre journal analogue existant précédemment, publie des annonces avec les mêmes numéros et le même caractère que ceux de l'autre journal. — Trib. comm. Seine, 13 sept. 1862, Guillebout, [*Ann. prop. ind.*, 62.403]

517. — Tout ce qui vient d'être dit des titres des journaux trouve en principe son application en matière d'œuvres intellectuelles proprement dites. Dans une espèce relative à la publication du *Dictionnaire des postes et télégraphes*, il a été jugé que toute usurpation sciemment faite du titre d'un ouvrage ou d'une publication, soit par des annonces, soit par l'emploi des mots essentiels du titre et la manière dont on les dispose, constitue la concurrence déloyale, alors surtout que quelques-uns des moyens de perfectionnement imaginés par le plaignant pour tenir son œuvre au courant sont également usurpés et qu'en outre le concurrent promet de vendre au rabais. — Paris, 5 juin 1890, Dayre dit de Mailhol, [*Ann. prop. ind.*, 93.325] — V. Darras, *Droit d'auteur*, 1891, p. 7. — Sur de nombreux procès d'usurpation de titres dans lesquels la question se bornait simplement à rechercher si oui ou non une confusion était possible entre chacune des publications en présence, V. Pouillet, n. 639 et s.; Huard et Mack, n. 1415 et s.

518. — Spécialement, il y a fait répréhensible lorsque, dans le but d'établir une confusion avec le *Dictionnaire des postes et télégraphes*, on fonde le *Dictionnaire universel des postes et télégraphes et des chemins de fer* dans lequel le titre est disposé de manière à ce que la vue soit frappée par les mots : *des postes et des télégraphes* et dans lequel on annonce, ainsi que cela est pratiqué dans l'autre publication, qu'on tiendra le dictionnaire au courant des changements survenus « par un bulletin rectificatif et des annotations gommées qui pourront être découpées et collées sur les articles modifiés. » — Paris, 5 juin 1890, précité.

519. — En matière de titres d'œuvres littéraires, ce n'est, comme pour les titres de journaux, que la publication qui, en thèse générale, donne naissance à un droit privatif. Ainsi, lorsqu'un éditeur a acquis, avec la propriété entière d'une œuvre littéraire, la faculté d'en modifier le titre, l'auteur ne peut se plaindre de ce que l'éditeur a choisi un titre nouveau qui peut créer une certaine confusion avec une autre publication de l'auteur, alors du moins qu'il est établi que ce titre nouveau a été adopté de bonne foi par l'éditeur, avant l'apparition de l'autre publication. — Paris, 24 mars 1857, Jacottet et Bourdellat, [*Ann. prop. ind.*, 57.195]

520. — Mais la publicité, notamment, dans le *Journal de la librairie*, de la prochaine apparition d'un livre sous un titre déterminé a pu faire naître, au profit de l'éditeur, un droit à la propriété de ce titre, alors que la mise en vente de l'ouvrage a suivi cette publicité dans le délai nécessaire à sa préparation. —

La priorité peut ainsi appartenir au livre publié en France postérieurement à un autre portant le même titre publié à l'étranger, dont une traduction est publiée en France par un autre éditeur. — Trib. comm. Seine, 16 oct. 1885, *La Nouvelle Revue*, [*Gaz. trib.*, 28 oct. 1885, *Ann. prop. ind.*, 90.26] (il s'agissait, en l'espèce, de la publication d'une étude sous le titre de la *Société de Londres*).

521. — Il n'y a imitation répréhensible que quand il y a confusion possible. — En conséquence, celui qui a commencé la publication d'une série de romans intitulés la *Lecture en famille* ne peut se prévaloir d'un droit de priorité pour s'opposer à l'emploi de ce titre par un tiers, alors que l'objet des deux publications est différent en ce que l'ouvrage du demandeur est un recueil de nouvelles, d'études et de morceaux choisis spécialement pour être lus le soir dans les réunions de famille, tandis que celui du défendeur a pour but d'introduire, au moyen d'une série de préceptes et d'exemples, les principes de la diction au foyer domestique et d'y faire cultiver la lecture comme un art utile pour tous les membres de la famille. — Trib. Seine, 18 déc. 1885, Hennuyer, [*Ann. prop. ind.*, 86.223] — *Sic*, Allart, n. 149; Pouillet, n. 643. — V. aussi Trib. Seine, 27 janv. 1869, Gonzalès, [*Ann. prop. ind.*, 69.44] et les nombreux arrêts et jugements rappelés par Pouillet, n. 644.

522. — De même, bien que le titre d'un ouvrage constitue une propriété au profit des écrivains, il appartient aux tribunaux d'examiner si, dans les circonstances de la cause, il est résulté un préjudice de l'usage du même titre dans une publication ultérieure, qui appartient au même genre de littérature, mais qui se diversifie de l'autre par certains caractères. — Trib. Seine, 8 mars 1867, Delacroix-Fatin, [*Ann. prop. ind.*, 67.76]

523. — S'il n'y a pas de préjudice causé par la publication, on ne saurait voir une concurrence déloyale dans le fait d'un auteur qui, ayant vendu le droit de publier un ouvrage d'histoire, publie en même temps dans un journal une œuvre de fantaisie sur le même sujet, même avec un titre analogue. — Trib. Seine, 16 juill. 1873, Bunel, [*Gaz. trib.*, 17 juill. 1873]

524. — Mais, au contraire, est répréhensible le fait de celui qui, au lendemain d'un succès obtenu par une pièce de théâtre, met en vente une chanson portant le même titre que celle-ci ou un titre analogue, alors surtout que, pour créer la confusion, il appose au frontispice du texte imprimé de la chanson une vignette analogue à celle sous laquelle la pièce de théâtre avait été annoncée. — Trib. Seine, 14 févr. 1873, Choudens, [*Ann. prop. ind.*, 73.168]

525. — On ne peut imiter le titre d'une chansonnette en vogue ni faire crier dans les rues la nouvelle chansonnette en omettant les mots qui différencient les deux titres (*derrière l'omnibus* et *en chantant derrière l'omnibus*). — Trib. Seine, 1er mai 1884, Le Bailly. [*Gaz. trib.*, 2 mai 1884]

526. — Il y a même concurrence déloyale à reproduire sur la couverture de morceaux de musique une lithographie empruntée à une autre publication, avec un changement de titre calculé de manière à rendre la confusion plus facile encore entre un morceau intitulé : *la Favorite, mazourka nationale*, et d'autres intitulés : *Trois mazourkas favorites*. — Paris, 29 mai 1846, Brullé, [cité par Blanc, p. 382]

527. — Dans le même ordre d'idées, il a été décidé que lorsqu'une personne s'est rendue cessionnaire de la partition d'un opéra tel qu'il est représenté sur un théâtre déterminé, elle peut s'opposer à ce qu'un de ses concurrents, propriétaire d'une partition différente du même opéra, insère dans ses annonces la mention : Grand succès de tel théâtre, et établisse ainsi une confusion dans l'esprit du public entre ces deux partitions. — Trib. comm. Seine, 25 juin 1857, Cendrier, [*Ann. prop. ind.*, 57.284]

528. — Pour les livres comme pour les journaux, certains titres sont génériques et peuvent ainsi être employés par tous. — Jugé à cet égard qu'on ne saurait considérer comme tel pour toutes les publications relatives à la captivité de Napoléon, le titre de *Mémorial de Sainte-Hélène*. — Trib. Seine, 24 févr. 1860, Las Cases, [*Ann. prop. ind.*, 60.164]

529. — En ce qui concerne le titre des œuvres littéraires, il se présente une situation qui ne peut se rencontrer à l'égard des titres des journaux : l'identité ou l'analogie des titres entre les publications peut alors s'expliquer à raison de ce que l'une est la critique ou la réfutation de l'autre ; en ce cas, pourvu qu'il en soit réellement ainsi, il ne saurait y avoir concurrence déloyale, du moment où l'on a pris, pour éviter la confusion, toutes les mesures compatibles avec le caractère respectif de chacune des deux œuvres. — Ainsi, il ne suffit pas, pour qu'il y ait concurrence déloyale qu'il y ait simple analogie entre les titres de deux ouvrages, alors qu'il est établi que le second livre, réfutation des doctrines exposées dans le premier, ne peut avoir pour effet que de faire connaître à tout acheteur qui l'aurait ignoré l'existence de l'autre publication. — Trib. comm. Seine, 5 mai 1863, Didier et Cie, [*Ann. prop. ind.*, 65.443] — V. Pouillet, n. 645. — *Contrà*, Allart, n. 150; Blanc, p. 387.

530. — De même, il est permis de reproduire le titre d'une œuvre littéraire, en tête d'une brochure destinée à lui servir de réfutation, alors que la seconde publication ne peut remplacer la première et que la confusion entre l'une et l'autre est impossible. — Trib. comm. Seine, 17 mai 1861, Gaume, [*Ann. prop. ind.*, 61.255]

531. — Mais celui qui parodie une œuvre littéraire, une chanson dans l'espèce, ne peut faire imprimer en gros caractères le titre de la chanson imitée, puisque ce moyen est de nature à tromper les acheteurs. — Trib. comm. Seine, 26 août 1886, Le Bailly, [*Ann. prop. ind.*, 89.352] — V. aussi Trib. comm. Seine, 27 nov. 1834, Renduel, cité par Blanc, p. 387]

532. — Pour la durée du droit privatif sur le titre d'une œuvre intellectuelle, on ne peut admettre le même critérium qu'à l'égard du titre des journaux ; un livre, une fois paru, peut n'avoir pas d'éditions successives, sans qu'on puisse en induire l'intention de renoncer de la part de l'auteur ; à ne considérer la question qu'au point de vue des lois sur la propriété littéraire, il est impossible de ne pas admettre que le titre est protégé par l'action en contrefaçon aussi longtemps que dure le droit de l'auteur sur son œuvre ; mais, si on se place sur le terrain de la concurrence déloyale, tout dépend des circonstances ; l'emploi d'un titre qui sert à distinguer l'œuvre d'un tiers est répréhensible aussi longtemps qu'il peut en résulter une confusion ; par suite, d'une part, si le premier ouvrage est oublié, il se peut que l'action en concurrence déloyale soit dénuée de tout effet même avant l'extinction de la propriété intellectuelle, alors que, d'autre part, cette même action peut encore être utilement intentée, après l'expiration de ces délais, si on suppose que l'œuvre a pleinement réussi. — V. Pouillet, n. 646; Allart, n. 153.

533. — Rappelons en terminant que le libraire qui a en sa possession un certain nombre de deuxièmes volumes d'un ouvrage, n'a pas le droit, pour en faciliter la vente, de faire imprimer un titre nouveau tendant à faire croire que l'ouvrage n'a qu'un seul volume. — Trib. Seine, 10 mai 1851, Orsini, [cité par Blanc, p. 389]

§ 2. *Imitation des produits eux-mêmes.*

534. — a) *Imitation des œuvres littéraires et artistiques.* — L'action en concurrence déloyale joue à l'égard des œuvres littéraires et artistiques le même rôle qu'à l'égard des titres de ces mêmes œuvres et qu'à l'égard des marques de fabrique et de commerce ; elle peut être pour les intéressés d'un utile secours dans le cas, par exemple, où n'ont pas été observées les formalités prescrites par les lois sur la propriété littéraire ou artistique et aussi dans celui où l'œuvre reproduite ne présente pas les caractères requis pour être au bénéfice de ces lois spéciales. Nous ne pouvons, dans cette étude, entrer dans de longs détails à ce sujet ; nous nous contenterons d'indiquer pour le moment quelques espèces. — V. *Rép. du dr. fr.*, v° *Propriété littér. et artist.*

535. — Observons tout d'abord, que, malgré l'absence de dépôt, le photographe dont l'œuvre a été contrefaite, a le droit d'actionner en dommages-intérêts, pour concurrence déloyale, l'auteur de la contrefaçon. — Lyon, 8 juill. 1887, Royer, [*S.* 90.2.241, *P.* 90.1.1342, *D.* 88.2.180]

536. — Les productions photographiques sont protégées d'ailleurs par la loi du 19 juill. 1793, au même titre que la propriété littéraire et artistique. — Trib. comm. Saint-Etienne, 7 juill. 1885, sous Lyon, 8 juill. 1887, précité.

537. — Mais les dépêches télégraphiques portant à la connaissance du public des nouvelles politiques, scientifiques ou littéraires, ne peuvent être considérées comme des œuvres de l'esprit, garanties par la loi des 19-24 juill. 1793 sur la propriété littéraire : chacun a donc le droit, du moment que de semblables nouvelles ont été publiées par la voie de la presse, d'en faire son profit, de les répéter et de les commenter ; et ce droit appartient au journaliste comme à tous autres. — Cass., 8 août 1861, Havas, [*S.* 62.1.523, *P.* 62.207, *D.* 62.1.136]

538. — En conséquence, une agence créée dans le but de communiquer aux journaux qui ont contracté avec elle un abonnement à cet effet, les dépêches télégraphiques contenant des nouvelles politiques, scientifiques ou littéraires qui lui sont transmises de différentes parties du monde par ses correspondants salariés, n'est pas fondée à s'opposer, après que ces dépêches ont paru dans un journal abonné, à ce que des journaux non abonnés les reproduisent, fût-ce dans les mêmes termes, sans son autorisation. — Même arrêt.

539. — Et les journaux non abonnés qui auraient ainsi reproduit des dépêches, ne peuvent même, à raison de ce fait, être considérés comme coupables envers cette agence d'une concurrence déloyale les rendant passibles de dommages-intérêts, alors qu'ils n'ont ni avancé ni retardé leur tirage et leur publication pour profiter gratuitement de ces dépêches. — Cass., 8 août 1861, précité. — Amiens, 4 mai 1858, Préau, [P. 58.753]

540. — De même, la publication non autorisée du programme de représentations théâtrales n'est point une attaque portée à une propriété littéraire, alors qu'un écrit de cette nature n'est point une œuvre d'intelligence susceptible d'être protégée par les lois concernant la propriété littéraire; un tel acte ne saurait constituer qu'un fait de concurrence déloyale. — Nancy, 31 déc. 1887, Gugenheim, [Ann. prop. ind., 90.158] — Sic, Allart, n. 237.

541. — De même encore, comme les compilations réunissant les noms et les adresses des personnes appartenant à un corps de métier ne constituent pas une conception personnelle, susceptible d'un droit privatif, l'auteur d'une première compilation ne peut se plaindre qu'un de ses anciens employés, lié d'ailleurs par aucune convention spéciale, entreprenne une publication de même ordre, alors d'ailleurs qu'entre ces deux publications il existe dans le titre, le format, la distribution et la composition d'assez notables différences pour qu'il soit facile, avec quelque attention, de distinguer l'une de l'autre. — Paris, 19 nov. 1862, Sageret, [Ann. prop. ind., 62.399]

542. — S'expose à une nouvelle condamnation en dommages-intérêts, l'auteur d'un annuaire qui, ayant déjà été condamné pour une concurrence déloyale ayant consisté à reproduire textuellement des renseignements puisés dans une publication similaire, continue, dans d'autres éditions de son ouvrage, à reproduire ces mêmes emprunts alors même, d'ailleurs, que le jugement ne lui avait pas fait défense d'insérer à nouveau ces renseignements dans ces publications. — Paris, 10 avr. 1892, [J. La Loi, 17 juin]

543. — Il est arrivé parfois que l'on a recouru à l'action en concurrence déloyale dans des cas où il est moins douteux que l'action en contrefaçon ait pu être utilement intentée. Ainsi, bien qu'il n'y ait pas peut-être pas contrefaçon, un éditeur commet un acte de concurrence déloyale lorsqu'il fait copier une partition musicale, restée en manuscrit et appartenant à un autre éditeur et qu'il donne en location la copie ainsi produite. — Trib. comm. Seine, 20 déc. 1871, Brandus-Dufour, [Ann. prop. ind., 74.174]

544. — S'il est facultatif au sculpteur, resté le seul et unique propriétaire de son œuvre, de se répéter dans ses productions, il en est autrement quand il a aliéné son droit de propriété et de libre reproduction, et quand surtout il a cédé son œuvre à un commerçant avec part d'intérêt stipulée à son profit. — Paris, 3 mai 1878, Helbronner, [S. 78.2.204, P. 78.2.204, D. 79.2.11]

545. — Dans ce cas, toute reproduction ou imitation servile de l'original, pouvant artistiquement ou industriellement se confondre avec lui, constitue une contrefaçon ou tout au moins un fait de concurrence illicite. — Même arrêt.

546. — Mais le reproche de contrefaçon ou de concurrence illicite ne peut être accueilli contre le sculpteur qui aurait imité ou reproduit même un premier type ou modèle déjà créé, si l'œuvre nouvelle est conçue suivant une autre pensée, avec des différences caractéristiques de forme, d'attitude, de geste, de costume ou d'attributs qui empêchent toute confusion avec les œuvres premières. — Même arrêt.

547. — Jugé encore qu'il y a concurrence répréhensible dans le fait par un éditeur d'éditer et de mettre en vente une chanson qui présente une coupe identique et les mêmes particularités métriques qu'une autre chanson en vogue et qui, d'après le tribunal, peut s'adapter, sans aucune modification, sur la musique de l'autre, alors qu'il est constant que cette similitude a été recherchée dans un but de confusion. — Trib. comm. Seine, 24 mars 1892, Savoisy et Héron, [J. trib. comm., 1893, p. 212]

548. — Mais décidé, en sens contraire, qu'on ne saurait voir un acte de concurrence déloyale dans le fait d'adopter pour une chanson le même rythme et le même air que ceux d'une autre chanson lorsqu'il est établi que la seconde est une sorte de réponse à la première. — Trib. Seine, 23 févr. 1872, Bathlot, [Ann. prop. ind., 73.162]

549. — Si large que soit la portée d'application de notre action, il n'y a évidemment lieu de l'intenter que quand il y a empiétement sur le droit d'autrui, ce qui ne saurait arriver lorsqu'il s'agit de la reproduction de documents publics. Ainsi donc, une ville, quoiqu'elle puisse avoir sur un ouvrage un droit de propriété littéraire, n'a point ce droit sur les documents (dans l'espèce, une série de prix) qu'elle livre à la publicité dans un intérêt purement administratif; dès lors, ne saurait être poursuivi pour concurrence déloyale l'éditeur qui a reproduit ces documents, alors surtout qu'il les a groupés d'après une méthode qui lui est propre. — Cass., 15 mai 1878, Ville de Paris, [S. 80.1.263, P. 80.614, D. 79.1.20] — Paris, 13 févr. 1877, Ville de Paris, [S. 77 2.56, P. 77.327, D. 79.1.20] — Trib. Seine, 10 févr. 1875, Ville de Paris, [S. 75.2.113, P. 75.588] — Sic, Pouillet, Prop. litt., n. 60 et 60 bis. — V. Ruben de Couder, v° Prop. ind., n. 108

550. — De même, on ne saurait dire qu'il y a concurrence déloyale lorsqu'on reproduit des renseignements qui sont, pour ainsi dire, tombés dans le domaine public. En ce cas, et pour prendre un exemple particulier, les ressemblances qui résultent nécessairement entre deux almanachs de leur nature et de l'identité des sources où les documents doivent être puisés ne sauraient motiver de la part de l'auteur le plus ancien une imputation de concurrence déloyale, si les matières sont disposées dans un ordre différent, si les parties accessoires n'ont aucune espèce d'analogie, et si les titres eux-mêmes ne sont pas identiques. — Rouen, 5 août 1873, Hérissey, [S. 75.2.330, P. 75.1251]

551. — ... Si leur comparaison démontre que le travail de recherches et de composition a été différent dans l'un et dans l'autre. — Lyon, 24 mars 1870, Labaume, [S. 71.2.34, P. 71.112, D. 70.2.209]

552. — En terminant, signalons un arrêt de la cour de Paris déjà assez ancien qui montre bien que l'action en concurrence déloyale se sépare nettement dans son principe de l'action en contrefaçon. Il a été, en effet, décidé que l'imprimeur, acquitté du chef de contrefaçon pour avoir indûment fait usage de clichés appartenant à un tiers, ne peut opposer à celui-ci une fin de non-recevoir, tirée de la chose jugée, lorsqu'à raison des mêmes faits, il est poursuivi pour concurrence déloyale. — Paris, 24 juin 1859, Héritiers Boucher, [Ann. prop. ind., 59.244]

553. — b) *Imitation de tous produits autres que les œuvres littéraires et artistiques.* — Le principe qui, à l'heure actuelle, gouverne le monde industriel, est celui de la liberté; nous avons pris soin d'insister, à cet égard, au début même de cette étude; il en découle naturellement cette conséquence qu'en thèse générale il ne saurait y avoir concurrence déloyale à imiter les produits fabriqués ou vendus par autrui; il n'en est autrement que quand ce tiers peut invoquer un monopole en sa faveur; c'est ce qui arrive notamment en cas d'invention, quand on a pris soin de demander la délivrance d'un brevet; c'est ce qui se produit encore lorsque l'État s'est réservé ou a concédé à des particuliers le droit de fabrication exclusive de certains objets; mais on comprend sans peine que, même alors, on ne songera guère à recourir à l'action en concurrence déloyale dont la sanction est purement civile, ce qui fait que la division que nous venons de poser n'a pour ainsi dire été imaginée que dans un but de symétrie. — V. *Rép. du dr. fr.*, v°° *Allumettes, Brevet d'invention, Liberté du commerce, Tabac*, etc.

554. — Toutefois, sans d'ailleurs insister particulièrement sur ce point, il paraît nécessaire de fournir quelques renseignements sur la révélation des secrets de fabrique. On sait qu'un tel acte est prévu et puni par l'art. 418, C. pén. Ce n'est pas à ce point de vue que nous désirons nous placer (V. *infrà*, v° *Secret de fabrique*). Fidèle à l'idée qui nous a constamment dirigé dans ce travail, nous ne voulons étudier la présente difficulté qu'au point de vue des principes du droit civil. La première question qui se pose est celle de savoir ce qu'il faut entendre par secret de fabrique; il faut, selon nous, comprendre sous cette expression, tout procédé, brevetable ou non, par exemple, le simple tour de main, du moment où celui-ci n'est pas nouveau. — V. Allart, n. 207 et s.; Pouillet, n. 767 et s.; Rendu, n. 522; Blanc, *Prop. ind.* du 23 mars 1858; Dufourmantelle, p. 2.

555. — On est généralement porté à étendre en nos matières la notion de nouveauté, telle qu'elle est déterminée par la loi de 1844 sur les brevets d'invention; pour repousser cette manière de voir, il suffit de faire remarquer que cette notion est, à certains égards, d'ordre contingent et ne découle point toujours de la nature même des choses; il faut donc, en l'absence d'une définition spéciale, laisser aux tribunaux un large pouvoir d'appréciation, pour fixer ce qui, au regard de la concurrence déloyale, constitue un secret de fabrique. — V. Allart, n. 208; Rendu, n. 522; Blanc, *loc. cit.*; Pouillet, n. 708.

556. — Tel paraît bien être d'ailleurs le système auquel s'est rattachée la cour de Rouen lorsqu'elle a décidé que la nullité du brevet pour défaut de nouveauté du produit ou pour divulgation antérieure résultant de la mise dans le commerce ne permet pas à un employé du fabricant de dévoiler à des tiers le mode particulier de préparation qui procure au produit des qualités particulières. C'est un fait répréhensible qui donne ouverture à une action en dommages-intérêts aussi bien contre l'employé qui a fait la communication que contre les tiers qui en ont profité pour faire au breveté une concurrence déloyale. — Rouen, 27 juin 1856, Lecomte, [*Ann. prop. ind.*, 56.345].

557. — Il résulte des termes de l'art. 418, C. pén., que ce texte ne s'applique que dans les hypothèses où la révélation émane d'un directeur, commis ou ouvrier, actuellement employé dans l'établissement dont il fait connaître les secrets de fabrication; on pense parfois cependant que cette sanction pénale pourrait frapper un ancien ouvrier s'il est établi que la divulgation dont il se rend coupable n'est que la mise en œuvre de promesses précédemment faites, alors qu'il n'avait pas encore quitté son patron; en tous cas, de tels faits constituent toujours des actes de concurrence déloyale. — V. Allart, n. 212; Pouillet, n. 775.

558. — Ainsi, celui qui, étant directeur d'une usine, quitte brusquement son emploi pour s'établir, après avoir eu soin de se procurer les modèles dont on se servait chez son ancien patron, et qui débauche les ouvriers de celui-ci par la promesse de nouveaux avantages et obtient d'eux les moules et outils nécessaires à la fabrication, se rend coupable de concurrence déloyale. — Trib. comm. Seine, 7 déc. 1891, Jumeau et Cⁱᵉ, [J. *La Loi*, 18 déc. 1891, J. *Le Droit*, 19 déc. 1891]

559. — Il résulte encore des termes de l'art. 418, C. pén., qu'il n'y a, au point de vue répressif, révélation de secrets de fabrique que s'il y a communication du secret de la part d'un employé à un tiers; mais il se peut qu'un ancien employé s'établisse à son propre compte et tire profit des secrets de fabrication dont il a pu acquérir la connaissance durant son passage chez le patron qu'il vient de quitter; en agissant de cette façon s'expose-t-il à des dommages-intérêts? On l'a parfois pensé; ainsi, d'après M. Rendu, « la révélation faite à l'ouvrier, dans un but déterminé d'un secret qu'il n'aurait pas pénétré autrement, constitue un véritable quasi-contrat, dont la violation doit donner lieu à des dommages-intérêts proportionnés au préjudice causé. » — Rendu, n. 527.

560. — Cette opinion est trop absolue : « Sans doute, dit à juste raison M. Allart, l'ouvrier qui, établi à son compte, emploie les secrets de fabrique de son ancien maître, peut commettre un acte répréhensible au point de vue de la morale, mais nous croyons qu'en agissant de la sorte il relève seulement de sa conscience et qu'il échappe à toute sanction judiciaire, à la condition, bien entendu, qu'il s'abstienne de toute manœuvre pour détourner la clientèle de son ancien patron. Celui-ci, d'ailleurs, n'est jamais désarmé; il peut, lorsque l'ouvrier entre à son service, stipuler qu'il n'aura pas le droit, en quittant ses ateliers, de faire usage de ses secrets de fabrication : il peut encore, s'il n'a pas pris cette précaution, faire breveter ses procédés secrets le jour où son ouvrier le quitte. La convention dans le premier cas, le brevet dans le second, lui assurent une garantie aussi complète que possible. » Allart, n. 213.

Section III.
Des faits qui, sans produire de confusion, ont pour objet de détourner la clientèle d'un fabricant ou d'un commerçant.

§ 1. *Exaltation, par un négociant, des mérites de ses produits ou des siens propres.*

561. — a) *Usurpation de médailles ou de récompenses, publication des rapports des jurys d'exposition, approbation des corps savants*, etc. — A une époque où les expositions se multiplient chaque jour, l'un des moyens le plus souvent employé pour attirer la clientèle consiste dans l'indication sur les produits ou sur les papiers de commerce des récompenses et médailles qu'on a pu y obtenir; cette mention est légitime en soi lorsqu'elle est conforme à la réalité des choses, mais il en est bien différemment au contraire lorsqu'elle est mensongère; en ce cas, les intéressés peuvent agir en concurrence déloyale. Cette idée n'a pas été admise sans conteste; pour la combattre, on a prétendu que le fait d'avoir obtenu une récompense à une exposition n'était point suffisamment particulier pour qu'on puisse s'en prévaloir en vue d'exercer une sorte d'action d'intérêt public envers les usurpateurs. — Bordeaux, 1ᵉʳ août 1853, Sandoval et Calomès, [*Ann. prop. ind.*, 55.2] — V. Paulet, *Les médailles d'exposition*, p. 3.

562. — On a ajouté que l'usurpation des récompenses est un pur mensonge qui ne porte préjudice à personne, puisque la qualité des produits est le critérium suprême; la clientèle va à celui qui débite de bons produits, même s'il ne peut se recommander d'aucune médaille; elle abandonne celui dont les produits sont inférieurs, alors même qu'il leur aurait été accordé de hautes distinctions.

563. — Ces objections ne sont pas fondées : une indication mensongère de médailles ou de récompenses constitue une véritable concurrence déloyale puisqu'elle crée à autrui un dommage injuste dont il est facile de prouver l'existence; les acheteurs, qui manquent le plus souvent de connaissances suffisantes pour apprécier par avance la qualité des produits, vont de préférence à ceux qui se recommandent à leur choix par une approbation émanant de personnes qu'ils jugent plus aptes qu'eux-mêmes de discerner entre les produits du même genre : si, trompés par les apparences, ils en viennent ainsi à acheter un objet de qualité inférieure, ils en arrivent, ne pouvant présumer qu'il y a eu fraude, à penser que les diverses marchandises de même nature qui ont figuré dans la même exposition étaient de qualité tout à fait inférieure puisque déjà celle qui a été récompensée ne vaut absolument rien. La question ne se discute même plus; le législateur lui-même, en frappant de peines correctionnelles l'usurpation de médailles et de récompenses (L. 30 avr. 1886) a, au besoin, fait disparaître, à cet égard, toute cause d'hésitation. — Calmels, *De la propriété et de la contrefaçon*, n. 142; Pouillet, n. 523 et s.; Pouillet, *Prop. ind.*, n. 408; Ruben de Couder, vᵒ *Médailles*, n. 2; Willis Bund, *Compte-rendu du congrès international de la propriété industrielle*, 1878, p. 647; Allart, n. 155; Dufourmantelle, p. 137; Blanc, p. 730; Mayer, n. 28.

564. — Fidèle à la méthode par nous jusqu'ici suivie, nous nous abstiendrons en principe de toute incursion dans le domaine pénal. — V. à ce sujet, *Rép. du dr. fr.*, vᵒ *Médailles et récomp.* — Nous signalerons toutefois certaines espèces résolues en vertu de la loi de 1886, partant de cette idée qu'il est impossible que ne constitue pas un fait de concurrence déloyale un acte qui tombe sous l'application de cette loi d'ordre pénal. — V. Pouillet, n. 524.

565. — Commet donc un acte de concurrence déloyale, ainsi qu'une violation de la loi du 30 avr. 1886, celui qui s'attribue des récompenses qu'il n'a jamais obtenues. — Trib. Poitiers, 11 mars 1889, Picon et Cⁱᵉ, [Maillard de Marafy, t. 1, p. 459]

566. — De même, celui à qui a été délivrée une simple médaille d'exposant et qui s'approprie le mérite d'une récompense décernée à un de ses concurrents est tenu d'indemniser ce dernier. — Lyon, 4 mai 1857, Verly, [Maillard de Marafy, t. 6, p. 263]

567. — Il y a encore concurrence déloyale de la part du fabricant qui se donne comme ayant obtenu une médaille à une exposition, alors qu'il n'a obtenu qu'une mention honorable et qui indique comme lieu de fabrication le pays où l'un de ses concurrents possède des usines importantes, alors que lui-même ne possède qu'un simple dépôt. — Paris, 19 janv. 1874, Fanien, [*Ann. prop. ind.*, 74.384]

568. — Spécialement, un ancien contre-maître ne peut se servir, pour l'écoulement de ses produits, de cartes qui sont l'imitation de celles de son ancien patron, alors surtout que, n'ayant obtenu dans une exposition qu'une mention honorable, il fait représenter sur la carte par lui employée la reproduction d'une médaille analogue à celle qui figure sur celle de son concurrent. — Trib. Seine, 10 juill. 1875, Héricé, [*Ann. prop. ind.*, 76.46]

569. — Il y a encore fait répréhensible, lorsqu'un négociant annonce à tort que ses produits ont *seuls* obtenu une récompense d'un certain ordre dans une exposition, et ceux de ses concurrents qui ont obtenu une récompense du même ordre peuvent demander la suppression de la mention erronée. — Trib. comm. Seine, 1er mars 1867, Bouttevilain et Cie, [*Ann. prop. ind.*, 67. 383, Teulet, 16.337] — *Sic*, Pouillet, n. 523.

570. — ... Lorsqu'un fabricant de produits pharmaceutiques se donne dans ses annonces comme admis premier après concours dans les hôpitaux de Paris et seul récompensé à l'Exposition universelle de 1878, alors qu'il n'est pas établi que; pour la fourniture des produits pharmaceutiques aux hôpitaux de Paris, la désignation se fasse à la suite d'un concours et que, d'autre part, il est prouvé qu'un autre fabricant avait obtenu une récompense à l'Exposition de 1878. — Paris, 23 juill. 1883, Defresne, [*Ann. prop. ind.*, 86.28]

571. — Mais, il a été jugé à juste raison que le fait que, dans une annonce publiée par un journal, un commerçant est indiqué comme étant titulaire d'une médaille d'honneur, tandis qu'il ne lui avait été alloué qu'une médaille d'excellence, ne constitue pas un fait de concurrence déloyale à l'encontre du véritable titulaire de la médaille d'honneur, si l'erreur est imputable à l'imprimeur du journal, et non au commerçant, qui s'est empressé d'en demander la rectification, dès qu'il en a eu connaissance; un des éléments essentiels de la concurrence déloyale, la mauvaise foi, fait alors défaut. — Bordeaux, 1er juin 1887, Croizet, [S. 89.2.107, P. 89.1.584, D. 88.2.287]

572. — On ne peut, au contraire, approuver un arrêt d'après lequel on ne saurait reprocher à celui qui, dans une exposition, a obtenu une médaille placée au second rang, d'annoncer qu'il a obtenu un second prix, alors que cette énonciation, en admettant qu'elle n'est scrupuleusement exacte, n'est toutefois pas de nature à créer une confusion entre les maisons de deux concurrents. — Paris, 11 juin 1885, Decauville, [*Ann. prop. ind.*, 86.129]

573. — Il n'est point nécessaire, pour que des dommages-intérêts puissent être prononcés, que l'usurpation ait été réalisée à l'aide de fausses mentions sur les produits eux-mêmes. Ainsi donc, il y a concurrence déloyale dans le fait d'insérer mensongèrement dans ses factures, prospectus, annonces et autres papiers de commerce la mention hors concours à l'exposition universelle de X... — Trib. comm. Seine, 23 sept. 1875, Leroy, [*Ann. prop. ind.*, 76.237]

574. — Parfois, la concurrence déloyale consiste à attribuer à une récompense que l'on a réellement obtenue une valeur plus grande qu'elle n'a effectivement, et cela en laissant ou en faisant croire que celle qu'elle a décernée dans une certaine exposition, alors que véritablement elle a été obtenue dans une autre. Ainsi, est répréhensible celui qui, s'attribuant sans autre spécification un grand diplôme d'honneur à l'Exposition universelle de Paris, diplôme qu'il a réellement obtenu dans une exposition d'économie domestique, veut ainsi établir une confusion entre la récompense accordée par une exposition sans caractère officiel et les expositions placées sous le patronage et la garantie de l'administration publique, et multiplier de cette manière par la mention de cette récompense les causes de confusion qu'il ne cesse de créer entre sa maison et un autre établissement depuis longtemps connu. — Paris, 29 juill. 1876, Vve Erard, [*Ann. prop. ind.*, 76.277] — *Sic*, Allart, n. 163 et 164. — V. aussi Trib. Poitiers, 11 mars 1889, Picon et Cie, [Maillard de Marafy, t. 1, p. 459]

575. — Un autre procédé de fraude consiste à appliquer une médaille que l'on a réellement obtenue à un objet autre que celui pour lequel elle a été décernée; dans les travaux préparatoires de la loi de 1886, on a cité l'exemple d'un industriel qui, récompensé dans une exposition canine, faisait figurer sa médaille dans son commerce de conserves alimentaires. Avant la loi de 1886, la jurisprudence était un peu hésitante sur ce point. Ainsi, il avait été jugé, qu'un mécanicien auquel a été décerné une médaille pour une machine à graver ne peut la mentionner sur des prospectus s'appliquant exclusivement à des machines à coudre. — Paris, 11 nov. 1859, Callebaut, [*Ann. prop. ind.*, 60.21] — *Sic*, Allart, n. 164; Paulet, p. 9. — V. Pouillet, n. 524, p. 582, et n. 525. — V. aussi Pau, 23 févr. 1863, Bastiat, [D. 63.2.117]

576. — Mais il avait été décidé que le négociant qui, dans une exposition, a été honoré d'une médaille, ne fait pas un acte de concurrence déloyale en faisant usage de cette marque honorifique sans désignation particulière du produit auquel elle s'applique. — Paris, 7 févr. 1878, Lamarche, [*Ann. prop. ind.*, 78. 255]

577. — En tout cas, la question ne semble plus de nature à faire doute en présence des dispositions expresses de la loi du 30 avr. 1886. Rappelons à ce sujet que l'infraction à l'art. 1, § 2, de cette loi, obligeant ceux qui se servent de distinctions quelconques décernées dans des expositions ou concours, à faire connaître la date et la nature de ces récompenses, l'exposition ou le concours où elles ont été obtenues et l'objet récompensé, est une infraction dont la répression doit être poursuivie malgré la bonne foi de l'agent. — Cass., 20 déc. 1889, Vlasco, [S. 90.1.187, P. 90.424]

578. — Spécialement, si les annonces, dans lesquelles l'industriel a fait figurer des médailles sans indication de l'objet récompensé, ont trait uniquement à des produits et appareils pour la photographie et à des instruments de physique, tandis que les récompenses avaient été accordées pour l'exposition de produits de parfumerie, il y a de la part de l'industriel, fausse application d'une récompense, tombant sous le coup de l'art. 2-2°, de la loi du 30 avr. 1886. — Paris, 25 janv. 1888, Société centrale de produits chimiques, [S. 89.2.36, P. 89.1.220, D. 88.2.232]

579. — L'intérêt considérable qu'il y a à pouvoir placer ses produits sous la recommandation d'une récompense obtenue dans une exposition explique les nombreux procès soulevés relativement à l'attribution des médailles et autres distinctions. Il y a lieu de poser tout d'abord le principe suivant. Les médailles sont personnelles à ceux qui les obtiennent; elles ne peuvent donc pas être cédées à titre onéreux ou même gratuit dans le but de permettre au cessionnaire d'en faire usage pour son commerce et de se les approprier comme si elles lui eussent été délivrées. — Toulouse, 25 mars 1885, Provost, [*Ann. prop. ind.*, 86.24] — *Sic*, Allart, n. 156; Pouillet, n. 528; Dufourmantelle, p. 138; Mayer, n. 28.

580. — Il a même été jugé, dans la même affaire, que le cessionnaire n'est pas fondé à prétendre qu'ayant été collaborateur de la personne qui a obtenu la médaille, il peut s'en prévaloir pour l'exploitation de son industrie. — Même arrêt.

581. — Mais nous inspirant d'une théorie précédemment exposée, il nous paraîtrait que la règle indiquée aurait dû fléchir dans l'espèce précédente, à supposer, d'ailleurs, que la qualité de collaborateur du cessionnaire ait été constatée officiellement lors de la délivrance de la médaille. — Nous admettrions donc, avec un arrêt récent, que l'employé qui, en cette qualité, a obtenu, dans une exposition, une médaille de collaborateur, ne fait qu'user du droit strict de concurrence licite en rappelant, lorsqu'il vient à s'établir plus tard, une distinction qui lui est purement personnelle, pourvu qu'il n'y joigne pas le nom de ses anciens patrons. — Trib. comm. Seine, 17 mai 1888, Dupré, [*Ann. prop. ind.*, 92.24]

582. — Quoi qu'il en soit, il est hors de doute qu'un négociant ne peut céder à autrui le droit de se prévaloir de récompenses qu'il a lui-même obtenues. Par une application de cette idée, il a été décidé que le marchand qui a obtenu des récompenses honorifiques pour des actes de son commerce ne peut, en se prévalant de ces distinctions devant le public, se prévaloir en même temps des récompenses de même nature accordées aux marchands en gros dont il a acheté les produits qu'il revend en détail. — Paris, 12 mai 1865, Duval, [S. 65.2.130, P. 65.593, D. 66.2.132]

583. — Spécialement, le boucher qui a obtenu des médailles pour s'être rendu acquéreur d'animaux primés, ne peut se prévaloir des médailles décernées aux éleveurs de ces animaux, de telles médailles étant personnelles et ne pouvant servir qu'à ceux qui les ont obtenues. — Même arrêt.

584. — La règle posée doit d'ailleurs être sainement entendue : ce qui est interdit au bénéficiaire d'une récompense, c'est d'en faire l'objet unique d'un trafic, mais rien ne s'oppose à ce que l'on cède le droit aux récompenses en même temps que la maison de commerce ou d'industrie à raison de laquelle on a obtenu ces mêmes récompenses; il est naturel que les récompenses suivent le sort de la maison à laquelle elles ont été décernées. — Jugé, en conséquence, que l'art. 1, L. 30 avr. 1886, qui interdit le trafic des médailles ou distinctions honorifiques obtenues dans les expositions ou concours, en permettant l'usage non seulement aux titulaires, mais aussi à la maison de commerce en considération de laquelle elles ont été décernées, il s'ensuit qu'en cédant cette maison de commerce, le titulaire peut accessoirement transmettre à son successeur le droit de se prévaloir de ces récompenses. — Cass., 16 juill. 1889, Michaux, [S. 90.1.16, P. 90.1.24, D. 91.1.61] — Trib. corr. Seine, 17 juill. 1890, Anthoine, [J. La Loi, 21-22 juill. 1890] — Trib. comm. Seine, 3 août 1888, Cosse, [Ann. prop. ind., 90.127] — Sic, Allart, n. 157 et 158; Pouillet, n. 530; Dufourmantelle, p. 138; Mayer, loc. cit.; Poulet, p. 7. — V. aussi Bordeaux, 1er juin 1887, Hardy, [D. 87.2.197]

585. — Il est bien entendu, d'ailleurs, que l'acquéreur d'un fonds de commerce n'a pas le droit de faire usage, sur ses prospectus, factures, etc., et contre le gré du vendeur, des médailles et des titres scientifiques conférés à ce dernier. — Paris, 7 mai 1864, sous Cass., 10 avr. 1866, Dorvault, [S. 66.1.251, P. 66.639, D. 66.1.342] — Sic, Dufourmantelle, p. 138.

586. — De même, on doit admettre que lorsqu'il résulte du rapport du jury que tout en récompensant une ,certaine machine, le jury a eu l'intention de décerner le prix à l'exposant personnellement, à raison des perfectionnements par lui apportés à la machine, il peut être interdit aux autres vendeurs de la même machine d'insérer dans leurs prospectus et annonces la mention de la récompense obtenue. — Trib. comm. Seine, 18 déc. 1860, Peltier, [Ann. prop. ind., 61.117]

587. — Dans le cas où la médaille ou récompense a été attribuée à une société, les mêmes solutions doivent encore être admises. — C'est ainsi, notamment, que le successeur seul de la société, autorisé à cet effet, peut employer sur ses produits ou dans ses prospectus les médailles qui ont été décernées à celle-ci. — En conséquence, les médailles obtenues par une société commerciale à une exposition constituant à son profit une propriété intransmissible, les associés sont fondés, en cas de dissolution de cette société, à s'opposer à ce que l'un d'eux continue à s'en prévaloir sur ses prospectus ou cartes de voyage. — Orléans, 3 févr. 1869, B..., [S. 69.2.151, P. 69.711, D. 69.2.109] — Paris, 30 oct. 1890, Trouvé, [La Loi, 8-9 déc. 1890] — Sic, Allart, n. 159; Pouillet, n. 528; Poulet, p. 11.

588. — Bien plus, lorsqu'une société en nom collectif, qui a obtenu à une exposition des médailles et récompenses, est dissoute, et l'actif partagé entre les deux associés, aucun d'eux ne peut, sans contrevenir à la loi du 30 avr. 1886, faire usage dans ses plaques, factures et en tête de lettres, des médailles et récompenses obtenues par la société. — Paris, 30 oct. 1890, Trouvé, [S. 91 2.137, P. 91.1.866]

589. — ... Alors du moins qu'aucun des associés n'est devenu propriétaire du fonds de commerce exploité par la société dissoute. — Même arrêt.

590. — Les associés ne pourraient d'ailleurs, d'un commun accord, déroger, en ce cas, aux dispositions de la loi du 30 avr. 1886, en autorisant l'un d'eux à faire usage des médailles et récompenses obtenues par la société dissoute. — Même arrêt.

591. — Au cas d'usurpation de médailles ou de récompenses, le droit d'intenter l'action en concurrence déloyale appartient tout d'abord à ceux qui ont obtenu des distinctions dans l'exposition où ces médailles ou récompenses auraient été décernées. — Ainsi, l'industriel qui, dans une exposition, a obtenu une médaille de grand module peut se plaindre de ce qu'un autre industriel qui n'a obtenu dans la même exposition qu'une médaille de petit module estampille ses produits comme ayant été honorés d'un premier prix. — Trib. comm. Granville, 23 mai 1889, Rioult, [Gaz. Pal., 90.1, supp. 3] — Sic, Blanc, p. 730; Allart, n. 170; Pouillet, n. 527; Mayer, n. 28; X..., note sous Lyon, 4 mai 1854, [Ann. prop. ind., 65.437]

592. — De même, celui qui, ayant obtenu lui-même des médailles à une exposition, exerce un commerce semblable à proximité d'un marchand qui, à tort, se donne comme ayant aussi obtenu des médailles à cette même exposition, a intérêt, dès lors, action, pour réclamer judiciairement contre les moyens illégitimes employés par ce dernier dans le but de faire concurrence à ses rivaux de commerce. — Paris, 12 mai 1865, précité.

593. — De même encore, l'industriel qui a obtenu une distinction honorifique peut s'opposer à l'usurpation commise par les fabricants de produits similaires non récompensés, et demander la réparation du dommage que lui cause un tel moyen de concurrence. — Bordeaux, 20 déc. 1853, Sandoval, [S. 65.2.129, ad notam, P. 65.591, ad notam, D. 66.2.132] — Lyon, 4 mai 1854, Robert-Werly, [S. et P. ibid., D. 66.2.133] — Sic, Bertin, Ann. prop. ind., 55.1.

594. — Celui qui, dans une annonce contraire à la vérité, se donne à tort comme ayant obtenu, dans une exposition déterminée, une récompense pour certains produits, s'expose à une poursuite en dommages-intérêts de la part de celui qui, dans cette exposition, a obtenu la récompense que le défendeur s'attribue faussement. — Paris, 11 nov. 1859, Callebaut, [Ann. prop. ind., 60.21]

595. — D'une manière plus générale, le fait par un commerçant de s'attribuer faussement sur ses factures une médaille pareille à celle obtenue à une exposition par un autre commerçant, constitue un acte de concurrence déloyale qui le rend passible de dommages-intérêts vis-à-vis de ce dernier. — Cass., 4 mai 1868, Monteux, [S. 68.1.293, P. 68.757, D. 69.1.288]

596. — Le droit d'action ne doit pas être seulement reconnu au profit de ceux qui ont pris part à l'exposition dont une des récompenses est usurpée, mais encore à tous ceux qui, de ce fait, peuvent être blessés dans leurs intérêts légitimes, en un mot, à tous les concurrents du négociant malhonnête. — Jugé, en conséquence, que l'industriel qui, sans avoir même pris part à une exposition, fait figurer dans ses prospectus et annonces la reproduction d'une médaille qui lui aurait été délivrée s'expose à des poursuites en dommages-intérêts de la part non seulement de celui qui a réellement obtenu cette distinction, mais aussi de celle de tous les industriels qui se livrent à l'exploitation du même produit. — Toulouse, 25 mars 1885, Prevost, [Ann. prop. ind., 86.24] — Sic, Allart, n. 174; Pataille, Ann. prop. ind., 65.437; Pouillet, n. 527; X..., note sous Bordeaux, 9 janv. 1865, Durand, [S. 65.2.129, P. 65.591]; Blanc, p. 730; Mayer, loc. cit.

597. — Mais il a été jugé, que l'industriel qui a obtenu à une exposition officielle une distinction honorifique, par exemple, une mention honorable, n'est pas, par cela seul, recevable à demander la suppression, sur l'enseigne et les annonces de fabricants d'objets similaires, de signes tendant à faire croire que ceux-ci ont reçu une récompense analogue lors d'une autre exposition. — Bordeaux, 9 janv. 1865, Durand [S. 65.2.129, P. 65.591, D. 66.2.133]

598. — Le droit de demander la suppression d'une mention inexacte de médailles et de récompenses appartient à celui-là même qui a usé d'un procédé analogue. — Spécialement, si chacun des membres d'une société dissoute se donne comme ayant obtenu en son nom privé une médaille qui a été accordée à l'ancienne société, les tribunaux peuvent, à la demande de l'une d'elles, faire défense aux parties de s'attribuer cette médaille dans leurs annonces et adresses. — Paris, 20 nov. 1846, Ve Isidore Duprey, [P. 46.2.731]

599. — Les différentes questions que peut soulever l'attribution des médailles ou récompenses rentrent, en principe, dans la compétence des tribunaux de l'ordre judiciaire, mais il en est autrement lorsque la difficulté consiste précisément dans l'interprétation de la liste des récompenses qui constitue une sorte d'acte administratif. C'est, dans une telle espèce, que paraît être intervenu un arrêt aux termes duquel l'autorité judiciaire n'a pas à intervenir dans les actes par lesquels le gouvernement ou tout autre corps croit devoir accorder des récompenses; elle n'a pas à déterminer laquelle, entre plusieurs personnes, a un droit exclusif aux récompenses, médailles et distinctions honorifiques. — Bordeaux, 26 févr. 1856, Brousky, [Ann. prop. ind., 57.113]

600. — Jugé, dans le même ordre d'idées, que les prérogatives de membre de la Légion d'honneur, à raison de leur caractère essentiellement personnel et honorifique, sont soumises à des statuts et à des règles qui ne sont pas de la compétence des tribunaux ordinaires; en conséquence, un concurrent ne peut se plaindre de ce que, contrairement aux prescriptions du conseil de l'ordre de la Légion d'honneur, une croix de la Légion d'honneur ait été apposée sur les produits d'une maison dont le chef a été, il est vrai, décoré, mais en une qualité autre que celle de chef de la maison de commerce. — Paris, 19 juin 1891, Picon et Cie, [Ann. prop. ind., 94 79] — V. Pouillet, n. 530; Mayer, n. 28.

601. — Après avoir parlé de l'attribution des récompenses, nous sommes tout naturellement amené à nous occuper de la publication du rapport du jury : pour nous, une telle publication, écourtée et tronquée, n'est point répréhensible en soi; nous admettons, en principe, que tout négociant a le droit de faire connaître à ses clients tout ce qui est de nature à le faire mieux apprécier, pourvu qu'il reste dans les limites de la vérité et qu'il ne se serve pas de ce moyen pour dénigrer ses concurrents. —

En conséquence, nous admettons qu'on ne saurait considérer comme un acte de concurrence déloyale le fait de la part d'un commerçant de publier une partie du rapport de la classe de l'exposition universelle concernant son exposition, alors qu'il n'en résulte aucune intention de dénigrement ou de confusion à l'encontre d'aucun de ses concurrents et que la partie reproduite du rapport n'attribue à ce commerçant aucun mérite exclusif de ceux des autres négociants. — Paris, 8 mars 1894, Lippmann et Cᵢᵉ, [J. *Le Droit*, 7 et 8 mai 1894, J. *La Loi* 1ᵉʳ juin 1894]

602. — Jugé, dans le même sens, mais avec une appréciation de la conduite de l'exposant qui était inutile et qui nous paraît erronée, que le commerçant qui publie un rapport de classe d'une exposition en y omettant de parti pris le nom de ses concurrents commet un acte incorrect et blâmable, mais qui ne peut constituer un fait de concurrence déloyale. — Trib. comm. Seine, 12 oct. 1892, Lippmann et Cᵢᵉ, [*Gaz. Pal.*, 92.2.518]

603. — Les lois sur la pharmacie, dit M. Allart (n. 161), ne permettent que la vente des remèdes inscrits au codex, des remèdes magistraux, c'est-à-dire préparés suivant l'ordonnance d'un médecin et des remèdes approuvés par l'académie de médecine. Tout médicament qui ne rentre pas dans l'une de ces trois catégories est réputé remède secret et sa vente est interdite. L'approbation d'un remède par l'Académie de médecine indique donc simplement que le remède peut être librement vendu; aussi, semble-t-il que tout pharmacien qui fabrique ce produit est libre de reproduire cette approbation. — Jugé, en ce sens, que comme l'approbation donnée par l'académie de médecine est toujours donnée à la formule ou au mode de préparation d'un médicament et n'est pas personnelle à l'inventeur, toute personne qui fabrique le produit d'après la formule approuvée est en droit de rappeler l'approbation obtenue, pourvu que la mention qu'il en fait soit accompagnée de quelque indication propre à prévenir toute erreur sur la provenance du produit. — Cass., 26 juill. 1873, Torchon, [*Ann. prop. ind.*, 77.226]

604. — Certains auteurs ont cependant admis l'opinion contraire; pour eux, le droit de reproduire l'approbation de l'Académie de médecine n'appartiendrait qu'à celui qui le premier a soumis le médicament à l'examen de l'Académie; « l'inventeur d'un médicament, dit-on, ne peut être protégé par un brevet et notre loi, dans l'intérêt de la santé publique, refuse tout privilège en cette matière. L'inventeur n'a d'autre ressource que de présenter sa découverte à l'académie de médecine et d'obtenir son approbation. Il est donc bien juste qu'elle lui reste. C'est le moins qu'on puisse faire » (Pouillet, n. 531). On ajoute que, depuis la loi de 1886, la question ne peut plus faire doute puisque son art. 3 punit, d'une manière générale et sans aucune réserve, le fait de se prévaloir sans droit de distinctions ou approbations accordées par les corps savants ou les sociétés scientifiques. — Allart, n. 161.

605. — Ce système doit être écarté; il est contraire à l'intention du législateur qui, dans un but de santé publique, a cru devoir interdire la délivrance de brevet aux inventeurs de médicament; il a agi ainsi, estimant, qu'aussitôt connu, un remède nouveau devait être mis à la portée de tous, pour que tous au besoin puissent immédiatement en sentir les précieux effets; ce serait agir contre cette pensée du législateur que de ne permettre qu'à un seul pharmacien de reproduire l'approbation donnée par l'Académie de médecine; ce serait, en effet, le plus souvent, monopoliser en fait entre les mains d'un seul la fabrication du remède nouveau; quant à l'argument tiré de la loi de 1886, il est déjà détruit par avance puisque l'art. 3 de cette loi ne s'applique qu'à celui qui, *sans droit*, se sert d'une approbation donnée par un corps savant, et que l'on vient précisément d'établir que tout intéressé peut faire figurer sur ses produits la mention dont il s'agit.

606. — Jugé encore, dans un système intermédiaire, que la reproduction des mots « approuvé par l'académie de médecine » ne peut former à elle seule le principe d'une action; elle ne peut être appréciée que comme un élément de confusion qui, joint à d'autres, peut donner naissance à une action en dommages-intérêts. — Cass., 16 avr. 1878, Torchon, [D. 79.1.169]

607. — On doit admettre d'ailleurs, mais la question n'est plus la même que dans les espèces précédentes, que lorsqu'il est manifeste que des appréciations, émanées de médecins connus et concernant un certain produit, s'appliquent à ce produit tel qu'il est fabriqué par un pharmacien déterminé, les confrères de

celui-ci ne peuvent, sous peine de dommages-intérêts, reproduire ces appréciations dans leurs prospectus et circulaires, du moment où il pourrait en résulter une confusion entre les produits de ces diverses officines. — Trib. comm. Seine, 20 mai 1858, Fournier, [S. 61.2.151, *ad notam*]

608. — De même, la publication d'un article annonçant un fait faux, une prétendue approbation donnée par une faculté étrangère, en l'espèce, constitue un acte de concurrence déloyale, dont la répression peut être poursuivie par chacun de ceux qui se livrent à un commerce similaire. — Trib. Seine, 8 févr. 1877, Goguez, [*Ann. prop. ind.*, 77.17] — V. Allart, n. 187; Pouillet, n. 664 *bis*.

609. — Les journaux qui ont publié de tels articles ont, s'ils sont poursuivis à raison de ce fait, un recours en garantie contre le bénéficiaire de ces annonces et réclames. — Même jugement.

610. — Rappelons à ce sujet qu'un savant peut agir en dommages-intérêts contre l'industriel qui, sans autorisation préalable, place sous son patronage les produits qu'il débite en les présentant au public, comme ayant été l'objet des travaux et des observations de ce savant. — Trib. Seine, 22 juill. 1876, Lissonde, [*Ann. prop. ind.*, 79.75]

611. — Jugé, dans le même ordre d'idées, que la compagnie fermière de Vichy a seule le droit d'indiquer sur ses marques et étiquettes la mention : contrôle de l'État, puisque c'est uniquement dans l'établissement thermal de Vichy qu'un commissaire du gouvernement est chargé, d'après les règlements en vigueur, d'exercer un véritable contrôle en surveillant les opérations relatives à la mise en bouteilles des eaux destinées à l'exportation et en délivrant une lettre de voiture signée de lui qui certifie l'origine de l'eau expédiée, la source d'où elle provient et le nombre de bouteilles contenues dans l'envoi; il y a donc concurrence déloyale de la part du propriétaire d'une source, voisine de celle de la compagnie fermière, qui, en vue de créer une confusion, inscrit dans ses étiquettes la mention suivantes : « propriété privée, contrôlée par l'État ». — Trib. Seine, 8 mai 1894, Cᵢᵉ fermière de Vichy, [J. *La Loi* du 9 mai 1894]

612. — Il importe peu qu'aux termes de l'ordonnance du 18 juin 1823, tous les établissements qui livrent des eaux minérales à la consommation soient soumis à l'inspection de l'État. — Même jugement.

613. — *b) Usurpation de qualités.* — *Agréé, notaire, vétérinaire, seul dépositaire*, etc., etc. — Dans les professions réglementées, ceux qui sont autorisés régulièrement à exercer cette industrie peuvent faire condamner à des dommages-intérêts ceux qui, non régulièrement autorisés, leur font une concurrence illicite. — V. notes sous Lyon, 24 déc. 1883, Julien et autres, [S. 85.2.41, P. 85.1.309] et de M. X..., sous Cass., 15 juill. 1889, Cotty, [S. 91.1.521, P. 91.1.1273] — Pouillet, n. 522.

614. — Ainsi, comme le droit de vendre certaines denrées et marchandises à la criée dans un marché public n'appartient qu'aux facteurs municipaux qui en sont demeurés adjudicataires, d'autres personnes peuvent sans doute se dire facteurs libres, mais elles ne peuvent, dans leurs annonces, faire suivre cette qualité d'aucune mention de nature à faire croire qu'elles ont le droit de vendre à la criée dans le marché public; toute contravention de leur part les expose à une action en concurrence déloyale de la part des facteurs municipaux. — Lyon, 23 juin 1887, [*Monit. Lyon*, 27 déc. 1887]

615. — De même, comme la qualification de vétérinaire est réservée par l'ordonnance du 18 sept. 1823, à ceux qui ont obtenu, dans les conditions qu'elle détermine, un diplôme de vétérinaire, l'usurpation de cette qualification, si elle ne constitue pas un délit, peut néanmoins constituer un fait de nature à porter préjudice à autrui, notamment aux vétérinaires diplômés, résidant dans la même localité, et obliger celui qui en est l'auteur à une réparation. — Pau, 22 nov. 1881, Isaac, [*Ann. prop. ind.*, 85.286] — Toulouse, 22 déc. 1886, Buscaillon, [*Ann. prop. ind.*, 89.464] — Sic, Allart, n. 184.

616. — Toutefois, on ne saurait considérer comme tel le fait par un maréchal-ferrant de prendre comme enseigne la dénomination de maréchalerie-vétérinaire. — Toulouse, 22 déc. 1886, précité.

617. — Jugé encore que si les associés d'un agent de change dont le titulaire a vendu la charge pour le compte commun, peuvent créer une maison de banque et y faire toutes les opérations que comporte l'exploitation régulière d'une telle maison, ils commettent un acte de concurrence déloyale s'ils font des actes réservés aux agents de change ou s'ils laissent croire qu'ils se livrent à des opérations de ce genre, dans des circulaires conçues de façon à attirer la clientèle de la charge précédemment vendue. — Rennes, 16 déc. 1889, [*Rec. Nantes*, 89.1.380]

618. — Au surplus, pour qu'il y ait concurrence déloyale, il faut, dans cette espèce comme dans toutes les autres, qu'une confusion soit possible. — Aussi, a-t-il pu être jugé que des commissaires-priseurs ne peuvent se plaindre de ce qu'un marchand de meubles, dont le magasin est proche de l'endroit où les commissaires-priseurs procèdent à leurs ventes, aurait apposé sur sa devanture l'inscription « salle de vente ». — Trib. comm. Marseille, 17 déc. 1886, [*Rec. Marseille*, 88.2.104]

619. — De même, celui qui, dans une ville déterminée, a été l'agent spécial d'une compagnie de chemin de fer, peut, après la résiliation de son traité, fonder, près du bureau de la compagnie, une entreprise de transports, sous le titre de : Agence générale de transports pour tous les chemins de fer. Cette dénomination générale, applicable à toutes les industries de transports par camionnage, ne saurait être considérée comme une usurpation de qualité. — Trib. comm. Seine, 8 sept. 1859, Chemin de fer de l'Est, [*Ann. prop. ind.*, 59.418]

620. — Dans les professions réglementées, le monopole reconnu à certaines personnes qui remplissent certaines conditions déterminées ne les défend point seulement contre les entreprises de tiers quelconques, mais il a encore parfois pour résultat de les garantir, dans une circonscription territoriale donnée, contre toute concurrence de la part de leurs collègues établis dans d'autres endroits. — Spécialement, les notaires doivent, entre eux, s'abstenir de toute concurrence déloyale, et n'exercer leurs fonctions que dans l'étendue du ressort qui leur est imparti par la loi du 25 vent. an XI. — Angers, 23 déc. 1890, Mellet, [*Gaz. Pal.*, 91.1.52]

621. — Néanmoins, le notaire qui obéit à un mandat de justice ne peut être considéré comme se livrant à une concurrence de cette nature, et particulièrement le reproche de concurrence déloyale ne peut être adressé à un notaire ne résidant pas au siège d'une cour d'appel qui, à ce commis par justice, procède dans son ressort à la vente par adjudication publique d'immeubles situés dans un arrondissement voisin, mais à une distance très-rapprochée de son domicile. — Même arrêt.

622. — Jugé encore que si le notaire qui procède à une adjudication d'immeubles hors de son ressort, sans en dresser acte authentique, peut, suivant les circonstances, être passible de peines disciplinaires pour avoir fait une concurrence déloyale aux notaires de la localité, et avoir manqué aux règles de la délicatesse et de la dignité du notariat, il ne peut du moins être considéré comme ayant instrumenté hors de son ressort, et être frappé des peines applicables à ce cas. — Cass., 21 mai 1873, X..., [S. 73.1.275, P. 73.667, D. 73.1.225]

623. — Dans l'ordre d'idées où nous sommes actuellement placés, il peut encore, suivant les circonstances, y avoir concurrence déloyale, dans le fait de celui qui, remplissant une fonction réglementée par la loi, ne réclame pas à ses clients la somme fixée par les tarifs. Ainsi l'engagement pris par un notaire envers un client, de ne réclamer aucun honoraire pour la rédaction d'un acte, est licite et obligatoire, sauf la responsabilité disciplinaire pouvant en résulter pour lui au cas de concurrence déloyale ou de manquement à la dignité professionnelle. — Alger, 30 déc. 1886, Prax et Walter Hope, [*Rev. alg.*, 87.2.263; *Robe*, 87.353]

624. — Toute personne peut en principe représenter les tiers devant les tribunaux de commerce; on ne peut donc pas dire qu'il y ait un monopole des agréés. En conséquence, il a pu être jugé que si l'on comprend que certaines corporations, revêtues d'un monopole comme celles des courtiers et des avoués, soient toujours recevables et fondées à se plaindre de l'usurpation de leurs titres par des courtiers marrons et par des postulants, il n'en saurait être ainsi à l'égard des agréés, en présence des termes de l'art. 627, C. comm., et 414, C. proc. civ., qui, laissant les plaideurs maîtres absolus de confier leurs intérêts à tous mandataires, qu'ils soient ou ne soient pas agréés, ne donnent aux agréés le droit de se plaindre de l'usurpation de cette qualité par un tiers que s'ils démontrent qu'ils en ont éprouvé individuellement un préjudice. — Trib. Lyon, 30 janv. 1886, Agréés de Lyon, [*Ann. prop. int.*, 89.63] — *Sic*, Allart, n. 185.

625. — Sous certaines distinctions dont l'étude ne nous appartient pas (V. *Rép. du dr. fr.*, v° *Commune*, n. 842 et s.), l'autorité municipale peut accorder certaines concessions; en ce cas, il peut y avoir un véritable monopole garanti, ainsi qu'il vient d'être dit, contre toute usurpation de la part des tiers. Décidé, à ce sujet, que la partie qui a obtenu d'une ville une concession est recevable à agir directement contre tout autre concessionnaire auquel elle reproche d'empiéter sur son droit et de lui faire une concurrence déloyale. — Trib. comm. Seine, 19 mars 1894, C⁰ générale des Omnibus, [J. *Le Droit*, 11 avr. 1894]

626. — Spécialement, les propriétaires de voitures de place, autorisés par la concession que leur a accordée l'autorité municipale, à transporter toutes sortes de colis et à se faire payer le prix de ce transport, peuvent demander des dommages-intérêts au concessionnaire d'un service d'omnibus et tramways qui, contrairement aux dispositions d'un arrêté municipal, reçoit certains colis dans ses voitures, avec ou sans rétribution de la part des voyageurs. — Trib. Toulouse, 30 nov. 1893, [J. *La Loi*, 1ᵉʳ mai 1894]

627. — Remarquons, à cet égard, avec le jugement de Toulouse, que ces propriétaires de voitures de place auraient été sans qualité pour poursuivre la réparation pécuniaire du dommage par eux éprouvé, si leur action s'était basée uniquement sur la contravention de la part du concessionnaire des omnibus et tramways aux règles de la concession; les communes n'ont pas, en effet, par elles-mêmes le droit d'obtenir des dommages pour les diverses infractions commises aux arrêtés municipaux pris pour réglementer certaines industries; mais la solution change lorsqu'on remarque que la demande reposait non pas sur de prétendues contraventions mais sur un fait de concurrence illicite; si c'est la contravention commise qui imprime à ce fait son caractère illicite, ce n'est point de cette contravention, mais bien de la concurrence à eux faite, que procède le préjudice invoqué par les concessionnaires. — Même jugement.

628. — Quoi qu'il en soit, on doit admettre que commet une concurrence illicite et déloyale l'industriel qui met en circulation, dans un rayon dont l'exploitation exclusive a été régulièrement et valablement concédée à un autre industriel, des voitures tramways pareilles à celles de celui-ci et sollicite les voyageurs d'y monter. — Montpellier, 10 juin 1892, T. C. et C⁰, [*Monit. jud. du Midi*, 7 août 1892]

629. — De même, offre tous les éléments de la concurrence déloyale et autorise l'allocation de dommages-intérêts le fait souverainement constaté à la charge d'une compagnie de tramways d'avoir : 1° contrevenu pendant un temps déterminé, presque constamment et de parti pris, aux conditions de son cahier des charges, en dépassant le maximum de sa vitesse réglementaire, dans le but unique de faire naître une confusion entre elle et une compagnie de chemins de fer exploitant le même parcours et de détourner une partie de ses voyageurs; 2° d'avoir ainsi causé à la compagnie rurale un préjudice appréciable d'après les documents de la cause. — Cass., 30 janv. 1894, C⁰ des tramways de Bayonne à Biarritz, [*Gaz. des trib.*, 31 janv. 1894]

630. — Rappelons encore que si la concession des fournitures nécessaires au service et à la pompe des funérailles doit, en principe, être faite par voie d'adjudication aux enchères publiques, l'inobservation de ce mode de procéder n'emporte pas cependant nullité de la concession. — Cass., 10 mai 1870, Société des Pompes funèbres de Paris, [S. 70.1.239, P. 70.620, D. 71.1.10] — Paris, 17 août 1869, Vaillard, [S. 69.2.330, P. 69.1285]

631. — En tous cas, l'irrégularité résultant de cette inobservation est couverte par l'exécution volontaire et l'approbation de l'autorité supérieure. — Cass., 10 mai 1870, précité.

632. — Par suite, l'action en dommages-intérêts pour concurrence illicite formée par le concessionnaire contre un tiers ne peut être écartée sous prétexte que la concession aurait été faite de gré à gré; il suffit qu'elle ait été approuvée par l'autorité compétente. — Paris, 17 août 1869, précité.

633. — Il est permis de rapprocher des espèces qui précèdent celles dans lesquelles certains négociants usurpent certaines qualités qu'ils ne possèdent réellement pas; il en est ainsi notamment des titres honorifiques. Notamment, le pharmacien qui, dans ses annonces, se donne comme membre de l'Académie nationale peut, à la demande de chacun de ses collègues, être contraint d'y joindre tels qualificatifs qu'il est nécessaire pour ne pas induire le public en erreur et lui faire croire à tort qu'il est membre de l'Académie de médecine. — Trib. comm. Seine, 20 mai 1858, Fournier, [S. 61.2.151 *ad notam*] — *Sic*, Allart, n. 186 et 187.

634. — De même, il y a concurrence déloyale à se donner

comme fournisseur de telle ou telle ambassade étrangère, alors que cette qualité appartient exclusivement à une autre maison. — Trib. comm. Seine, 25 mars 1858, Schorthose, [*Ann. prop. ind.*, 58.255] — *Sic*, Pouillet, n. 520.

635. — Le titre de fournisseur de telle ou telle majesté, de telle ou telle ambassade peut, d'ailleurs, être retiré par celui qui l'a conféré et l'industriel qui fait encore figurer cette qualité dans ses papiers de commerce après qu'il l'a perdue commet un acte de concurrence déloyale. — Trib. Seine, 7 janv. 1841, O'Grady, [J. *Le Droit*, 9 janv. 1894] — *Sic*, Allart, n. 186.

636. — Rappelons encore qu'un commerçant est en droit d'actionner un autre commerçant à l'effet de lui faire interdire d'annoncer qu'il est le seul préparateur d'un produit, alors qu'il est constant que d'autres préparent et vendent le même produit. — Trib. comm. Seine, 20 mai 1858, précité. — Trib. comm. Tours, 11 juil. 1890, Baudin, [*Gaz. des trib.*, 31 août 1890] — *Sic*, Allart, n. 179; Pouillet, n. 621.

637. — De même, les négociants qui vendent les produits des carrières d'une certaine contrée ont une action contre un concurrent qui se dirait faussement, dans ses circulaires et prospectus, seul propriétaire des principales carrières de cette contrée. — Paris, 10 févr. 1852, N..., [S 61.2.151, *ad notam*]

638. — Il y a concurrence déloyale de la part de celui qui, contrairement à la vérité, annonce qu'il est le seul constructeur dont les machines ont été admises à telle ou telle exposition. — Paris, 4 août 1863, Callebaut, [Teulet, 63.261]

639. — Le dépositaire diffère du simple débitant, en ce sens, qu'il a été choisi par le fabricant; cette circonstance inspire aux acheteurs une confiance plus grande : aussi, arrive-t-il parfois que l'usurpation porte sur cette qualification, ce qui constitue alors une véritable concurrence déloyale. — Trib. comm. Seine, 22 avr. 1854, Chanel, [*Gaz. des trib.*, 24 avr. 1854] — *Sic*, Allart, n. 180; Pouillet, n. 471 et s., 518; Blanc, *Prop. ind.*, n. 151; Rendu, n. 493; Blanc, p. 730.

640. — Spécialement, un libraire est en droit de demander qu'il soit interdit à un autre libraire de prendre mensongèrement le titre de seul dépositaire d'un ouvrage édité par un tiers. Et cela, alors même que le propriétaire ou éditeur de l'ouvrage n'élève à ce sujet aucune réclamation et a autorisé les libraires acheteurs à prendre tout titre qui leur conviendrait. — Dijon, 13 août 1860, Buyer, [D. 61.2.151, P. 61 700, D. 61.5.394]

641. — Comme aux termes de l'art. 1, L. 15 mars 1873, tous les marchands en détail qui en faisaient la demande étaient autorisés à faire le débit des allumettes, sous la seule condition de se soumettre aux règlements généraux de l'État et à ceux de la compagnie concessionnaire approuvée par l'État et qu'aucun texte ne permettait de subordonner la délivrance de ces autorisations à l'obligation pour le commerçant de s'adresser à un intermédiaire déterminé, commettait un acte de concurrence déloyale, un tel intermédiaire, commerçant, dans une localité déterminée, qui se donnait comme représentant exclusif de la compagnie concessionnaire. — Paris, 8 déc. 1886, Quentin fils et Georget, [*Ann. prop. ind.*, 87.90]

642. — Le négociant qui se plaignait de tels agissements ne pouvait, sans s'exposer à une même responsabilité, publier de prétendues annonces rectificatives dans lesquelles il laissait entendre non pas que la compagnie des allumettes ne pouvait avoir de concessionnaire unique, mais qu'il continuait, comme par le passé, à être le dépositaire unique de cette compagnie. — Même arrêt.

643. — Le négociant auquel le dépositaire d'un certain objet a concédé le droit exclusif de le vendre dans une certaine circonscription peut agir contre son cédant pour faire cesser les faits de concurrence déloyale dont il est la victime de la part d'un tiers. — Trib. comm. Seine, 21 juin 1878, Florent-Christophe, [*Ann. prop. ind.*, 78.135]

644. — L'action peut être portée devant le tribunal du domicile du fabricant ou dépositaire et celui-ci peut, devant ce même tribunal, appeler en garantie le tiers inculpé, alors que les faits de concurrence se sont, pour la plupart, passés dans le ressort du tribunal du domicile. — Même jugement.

645. — Il doit être bien entendu que les observations qui précèdent n'influent en rien sur la faculté que possède tout négociant de faire connaître toutes les circonstances de nature à bien faire apprécier l'importance de ses établissements ou l'excellence de ses produits. Ainsi, le fabricant qui a fourni toutes les vitres de l'Exposition universelle de 1878 peut mettre sur ses factures et papiers de commerce : fabrication totale des verres à vitres du palais de l'Exposition universelle de 1878. — Paris, 20 mars 1880, [Teulet, 80.203]

646. — De même, ne constitue pas un acte de concurrence déloyale le fait par un commerçant d'annoncer qu'il détient des produits d'une certaine marque, alors que, dans la même ville, une autre personne est la concessionnaire exclusive des produits portant cette marque, si, d'ailleurs, ce commerçant détient véritablement de semblables produits. — Trib. comm Romans, 26 août 1885, S., [*Ann. prop. ind.*, 88.144]

647. — Il est aussi permis d'envoyer au public des prospectus contenant le libellé d'un exploit fondé sur un jugement du tribunal de commerce, déclaré exécutoire nonobstant appel et énonçant que l'auteur de ces prospectus a seul le droit de vendre certaines machines d'un certain modèle. — Paris, 16 mars 1889, [*Droit industriel*, 89.363]

648. — Il a même été décidé qu'il ne saurait y avoir concurrence déloyale à se présenter comme seul fabricant vendant directement au consommateur ou comme seul susceptible de garantir la marchandise comme le fabricant lui-même; on ne fait, dans ce cas, que vanter la qualité de ses marchandises dans le but d'obtenir la préférence sur ses concurrents, sans d'ailleurs désigner aucun de ceux-ci ni directement ni indirectement. — Trib. comm. Seine, 20 janv. 1888, Blum, [*Ann. prop. ind.*, 90.102]

649. — Mais il a été décidé, à juste raison, que s'il est permis à un commerçant de publier des jugements qui consacrent les droits qu'il a intérêt à faire valoir dans l'intérêt de son négoce, on doit cependant constater qu'il excède son droit et qu'il commet un acte de concurrence déloyale, si, après avoir été relevé d'une poursuite pour contrefaçon, à raison de ce que le brevet du poursuivant était nul pour défaut de nouveauté, il publie des annonces conçues de manière à dénaturer le jugement intervenu et particulièrement à faire croire que cette décision avait validé son propre brevet alors qu'il était infecté du même vice que celui du poursuivant. — Besançon, 5 févr. 1874, Jeantet-David, [D. 77.2.170]

650. — En tous cas, il est incontestable qu'un breveté peut prendre cette qualité, pourvu, d'ailleurs, qu'il observe les conditions spéciales prescrites par l'art. 31, L. 5 juill. 1844 (V. *Rép. du dr. fr.*, v° *Brevet d'invention*, n. 1265 et s.). Mais ce droit a des limites. Aussi, le cessionnaire du droit exclusif de vente d'une machine qui se fabrique suivant plusieurs types dont un seul est encore breveté, se rend coupable de concurrence déloyale lorsque, dans ses circulaires, il indique comme brevetés les divers types de la machine dont il reproduit des spécimens, sans indiquer les dates des brevets, et qu'il menace de poursuite quiconque se livrerait à l'exploitation de cette machine. — Douai, 20 mars 1886, Brasseur, [*Ann. prop. ind.*, 86.309] — *Sic*, Allart, n. 176; Pouillet, n. 516; Mayer, n. 24.

651. — c) *Rabais et promesses de rabais.* — Il y a lieu, tout d'abord, lorsqu'on recherche si la vente au rabais ou la promesse de vente au rabais constitue ou non un acte de concurrence déloyale, de rappeler le grand principe de la liberté du commerce et de l'industrie qui domine toute la question, bien que, malheureusement, il ait été parfois un peu perdu de vue dans la discussion. Il est donc essentiel de partir de cette idée que chacun est libre, en thèse générale, de vendre au prix qui lui convient; ce n'est que par exception qu'un rabais réellement consenti peut constituer un acte de concurrence déloyale. — V. cep. L. 25 juin 1841, qui interdit de vendre les marchandises neuves aux enchères publiques.

652. — C'est ainsi qu'un fabricant est libre de vendre même à perte; ses concurrents ne peuvent se plaindre de ses agissements, à moins que, par une allusion faite à leur prix de vente, il ne les mette directement en cause; nous reviendrons plus tard sur cette exception; hors ce cas, ceux-ci ne pourraient invoquer un prétendu accord intervenu entre les fabricants d'un même produit en vue de maintenir son prix à un certain taux, puisque cette convention est illicite en soi (V. *Rép. du dr. fr.*, v° *Coalition*). — Allart, n. 201; Pouillet, n. 626; Bert, p. 91; Joret-Desclozières, *Moniteur des tribunaux*, 1864, p. 377.

653. — La situation n'est pas absolument la même, si l'on suppose qu'il s'agit non plus de la vente de ses produits par un fabricant, mais de la vente de marchandises par un commerçant. En ce cas, il n'est plus vrai de dire qu'il n'y a qu'un seul intéressé en cause; les droits de celui qui a fabriqué les objets que vend le commerçant sont légitimes en soi ; ce dernier peut-il vendre à bas prix ? Ne peut-on pas craindre qu'il jette, aux yeux de certains acheteurs, une sorte de discrédit sur les marchandises ou qu'il n'en arrive à forcer le fabricant à baisser lui-même ses prix pour permettre aux autres négociants de continuer à s'alimenter chez lui ? Ces considérations sont sérieuses, mais elles ne nous paraissent pas assez puissantes pour faire échec au grand principe de la liberté du commerce et de l'industrie. — Allart, n. 202 ; Ruben de Couder, v° *Concurrence déloyale*, n. 117.

654. — Toutefois, il est permis de leur reconnaître un certain effet, en admettant comme valable une condition que stipule parfois le fabricant et qui consiste, de la part du commerçant, à ne pas revendre au-dessous d'un certain prix. — Allart, *loc. cit.* — V. Paris, 9 mars 1867, Millaud et Cⁱᵉ, [*Ann. prop. ind.*, 68. 109]

655. — Ne commet donc pas de concurrence déloyale, en l'absence de tout accord sur ce point, le négociant qui vend des produits d'une marque connue au-dessous de leur prix de revient. — Bordeaux, 21 juill. 1890, [*Rec. Bordeaux*, 90.1.476]

656. — On ne saurait non plus contester à un acheteur le droit d'afficher et de revendre à un prix quelconque la marchandise qu'il a achetée et payée, alors que le vendeur n'a fait aucune réserve pour lui enlever cette faculté. — Paris, 2 déc. 1869, Lamoureux et Chouet, [*Ann. prop. ind.*, 70-71.60]

657. — Le commerçant qui achète, moyennant une remise, une certaine quantité des produits d'un fabricant pour les revendre en détail, a le droit, s'il n'a pas pris un engagement contraire, de vendre ces produits au-dessous du tarif du fabricant, même en faisant connaître le nom de ce fabricant ; il n'y a pas là manœuvre de concurrence déloyale pouvant motiver une demande en dommages-intérêts. — Bordeaux, 28 mai 1864, Christolle, [S. 64.2.508, P. 64.1183]

658. — … Et un engagement contraire, à cet égard, ne saurait résulter de la demande faite au fabricant de son propre tarif. — Même arrêt.

659. — On ne saurait dire qu'il y ait concurrence déloyale dans le fait d'acheter, par des intermédiaires complaisants, la marchandise d'une maison rivale pour la revendre, même à un prix inférieur, alors d'ailleurs qu'aucun changement n'a été apporté au nom du fabricant, et que celui-ci a obtenu le bénéfice qu'il entend ordinairement se réserver. — Trib. comm. Seine, 17 févr. 1887, Pilter, [*Dr. industr.*, 87.252 ; *Gaz. des trib.*, 12 mars 1887]

660. — La question qui nous occupe s'est maintes fois posée dans le commerce des livres ; après quelques hésitations, la jurisprudence s'est prononcée dans le sens de l'opinion par nous adoptée. Ainsi, il a été jugé que les acquéreurs de bonne foi d'ouvrages, neufs ou anciens, ont le droit de les offrir en vente aux conditions qu'il leur convient d'établir, et notamment à un prix inférieur à celui auquel l'éditeur a l'habitude de les vendre. — Trib. comm. Seine, 27 janv. 1873, Victor Palmé, [*Ann. prop. ind.*, 73.239]

661. — … Que l'annonce d'une vente de volumes à un prix inférieur à celui fixé ne constitue pas un acte de concurrence déloyale, alors même qu'elle porterait sur des volumes qui n'auraient pas encore paru, du moment où elle émane de personnes dont le commerce consiste à vendre au rabais des livres achetés dans des ventes publiques, ou de gré à gré après entente avec les propriétaires de ces livres. — Paris, 8 févr. 1875, Palmé, [D. 75.2.148]

662. — On ne saurait reprocher à un libraire une vente de livres faite au rabais lorsqu'il établit que l'éditeur lui-même a diminué les prix de vente, et que c'est uniquement pour écouler les exemplaires dont il était encore propriétaire qu'il a agi de la sorte. — Trib. comm. Seine, 19 mai 1858, Jannet, [*Ann. prop. ind.*, 58.302] — V. cep. Trib. comm. Nevers, 26 nov. 1883, Michot, [*Ann. prop. ind.*, 88.139]

663. — Mais ce n'est là qu'une décision isolée, et la règle posée reçoit constamment son application. Ainsi, il a été jugé que l'ancien employé d'une maison a le droit de lier des relations avec les clients de son ancien patron, sous la condition qu'il ne se livrera pas à des agissements condamnables contre ce dernier, en dépréciant notamment les marchandises et produits de la maison qui ne l'emploie plus. — Toulouse, 3 févr. 1894, Bellières, [*Gaz. trib. Midi*, 4 mars 1894]

664. — Cet employé a le droit indéniable de vendre sa marchandise à un prix inférieur, et ce n'est là que l'application du principe de la liberté du commerce et de l'industrie. — Même arrêt.

665. — Ce n'est pas à dire, d'ailleurs, que cette règle ne doive pas recevoir parfois certaines exceptions. L'une d'elles se produit lorsque la vente au rabais est accompagnée de certaines manœuvres, répréhensibles en soi, et dont l'effet se trouve ainsi renforcé et corroboré. Ainsi, il a pu être jugé que le fait de chercher, en annonçant une publication dont la préparation n'est pas encore commencée, à paralyser la vente d'un livre analogue précédemment édité par un confrère, le fait de publier clandestinement une note critique et diffamatoire contre l'ouvrage d'un auteur dans l'intérêt d'une publication rivale, d'imprimer des avis à sens équivoque, défavorables à son concurrent, d'annoncer au rabais une publication rivale, constituent des actes répréhensibles de concurrence déloyale. — Sent. arbitr., 23 sept. 1857, Belin, [*Ann. prop. ind.*, 62.326] — Sic, Allart, n. 202.

666. — De même, s'il est vrai que tout libraire ait le droit de mettre en vente, au-dessous du prix auquel l'éditeur lui-même le livre au public, un ouvrage qu'il annonce comme étant d'occasion, il ne peut lui être permis, par une appréciation malveillante de cet ouvrage, de le déprécier aux yeux des acheteurs, alors d'ailleurs qu'éditeur lui-même d'un livre similaire, il a agi en vue de faciliter la vente de celui-ci. — Trib. comm. Seine, 15 mai 1856, Ganne, [*Ann. prop. ind.*, 56.157]

667. — Par une nouvelle exception à la règle posée, la vente au rabais n'est permise qu'aux commerçants qui n'ont recouru à aucun moyen malhonnête pour se procurer eux-mêmes à bas prix les objets qu'ils exposent en vente. Ainsi, celui qui, par des subterfuges blâmables, a obtenu à très-bas prix une certaine quantité des produits d'un de ses concurrents et les met en vente avec une baisse sensible sur leur prix ordinaire commet un fait de concurrence déloyale, alors surtout qu'il a essayé de discréditer ces produits par de malveillantes critiques. — Besançon, 25 avr. 1877, Millot, [*Ann. prop. ind.*, 77.152]

668. — L'annonce d'un rabais est légitime en principe dans les cas même où celui-ci est légitime, mais il est bien évident qu'elle perd ce caractère lorsqu'elle est purement mensongère. C'est ainsi, notamment, que des dommages-intérêts peuvent être prononcés contre les magasins de déballage qui, à tort, se donnent comme vendant des marchandises provenant de faillite de liquidation, ou de saisie. La concurrence déloyale peut, en effet, revêtir des formes multiples, et résulter notamment de la publication d'annonces, de la distribution de prospectus contenant des énonciations inexactes, mensongères, de nature à détourner la clientèle de certains concurrents ou d'une manière générale à nuire à leurs intérêts. — Trib. comm. Angers, 1ᵉʳ juin 1891, Chambre syndicale des cordonniers d'Angers, [*Gaz. des trib.*, Pal., 91.2.298] — Sic, Allart, n. 203.

669. — Spécialement, il y a concurrence déloyale lorsqu'un marchand, de passage dans une ville, dans des insertions faites, dans des placards apposés, dans des prospectus distribués par lui, exagère démesurément la valeur des marchandises mises en vente, indique faussement qu'elles proviennent de la liquidations de fabrique et d'importantes maisons forcées de réaliser à bref délai un stock considérable et qui, par suite, l'ont autorisée à tout vendre avec une perte réelle de 75 p. 0/0. — Même jugement.

670. — … Dans le fait de celui qui s'étant rendu acquéreur d'un fonds de commerce, dont l'ancien propriétaire avait été remis à la tête de ses affaires après avoir été déclaré en état de liquidation judiciaire, s'arrange de façon à faire croire par des annonces que l'état de liquidation se prolonge encore. — Orléans, 9 déc. 1891, Lévy et Carnaud, [J. *Le Droit* du 23 déc. 1891 ; *Gaz.*, 13 janv. 1892]

671. — Il en est ainsi, alors surtout que le cessionnaire a ajouté au stock des marchandises formant l'actif de la prétendue liquidation judiciaire, des quantités importantes de marchandises d'une autre provenance. — Même arrêt.

672. — Commet encore un acte répréhensible, celui qui annonce une vente au rabais par suite de saisie de marchandises en énorme quantité, alors qu'il n'y a eu qu'un simulacre de saisie et que la quantité de marchandises est beaucoup moins considérable que celle annoncée. — Trib. comm. Amiens, 5 févr. 1889, [*Rec. Amiens*, 89.78] — V. Trib. comm. Saint-Nazaire, 4 févr. 1892, Keruel et Cⁱᵉ, [Maillard de Marafy, t. 6, p. 730]

673. — De même, il n'est point permis à un commerçant d'annoncer une vente comme faite après faillite et comme comprenant 500,000 fr. de marchandises, alors que les achats par lui faits à la faillite d'un tiers s'élèvent à une somme considérablement inférieure et qu'aucun délai n'a été indiqué pour la réalisation de ces achats. — Trib. comm. Rouen, 4 juin 1877, note sous Orléans, 29 mars 1889, Lévy, Jacob et Legrand, [S. 89.2.93, P. 89.1.567]

674. — ... Alors surtout que le commerçant veut laisser entendre, contrairement à la vérité, qu'il agit comme liquidateur et que les marchandises seront cédées à 75 p. 0/0 de perte, bien qu'il n'y ait eu ni expertise, ni liquidation et que les marchandises soient, en réalité, vendues à un prix se rapprochant de leur valeur réelle. — Même jugement.

675. — En résumé, des promesses fallacieuses, des récits chimériques, une mise en scène et des affirmations mensongères sur la provenance de certaines marchandises et les motifs de leur prétendu bon marché, peuvent, quand ces manœuvres ont eu pour but et pour résultat de surprendre la confiance du public et de le détourner des commerçants soucieux de maintenir la loyauté de leurs relations avec leurs clients, constituer un fait de concurrence déloyale. — Orléans, 29 mars 1889, Beauvois dit Demonchaux, [S. 89.2.93, P. 89.1.567]

676. — Spécialement, le fait qu'un commerçant, qui ouvre dans une ville un magasin de vente de confections, d'annoncer mensongèrement, au moyen d'affiches, d'insertions dans les journaux et de prospectus, que les marchandises mises en vente proviennent d'un magasin incendié, et sont vendues pour le compte des compagnies d'assurances avec 50 à 80 p. 0/0 de rabais, alors que ces marchandises ne proviennent nullement d'un incendie et sont vendues à leur valeur réelle, a le caractère d'une concurrence déloyale à l'égard des commerçants de la localité, dont les manœuvres ont eu pour but de détourner la clientèle. — Même arrêt.

677. — Jugé même, que commet un acte de concurrence déloyale le libraire qui ne s'est pas contenté d'annoncer dans son catalogue la vente à prix réduits de quelques exemplaires d'occasion d'un certain ouvrage, mais qui, par l'entremise de ses commis-voyageurs, a annoncé et offert, même à des souscripteurs de la publication, l'ouvrage dont s'agit, moyennant des prix également fort réduits, de façon à faire croire au public, contrairement à la vérité, qu'il pouvait livrer un très-grand nombre d'exemplaires neufs qu'il tenait de l'éditeur lui-même. — Paris, 13 janv. 1857, Pilon, [S. 61.2.505, P. 61.1183]

678. — Quoi qu'il en soit, la jurisprudence est nettement fixée en ce sens que l'annonce mensongère d'une baisse de prix est répréhensible en soi. Il a été cependant décidé que les concurrents d'une maison qui annonce faussement une baisse considérable sur ses prix de vente ne peuvent utilement intenter contre celle-ci une action en dommages-intérêts; il appartient aux consommateurs seuls qui ont pu être lésés par cette annonce mensongère de poursuivre la maison devant ces tribunaux. — Trib. comm. Strasbourg, 28 juin 1861, Simon, Speich et autres, [Ann. prop. ind., 61.280]

679. — En tous cas, conformément aux principes du droit commun, de tels agissements ne peuvent donner naissance à une action en dommages-intérêts que s'il y a préjudice. Jugé, en ce sens, qu'il y a concurrence déloyale à annoncer faussement que les objets mis en vente proviennent d'une liquidation après faillite, mais que les négociants de la ville où a lieu cette exposition en vente ne peuvent obtenir la suppression de ces annonces que s'ils justifient d'un préjudice réel. — Dijon, 21 juin 1889, Devaux, [Ann. prop. ind., 91.301, J. Le Droit, 8 juill. 1889]

680. — Toutefois, il a été décidé, dans une autre espèce, que la condamnation à des dommages-intérêts de celui qui annonce faussement une baisse de prix envers les commerçants exerçant un commerce similaire dans la localité est suffisamment justifiée, dès lors qu'il est démontré que ces manœuvres ont eu pour résultat d'attirer des acheteurs, sans que les commerçants de la localité aient à établir qu'une partie de leur clientèle a été détournée. — Orléans, 29 mars 1889, précité.

681. — De même encore, malgré la faculté reconnue aux commerçants de vendre au-dessous du cours, il ne leur est point permis de constater, dans leurs annonces et prospectus, qu'ils vendent ainsi moins cher que tel ou tel négociant nommément désigné; cette affirmation, à la supposer exacte, serait trop directement préjudiciable à ce négociant pour être permise. En conséquence, l'annonce publique par un marchand qu'il livrera

les mêmes marchandises, en même qualité, que celles que vend un autre marchand désigné, à des prix inférieurs à ceux qu'exige ce dernier, constitue une concurrence déloyale passible de dommages-intérêts. — Bordeaux, 8 mars 1859, Hesse, [S. 59.2.426, P. 59.1066, D. 59.2.170] — Sic, Rendu, n. 508; Allart, n. 204; Pouillet, n. 630.

682. — Et ce fait ne saurait être excusé par cette circonstance que le concurrent aurait précédemment annoncé lui-même qu'il vendrait au-dessous du cours, mais sans désigner personne. — Même arrêt.

683. — De même, il y a concurrence déloyale à annoncer, alors même que le fait serait exact, que l'on vend certains objets à un prix inférieur à celui auquel un journal que l'on désigne les offre en primes à ses abonnés. — Besançon, 24 nov. 1880, Damelet, [Ann. prop. ind., 82.258]

684. — ... Dans le fait par un commerçant d'annoncer aux clients d'une autre maison que le chef de rayon de celle-ci est entré à son service, qu'on fait les mêmes articles qu'elle et qu'on peut les fournir à des prix plus avantageux. — Trib. comm. Lyon, 9 juin 1891, D..., [Gaz. Pal., 91.2]

685. — L'ancien courtier d'un commerçant ne peut pas, non plus, expédier aux clients de celui-ci des circulaires dans lesquelles il déclare qu'il est prêt à leur livrer pour son compte les marchandises qu'il leur livrait autrefois pour le compte de son patron et que celui-ci leur vendait à un prix exagéré. — Trib. comm. Seine, 10 sept. 1891, Martin, [Gaz. Pal., 91.2.497]

686. — Enfin, s'il est loisible à un industriel d'affirmer au public français que ses produits sont semblables à ceux importés d'un pays étranger, renommé pour ses fabrications et sont vendus à des prix inférieurs à ceux de ses concurrents, il ne peut néanmoins viser nominativement tel ou tel de ses concurrents, en accompagnant ses prétendues divulgations de remarques destinées à en accroître la portée. — Trib. comm. Seine, 18 déc. 1888, Mot et Cie, [Ann. prop. ind., 94.259]

§ 2. Dénigrement de la personne ou des produits d'autrui et autres procédés analogues de concurrence déloyale.

687. — Tout négociant a le droit, ainsi que cela a d'ailleurs déjà été démontré (V. suprà, n. 561 et s.), d'exalter le mérite des produits qu'il vend et de faire ressortir l'importance de ses établissements; mais cette faculté a des limites. C'est ainsi que toute allusion dommageable faite nommément à tel ou à tel autre concurrent ouvre à ce dernier une action en justice; sur ce point, la doctrine et la jurisprudence ne fournissent pas toujours des solutions bien nettes; la confusion provient peut-être de ce que l'on n'a pas distingué deux hypothèses qui pourtant se séparent l'une de l'autre : l'allusion faite à un concurrent peut être accompagnée par le négociant d'appréciations plus ou moins flatteuses sur le compte de celui-ci ou de ses produits; en ce cas, il y a concurrence déloyale puisque le négociant sort de la réserve que sa qualité lui impose; mais, dans le cas contraire, lorsque, par exemple, ce négociant se contente de mettre en regard les chiffres exacts d'affaires de l'une et de l'autre maison, sans se livrer à aucune appréciation, il serait difficile de dire qu'il y a concurrence déloyale, puisque, s'il y a préjudice, il n'est point directement causé par le négociant qui se borne à livrer au public les éléments d'une appréciation. — V. Allart, n. 188, n. 192; Pouillet, n. 616; Rendu, n. 507.

688. — ... Que si nous nous plaçons au premier point de vue par nous indiqué, il a été jugé, conformément à notre opinion, qu'on ne saurait admettre que la faculté que s'arroge un commerçant d'annoncer d'une manière élogieuse les objets qui constituent son commerce, puisse s'étendre jusqu'au droit de prendre à partie un concurrent et de le désigner nominativement dans des annonces, en dépréciant les objets qu'il exploite dans le but de détourner à son profit la clientèle de ce concurrent. — Paris, 27 juill. 1850, Mothes, [D. 51.2.168] — Trib. comm. Seine, 17 janv. 1867, Dellet, [Ann. prop. ind., 67.63]; — 1er juin 1867, Bardou et Pauilhac, [Ann. prop. ind., 67.237] — Sic, Pataille, Ann. prop. ind., 57.38.

689. — La concurrence loyale qui doit exister entre deux commerçants ne peut, en effet, aller jusqu'à de telles extrémités. — Trib. comm. Seine, 16 mai 1866, Bardou et Pauilhac, [Ann. prop. ind., 68.140]

690. — ... Alors surtout qu'en mettant en vedette le nom ou la raison commerciale de son concurrent, il peut laisser croire que ce sont les produits de celui-ci qu'il met lui-même en vente. — Même jugement.

691. — Jugé même qu'il n'appartient pas à un commerçant d'exalter les mérites de sa propre industrie au détriment d'un établissement rival ou concurrent, même par voie de simple comparaison, ni d'employer dans ses annonces et prospectus le nom de l'établissement rival, alors surtout qu'il peut en résulter une confusion préjudiciable aux intérêts de ce dernier. — Trib. comm. Seine, 31 mai 1880, Banque hypothécaire, [S. 81.2.165, P. 81. 1.826, D. 81.3.38]

692. — Ainsi, une banque de crédit hypothécaire n'a pas le droit de faire des publications dans lesquelles elle présente au public ses titres comme entièrement semblables à ceux du Crédit foncier. — Même jugement.

693. — Pour qu'il y ait concurrence déloyale à annoncer ses produits comme supérieurs à tels ou à tels produits, il n'est pas, d'ailleurs, nécessaire de désigner nominativement tel ou tel concurrent, il suffit que l'on ait visé les appareils vendus par l'un d'eux sous le nom dont on se sert ordinairement pour les distinguer. — Paris, 18 juill. 1891, Agobet et Cie, [Ann. prop. ind., 91.232] — Sic, Allart, n. 197; Pouillet, n. 620; Mayer, n. 35. — V. aussi Trib. comm. Seine, 25 juill. 1867, Dumont, [Teulet, 17.20]

694. — En résumé, nul ne peut, dans son intérêt personnel, publier, même avec éloge, le nom de son concurrent. Ainsi, est répréhensible celui qui, dans un prospectus annonçant une édition d'eaux fortes, a fait insérer la phrase suivante : « ....., les planches et leurs tirages seront exécutés par X..., un véritable artiste qui laisse bien loin derrière lui les vétérans de l'héliogravure, MM. Y... et autres ». — Trib. comm. Seine, 13 janv. 1881, Durand, [Maillard de Marafy, t. 3, p. 451]

695. — L'usage d'une dénomination doit être assimilé à l'emploi que fait un industriel du nom d'un de ses concurrents; un négociant peut donc dire, notamment, que la liqueur fabriquée avec ses plantes et sur ses indications, est aussi bonne et même meilleure que toutes les liqueurs du même genre, mais il n'a pas manifestement le droit de dire que cette liqueur constitue une imitation plus ou moins réussie de la liqueur de telle ou telle maison déterminée. — Douai, 8 déc. 1885, Société la Bénédictine, [Maillard de Marafy, t. 2, p. 174]

696. — Décidé, dans le même ordre d'idées, qu'il y a concurrence déloyale de la part du négociant qui, dans ses prospectus, recommande au public de ne pas confondre ses produits avec ceux d'une autre maison, alors que cette mention semble indiquer que cette maison n'a rien de commun avec un industriel très-connu dont elle a acheté le droit de se dire le successeur. — Paris, 31 déc. 1860, Collot, [Ann. prop. ind, 61.159] — Sic, Allart, n. 191. — V. cep. Trib. comm. Seine, 24 avr. 1860, Millet, [Teulet, 12.6]

697. — Il a été cependant jugé que, ne commet pas un acte de concurrence déloyale le commerçant qui, par un avis inséré dans les journaux, vante ses produits et affirme leur supériorité sur ceux de l'un de ses concurrents, nommément désigné, sans alléguer cependant que ces derniers soient défectueux ou de mauvaise qualité. — Rennes, 16 mai 1892, Cie Singer, [S. et P. 93.2.228]

698. — Il est vrai que, dans l'espèce, la cour a pris soin de relever cette circonstance que le dénigrement avait été réciproque, puisque, d'après cet arrêt, la solution admise serait particulièrement exacte, alors surtout que les avis incriminés n'étaient qu'une réponse à un placard précédemment affiché par les soins du concurrent, et dans lequel celui-ci affirmait la supériorité de ses produits sur tous les produits similaires. — Même arrêt. — V. Allart, n. 199; Pouillet, n. 623.

699. — Quoi qu'il en soit, on doit admettre, en effet, que, par exception, un négociant peut se servir du nom d'un autre négociant lorsqu'il s'agit précisément de rectifier une affirmation erronée, avancée par celui-ci. Jugé, en ce sens, que l'éditeur des œuvres complètes d'un auteur est en droit d'annoncer au public que l'édition de ce même auteur publiée par un autre éditeur n'est pas complète, alors que les prospectus et annonces de ce dernier éditeur pouvaient avoir pour effet de tromper le public en faisant croire que l'édition par eux vendue comprenait toutes les œuvres de cet auteur. — Rouen, 7 févr. 1851, Dion et Lambert, [P. 53.701, D. 53.2.224]

700. — Mais, ce même éditeur ne saurait, sans se rendre passible de dommages-intérêts, publier que son concurrent ne complètera pas les engagements par lui pris envers ses souscripteurs. — Même arrêt.

701. — Mais, il se peut qu'un négociant, tout en citant le nom d'un concurrent et tout en fournissant les éléments d'une comparaison, s'abstienne de la faire; en ce cas, il ne saurait y avoir, selon nous, de concurrence déloyale. Décidé, en ce sens, que le fait, de la part d'un commerçant, de répandre, dans le but d'obtenir la préférence sur ses concurrents, des circulaires indiquant le nombre des affaires faites par lui comparativement à celui des affaires faites par les autres maisons qui se livrent au même genre d'opérations, est un moyen de concurrence licite, qui, par conséquent, ne peut motiver une demande en dommages-intérêts de la part des négociants dont les opérations ont été ainsi divulguées, si, du reste, les indications données à cet égard dans les circulaires sont exactes. — Douai, 5 janv. 1855, Petit, [S. 57.2.45, P. 57.268] — Sic, Allart, n. 192.

702. — De même, la circonstance que l'on a fait monter dans son magasin un calorifère vendu par un concurrent afin d'en constater les défectuosités, ne saurait constituer un acte de concurrence déloyale, alors qu'il n'est établi ni même articulé que ce calorifère ne fût, en effet, sorti des ateliers de ce concurrent et que sa construction eût été altérée. — Paris, 15 févr. 1875, Cie des calorifères Gurney, [D. 75.5.362] — Sic, Allart, n. 193.

703. — Mais la jurisprudence n'a pas toujours fait en ces matières une juste application des vrais principes. Il a, par exemple, été jugé que le fait par le directeur d'un journal, de publier des tableaux comparatifs de vente de différents journaux constitue, alors même que les indications seraient exactes, un acte de concurrence déloyale. — Trib. comm. Seine, 21 mai 1884, Galignani et Messenger, [Ann. prop. ind., 85.119]

704. — ... Qu'un négociant n'a pas le droit d'exposer à son étalage les produits d'un concurrent revêtus de leurs signes distinctifs ordinaires pour faire ressortir la pureté des siens. — Trib. comm. Seine, 14 déc. 1889, Ve Potin, [J. La Loi, 3 janv. 1890]

705. — Ainsi il a été jugé, dans une espèce, qui peut-être rentrait d'ailleurs dans la première des catégories précédemment indiquées, que lorsqu'un négociant fait paraître dans un catalogue qu'il publie une annonce par laquelle il établit un parallèle entre ses produits et ceux d'un de ses concurrents, il y a lieu d'ordonner la suppression de cette annonce du moment où il en résulte l'intention manifeste de faire ressortir qu'une infériorité existerait au détriment du produit vendu par l'autre commerçant. — Trib. comm. Seine, 7 nov. 1891, Gaffré, [J. Le Droit des 18-19 janv. 1892]

706. — Si, au cas d'allusion faite au nom d'un négociant, il est parfois difficile de décider qu'il y a ou qu'il n'y a pas concurrence déloyale, le doute cesse lorsqu'il y a dénigrement des produits mis en vente par celui-ci; une telle pratique ne saurait être permise. Aussi, a-t-il été décidé que la concurrence que comporte le commerce ne saurait autoriser un fabricant à prendre à partie un concurrent et à le désigner nominativement ainsi que les objets qu'il exploite, dans des annonces et prospectus, pour détourner sa clientèle en dépréciant ses produits : c'est là un acte de concurrence déloyale qu'il appartient aux tribunaux de faire cesser. — Paris, 23 avr. 1869, Sabatou, [S. 69.2.213, P. 69.969] — Sic, Allart, n. 190.

707. — Commet donc des actes de concurrence déloyale le négociant qui, dans des articles de journaux parus sous son inspiration, désigne les produits de ses concurrents et fait parvenir à leurs clients des exemplaires du journal. — Trib. comm. Seine, 18 avr. 1859, Lemonnier-Jolly, [Ann. prop. ind., 59.252]

708. — Si la critique des produits du commerce ou de l'industrie est permise, c'est à la condition qu'elle soit sérieuse et loyale; il ne peut être toléré que, dans un but exclusivement personnel et de concurrence, un commerçant jette par la publicité le discrédit sur les produits d'un de ses confrères, en les signalant comme inférieurs aux siens propres. — Montpellier, 4 mai 1885, Cie Singer, [Ann. prop. ind., 85.274]

709. — Il y a encore concurrence déloyale lorsqu'à l'expiration d'un traité en vertu duquel un négociant s'était engagé à procurer les accessoires nécessaires à l'exploitation de l'industrie d'une autre personne, celle-ci annonce dans une circulaire adressée à la clientèle de ce négociant, que vu les plaintes qui lui avaient été remises, elle se chargeait désormais de la fourniture des accessoires. — Paris, 3 déc. 1891, Besson et Goureau, [J. Le Droit des 28 et 29 mars 1892]

710. — A plus forte raison, s'expose à des dommages-intérêts l'industriel qui, après avoir été condamné pour avoir fait publier dans différents journaux des articles où les produits de ses concurrents sont désignés, continue de faire insérer les mêmes affirmations mensongères dans plusieurs feuilles périodiques et sur des planchettes servant à la lecture des journaux dans les cafés. — Trib. Seine, 21 juin 1859, Sorlin, [*Ann. prop. ind.*, 59.367]

711. — Ce négociant augmente d'ailleurs le préjudice par lui causé lorsqu'il distribue un compte-rendu incomplet des débats de la précédente affaire, comme, par exemple, lorsqu'il se borne à reproduire la plaidoirie de son avocat. — Même jugement.

712. — Pour que le dénigrement soit condamnable, il n'est pas nécessaire qu'il se produise sous la forme d'une large publicité; un dénigrement purement verbal peut être passible de dommages-intérêts. On comprend donc qu'il ait été jugé que lorsque, de l'avis des membres d'une commission ou d'une société dépend l'adoption dans un pays donné de tel ou de tel procédé de fabrication, il y a concurrence déloyale de la part de celui des concurrents qui adresse à cette commission ou à cette société des mémoires dans le but de discréditer le procédé employé par son adversaire. — Riom, 10 août 1859, Challeton, [*Ann. prop. ind.*, 59.409] — *Sic*, Allart, n. 197.

713. — Le dénigrement de la personne d'un négociant est tout aussi répréhensible que le dénigrement de ses propres produits; en ce cas, comme dans l'autre, on se trouve en présence d'une concurrence déloyale. — Jugé, en ce sens, que si, à moins de conventions formelles, il ne peut être interdit à un employé congédié d'une maison ou la quittant de son plein gré de traiter des affaires avec les clients qu'il a visités et comme pour le compte de ladite maison, il ne saurait lui être permis, pour poursuivre ce résultat, d'employer des phrases qui semblent faire sur l'activité et l'honorabilité de la maison des insinuations de nature à porter un sérieux préjudice au maintien et au développement de ses affaires. — Trib. comm. Bordeaux, 9 nov. 1891, Sahuqué, [*J. La Loi* des 21 et 22 févr. 1892] — *Sic*, Allart, n. 189, Pouillet, n. 616 *in fine*.

714. — Commet donc une concurrence déloyale celui qui expose dans une vitrine des produits d'un concurrent et appose un écriteau indiquant celui-ci comme contrefacteur et ses produits comme défectueux. — Trib. comm. Seine, 3 sept. 1890, [*J. Le Droit*, 26 sept. 1890]

715. — De même, si une compagnie d'assurances peut user de tous moyens de réclame et de propagande pour attirer sur elle l'attention du public, si elle a même la faculté d'établir des comparaisons et des rapprochements entre la forme en laquelle elle a été constituée et celle des autres sociétés ayant le même objet pour en faire ressortir sa supériorité, elle sort des limites qu'il lui est interdit de franchir lorsque, prenant à partie une société rivale qu'elle désigne nommément, elle lui attribue des actes de nature à lui faire perdre la confiance de sa clientèle, comme lorsqu'elle prétend à tort que celle-ci n'a pas complètement désintéressé ses assurés sinistrés. — Trib. Arras, 14 déc. 1892, *La Ruche du Pas-de-Calais et du Nord* (inédit).

716. — Il y a agissement déloyal et dolosif dans le fait, par d'anciens employés d'une maison de commerce, entrés au service d'un autre établissement similaire, d'annoncer au public qu'ils ont quitté leur ancien patron, alors qu'en faisant usage de caractères italiques dans la circulaire où ils vantent la loyauté commerciale de leur nouveau patron, ils laissent planer un doute sur celle de leur ancien maître. — Trib. comm. Seine, 3 mai 1893, Forgeot et Cie, [*J. La Loi* du 31 mai 1893, *Gaz. Pal.*, 93.2.348]

717. — Un commerçant a le droit de publier des jugements intéressant son négoce et consacrant les droits qu'il a intérêt à faire valoir devant le public, mais cette faculté, pas plus que toute autre de la vie commerciale, ne doit excéder les bornes d'une juste et loyale concurrence et, dès qu'elle devient agressive et nuisible à des concurrents, elle doit être réprimée. — Besançon, 5 févr. 1874, Jeantet-David, [*Ann. prop. ind.*, 74.302] — V. Rendu, n. 509.

718. — C'est qu'en effet, la publication réitérée d'une décision judiciaire excède non seulement les limites d'une loyale concurrence, mais constitue en outre une aggravation des condamnations prononcées par la justice. — Trib. Seine, 3 mars 1876, Jacquot et Cie, [*Ann. prop. ind.*, 78.331]

719. — La concurrence déloyale se confond souvent avec la diffamation lorsqu'elle revêt la forme particulière d'une atteinte portée à l'honorabilité d'un négociant, mais il n'est point nécessaire que se trouvent rassemblés tous les éléments de la diffamation, pour qu'il y ait concurrence déloyale. — Ainsi, un écrit, alors même qu'il ne renferme aucune imputation diffamatoire peut néanmoins donner lieu à une action en dommages-intérêts, à raison de l'usage qui en est fait, lorsqu'il a été répandu dans le public en vue d'une concurrence déloyale et qu'il en est résulté un préjudice pour autrui. — Trib. Seine, 10 juill. 1883, Société des grands panoramas, [*Ann. prop. ind.*, 88.5] — V. Allart, n. 188 et 189.

720. — Au surplus, en nos matières comme au cas de diffamation, il ne suffirait pas à la personne poursuivie d'établir, pour échapper à toute condamnation, que les faits par elle avancés sont exacts. — Ainsi, des dommages-intérêts peuvent être prononcés à la charge de celui qui, dans un but de concurrence, a délivré un certificat constatant, en termes outrageants, que la marchandise vendue, par un négociant à un tiers, n'est pas de la qualité annoncée. — Trib. comm. Seine, 1er juin 1860, Beuverand, [*Ann. prop. ind.*, 60.398; Teulet, 9.322] — *Sic*, Allart, n. 195; Mayer, n. 35.

721. — De même, un négociant ne peut, dans un prix courant, déprécier les produits d'un fabricant, à raison de ce que quelques expéditions faites par ce fabricant auraient laissé à désirer; en supposant que ses plaintes soient fondées, il n'a pas pour cela le droit de les faire connaître par des avis imprimés et répandus parmi sa clientèle. — Trib. comm. Seine, 28 août 1849, Lamouroux, [*Le Hir*, 51.2.91]

722. — Il a cependant été jugé qu'il ne saurait y avoir concurrence déloyale à annoncer dans les journaux la saisie de contrefaçon qui a été faite chez un concurrent avec l'autorisation du président d'un tribunal. — Trib. comm. Seine, 10 janv. 1888, Mot et Cie, [*Ann. prop. ind.*, 91.256]

723. — Les circonstances particulières de la cause expliquent un jugement aux termes duquel il n'y a pas concurrence déloyale à qualifier d'étrangère une société qui, à raison de sa création à l'étranger, revêt réellement ce caractère, bien que d'ailleurs ses membres soient d'origine française; il en est ainsi, notamment, lorsqu'un concurrent a annoncé la nationalité étrangère de la société lors d'une adjudication publique d'où les étrangers sont exclus. — Trib. comm. Marseille, 14 mars 1888, [*Rec. Marseille*, 88.1.207]

724. — En faisant connaître la qualité d'étrangère d'une société qui, en violation des règlements, voulait prendre part à une adjudication réservée aux seuls nationaux, le défendeur donnait aux autorités compétentes le moyen de faire observer la loi; il accomplissait un devoir ou en tout cas il usait d'un droit; des dommages-intérêts ne pouvaient être prononcés contre lui. — Mais, à supposer que les imputations relevées ne se fussent pas produites dans les circonstances particulières qui viennent d'être rappelées, elles auraient donné naissance à une action en dommages-intérêts.

725. — Dire ou laisser entendre qu'une maison n'existe plus, c'est lui porter un préjudice qui peut être plus considérable encore que s'il y avait véritable dénigrement. — S'expose donc à des dommages-intérêts celui qui insère frauduleusement dans son prospectus un avis annonçant que tel autre industriel ne fabrique plus tel produit. — Paris, 16 mars 1889, [*Droit industriel*, 89.363]

726. — ... L'agent d'assurances qui obtient de certaines personnes la souscription de polices en leur faisant croire que la compagnie avec laquelle elles avaient traité n'existe plus. — Douai, 7 juill. 1879, *La Patrie*, [Le Hir, 79.2.239] — *Sic*, Pouillet, n. 460.

727. — ... Le négociant qui fait connaître au public l'ouverture de ses magasins par une circulaire dont les termes sont de nature à faire croire qu'une ancienne maison n'existe plus. — Paris, 11 avr. 1866, Bourgeois, [*Ann. prop. ind.*, 66.333]

728. — ... Celui qui se livre à un mode spécial de publicité imaginé par un tiers, alors qu'il est établi qu'il a attiré à lui des courtiers de celui-ci, qu'il les a munis de feuilles d'engagements et de reçus offrant une certaine ressemblance avec ceux de son concurrent et qu'il a toléré qu'ils se présentassent chez les clients de leur ancien patron en déclarant que celui-ci avait cédé son industrie et qu'ils voyageaient pour le compte de son cessionnaire. — Paris, 14 mai 1880, Bachellerie, [*Ann. prop. ind.*, 80.842]

729. — Il en est de même de l'industriel qui répand, dans le public, sous forme d'annonces, l'extrait d'un arrêté municipal en le tronquant de façon à laisser croire que les produits d'une maison concurrente à la sienne (des compteurs à eau dans l'espèce), ne seront plus acceptés par l'administration à partir d'une certaine époque, mais devront être enlevés et remplacés par d'autres, alors que ces faits ne sont pas exacts. — Douai, 21 avr. 1891, Herbeau, [*Jurispr. comm. de Douai*, 91.161]

730. — On peut rapprocher des espèces précédentes, comme tendant à un but analogue, celles dans lesquelles un négociant, sans dire qu'une maison n'existe pas, s'arrange de façon à ne pas en faire connaître l'existence : une telle pratique n'est pas répréhensible en soi, mais elle le devient si elle est accompagnée de certaines circonstances frauduleuses. Ainsi, constitue un acte de concurrence déloyale le fait par un libraire de supprimer dans des agendas partie des pages consacrées à la publicité de maisons rivales. — Trib. comm. Seine, 9 juin 1876, Ramé, [*Ann. prop. ind.*, 77.47] — *Sic*, Allart, n. 235; Pouillet, n. 665.

731. — De même, un entrepreneur du service de bateaux à vapeur ne peut publier sous le titre mensonger d'indicateur général des bateaux à vapeur de tel lieu à tel autre lieu, un livret qui ne mentionne que ses bateaux et dans lequel ont été intentionnellement omis ceux d'une entreprise rivale effectuant le même trajet. — Rennes, 4 juin 1883, Rochaïd-Dahdah, [*Jur. comm. Nantes*, 85.1.209]

732. — De même encore, un libraire qui s'est rendu acquéreur d'un certain nombre d'exemplaires d'un livre édité par un de ses collègues n'a pas le droit de faire disparaître sous son nom et sous son adresse le nom et l'adresse du véritable éditeur. — Trib. comm. Seine, 6 juin 1860, Josse, [*Ann. prop. ind.*, 61.27] — *Sic*, Allart, n. 232; Pouillet, n. 372; Rendu, n. 181 *bis*.

733. — En sens inverse, un dépositaire ne peut appliquer sur des produits de sa fabrication des étiquettes destinées aux produits qu'il a en dépôt. — Paris, 23 juill. 1861, Gally, [*Ann. prop. ind.*, 62.374]

734. — Il ne faut pas oublier que des obligations spéciales pèsent sur les dépositaires et autres représentants des fabricants. Rappelons à ce sujet, en terminant, que la concession d'un monopole faite à une personne moyennant une part dans les bénéfices de l'exploitation de ce monopole lui impose implicitement l'obligation d'exploiter en bon père de famille et lui interdit de créer une concurrence aux produits dont elle était chargée de rechercher le placement. — Paris, 1er juin 1886, Gaillet-Brossette, [*Ann. prop. ind.*, 89.173, *Dr. industr.*, 87.422]

Section IV.

De la concurrence déloyale résultant de la violation d'engagements ou de contrats.

735. — Certains actes, licites en soi, peuvent devenir illicites à raison des relations spéciales qui existent ou qui ont existé entre les intéressés; nous n'avons pas à nous occuper ici de ces circonstances particulières dont quelques-unes d'ailleurs ont déjà été étudiées. — V. *Rép. du dr. fr.*, vis *Bail*, n. 640 et s., n. 684; *Bail à loyer*, n. 64 et s.; *Commis*, n. 250 et s.

736. — Il est encore différentes hypothèses qui nous restent à examiner : ce sont celles dans lesquelles une partie s'engage soit expressément, soit tacitement, lors de la conclusion d'un contrat (vente d'un fonds de commerce, fondation ou dissolution d'une société, entrée ou sortie comme employé d'un établissement commercial ou industriel), à ne pas se rétablir ou à ne se rétablir que dans certaines conditions. Pour donner à ces exceptions délicates une solution satisfaisante, on doit s'inspirer avant tout, selon nous, du grand principe de la liberté du commerce et de l'industrie, aussi paraît-il préférable de renvoyer l'étude de ces difficultés au moment où nous nous occuperons spécialement de ce principe supérieur. — V. *Rép. du dr. fr.*, v° *Liberté du commerce et de l'industrie*.

CHAPITRE III.

DE LA PROCÉDURE EN MATIÈRE DE CONCURRENCE DÉLOYALE.

Section I.

Compétence.

737. — Les faits de concurrence déloyale se passent généralement entre commerçants et à l'occasion de leur commerce; c'est donc ordinairement les tribunaux de commerce qui sont appelés à connaître des poursuites en concurrence déloyale; l'art. 631, C. comm., dispose, en effet, que « les tribunaux de commerce connaîtront : 1° de toutes contestations relatives aux engagements et transactions entre négociants, marchands et banquiers », et on est généralement d'accord pour reconnaître que sous l'expression engagement, le législateur a voulu comprendre tout fait quelconque qui est, pour un commerçant, la source d'une obligation, que ce fait soit un contrat, un quasi-contrat, un délit ou un quasi-délit. — Lyon-Caen, *Grande encyclopédie*, v° *Concurrence déloyale*, in fine, t. 12, p. 326.

738. — La jurisprudence est définitivement fixée en ce sens. Ainsi, d'une manière générale, il est admis que les tribunaux de commerce sont compétents pour connaître entre négociants d'une action fondée sur des faits ayant le caractère d'un quasi-délit, alors d'ailleurs que ces faits ont eu lieu à l'occasion et dans l'exercice même de leur industrie. — Cass. (2 arrêts), 24 août 1863, les Grappins, [S. 63.1.497, P. 64.279, D. 63.1.348 — Paris, 28 avr. 1866, Villain, [S. 66.2.314, P. 66.1144, D. 66.2.128] — Trib. comm. Seine, 23 sept. 1875, Leroy, [*Ann. prop. ind.*, 76.237] — *Sic*, Pilet des Jardins, *Ann. prop. ind.*, 66.193.

739. — Ils sont, en d'autres termes, compétents pour connaître, entre négociants, des engagements qui se forment sans convention, lorsque ces engagements ont pris naissance dans des faits commerciaux. — Cass., 3 janv. 1872, Dufour et Cie, [S. 72.1.33, P. 72.1.52, D. 72.1.303]; — 20 janv. 1875 (2 arrêts), Marigo et Bloëme, [S. 75.1.126, P. 75.1.296, D. 75.1.367]

740. — Ainsi, ils peuvent statuer sur une demande tendant à ce qu'il soit fait défense à un individu de prendre tel ou tel nom patronymique, alors que l'intérêt principal du litige est commercial. — Colmar, 1er mai 1867, Wein, [S. 68.2.83, P. 68.443, D. 67.2.169]

741. — Ainsi encore, ils sont compétents pour connaître des faits de concurrence déloyale reprochés par un commerçant à un autre commerçant. — Cass., 3 janv. 1872, précité. — Aix, 3 juin 1863, Blanc, [S. 64.2.167, P. 64.870, D. 64.2.207] — Paris, 24 janv. 1866, Société du crédit des halles et marchés, [D. 66.2.197]; — 28 avr. 1866, Villain, [S. 66.2.314, P. 66.1144, D. 66.2.128]; — 6 nov. 1869, Lévy, [*Ann. prop. ind.*, 69.373] — Lyon, 12 juin 1873, Régollot, [D. 75.1.12]; — 18 mars 1882, Routier, [*Ann. prop. ind.*, 82.325] — Trib. comm. Seine, 29 avr. 1864, Prudhon et Cie, [*Ann. prop. ind.*, 64.239]; — 15 févr. 1872, Chauchard et Hériot, [*Ann. prop. ind.*, 73.387] — Trib. Seine, 20 août 1884, *Le Matin*, [*Ann. prop. ind.*, 86.80] — *Sic*, Allart, n. 300; Bozérian, *Prop. ind.*, n. 440; Pouillet, n. 666; Ruben de Couder, v° *Concurrence déloyale*, n. 136; Dufourmantelle, p. 142; Mayer, n. 38. — *Contrà*, Blanc, p. 743.

742. — ... Quelle que soit la forme sous laquelle ces faits se produisent. — Paris, 9 juill. 1867, Hiraux, [S. 68.2.85, P. 68.447, D. 67.2.196]

743. — Spécialement, le journal qui, sous l'inspiration d'un industriel, publie des articles dans lesquels il discrédite les produits d'une usine ou manufacture, est justiciable, à raison de ces faits, des tribunaux de commerce. — Trib. comm. Seine, 18 avr. 1859, Lemonnier Jully, [*Ann. prop. ind.*, 59.252]

744. — Spécialement encore, c'est au tribunal de commerce, et non au juge de paix, qu'appartient la connaissance d'une demande en dommages-intérêts formée pour réparation du préjudice causé par une diffamation verbale, lorsque cette diffamation a été, de la part d'un commerçant, le moyen de faire une concurrence déloyale envers un autre commerçant, et que d'ailleurs l'intéressé s'abstient, pour le moment au moins, de poursuivre le coupable devant les tribunaux correctionnels. — Paris, 9 juill. 1867, précité. — *Contrà*, Pouillet, n. 669.

745. — Le tribunal de commerce est donc compétent pour connaître entre le vendeur et l'acheteur d'un fonds de commerce d'une demande en dommages-intérêts pour concurrence déloyale à raison d'imputations diffamatoires tenues par le vendeur, en vue de nuire au crédit de l'acheteur et de déprécier son fonds de commerce, et avec l'arrière-pensée de rentrer en possession de ce fonds, les imputations diffamatoires se rattachant ainsi à l'acte commercial intervenu entre les parties. — Cass., 14 févr. 1882, Mareux, [S. 84.1.214, P. 84.1.523, D. 82.1.411]

746. — ... Pour connaître d'une poursuite en concurrence déloyale basée sur ce qu'un commerçant, en vue de créer une confusion favorable à ses intérêts, fait figurer sur ses produits l'indication d'une fausse provenance et un nom supposé. — Limoges, 30 juill. 1864, Marandon, [*Ann. prop. ind.*, 65.50]

747. — ... Pour connaître de faits de concurrence déloyale reprochés à un homme de lettres, alors que ces faits auraient été accomplis par la vente d'un journal et de son titre à un tiers et par la publication postérieure d'un journal d'un genre analogue et portant un titre semblable. — Trib. comm. Seine, 14 juin 1888, Alboize, [*Ann. prop. ind.*, 89.341]

748. — Telle est donc la règle de droit commun : les tribunaux de commerce sont en principe, compétents pour statuer sur les poursuites en concurrence déloyale parce qu'elles sont en principe dirigées par des commerçants contre des commerçants à raison des faits qu'ils ont accomplis à l'occasion de leur commerce.

749. — Mais il est bien évident que la compétence de cette juridiction exceptionnelle disparaît lorsque disparaissent les raisons qui nous ont fait reconnaître sa compétence. La concurrence déloyale, quand elle s'exerce envers un non-commerçant a, en effet, un caractère civil; telle est celle qui est reprochée à un notaire, à un médecin, à un agent d'assurances. — Trib. Seine, 26 juill. 1887, Pierre, [*Ann. prop. ind.*, 92.34] — *Sic*, Allart, n. 301.

750. — Comme les commissaires-priseurs ne sont pas commerçants et que leurs fonctions leur confèrent un véritable monopole, ils ne peuvent porter devant les tribunaux de commerce une action en concurrence déloyale contre des personnes qui procéderaient à des ventes mobilières contrairement aux lois et règlements. — Trib. comm. Marseille, 14 avr. 1885, [*Rec. Als.*, 87.2.237]

751. — Si donc les tribunaux de commerce sont compétents en principe, il n'en est cependant plus ainsi lorsque l'action est dirigée tout à la fois contre un commerçant et contre un non-commerçant, et par exemple lorsque le directeur d'une maison de commerce poursuit à la fois un de ses concurrents et l'un de ses propres employés qui, par les renseignements qu'il fournissait, facilitait les actes de concurrence de celui-ci. — Douai, 11 juin 1868, Lebeau et Cⁱᵉ, [S. 69.2.144, P. 69.700, D. 69.2.18] — *Sic*, Allart, n. 306; Pouillet, n. 668.

752. — A plus forte raison, on ne saurait songer à porter une affaire de concurrence déloyale devant la juridiction consulaire lorsque, parmi les défendeurs, ne figure aucun commerçant. — Ainsi, il a été décidé que la juridiction commerciale est incompétente pour connaître d'une action en concurrence déloyale exercée par un pharmacien contre une revue qui a reproduit un jugement par lequel il avait été condamné comme complice dans une poursuite pour exploitation illégale d'une officine de pharmacie, alors que cette revue publie un résumé de jurisprudence pharmaceutique, des discussions scientifiques, des formules de préparation de médicaments et que l'insertion sur des pages annexes, d'annonces industrielles se rattachant au commerce de la pharmacie, n'enlève pas à l'opération son cachet civil. — Toulouse, 28 oct. 1886, Leclerc, [*Ann. prop. ind.*, 88.37]

753. — De même, une similitude dans les dénominations prises par deux établissements ne saurait constituer un acte de concurrence déloyale relevant de la juridiction consulaire, lorsque ces établissements sont des écoles créées dans un but exempt d'esprit de lucre et de spéculation. — Trib. comm. Seine, 3 mai 1887, Rodanet, [*Ann. prop. ind.*, 90.41]

754. — De même encore, un syndicat agricole, formé d'après la loi du 21 mars 1884, pour procurer à ses seuls membres les matières premières en traitant directement avec les fabricants et en se contentant de faire subir une faible majoration aux commandes pour couvrir ses frais généraux ne fait pas acte de spéculation, et, par conséquent, n'est pas justiciable du tribunal de commerce; si ce syndicat se substitue un agent auquel il abandonne à titre de salaire ou de commission le montant de ladite majoration, l'agent joue le rôle de commis tenu en vertu d'un simple louage de service, et non de commissionnaire. En conséquence, une action en concurrence déloyale dirigée par un tiers contre cet agent est incompétemment portée devant le tribunal de commerce. — Toulouse, 26 mars 1889, Roumiguière, [*Ann. droit comm.*, 89.1.202]

755. — Il y a encore lieu d'apporter une autre limitation à la compétence des tribunaux de commerce; elle dérive de l'art. 16, L. 23 juin 1857, qui déclare que les actions civiles relatives aux marques sont portées devant les tribunaux civils. — Ceux-ci sont donc appelés à connaître des faits de concurrence déloyale, lorsque cette concurrence déloyale revêt les caractères délictueux prévus par la loi du 23 juin 1857 sur les marques de fabrique. — Trib. Grenoble, 1ᵉʳ août 1885, P. Grézier, [Maillard de Marafy, t. 2, p. 749] — *Sic*, Pouillet, n. 671.

756. — Il est même aujourd'hui fréquent, ainsi que le fait remarquer une note anonyme des *Annales de la propriété industrielle* (1882, p. 136) que, pour se soustraire à la juridiction commerciale, les plaideurs adjoignent à une action en concurrence déloyale une action en contrefaçon de marque qui, souvent, n'a pas de sérieuse raison d'être. On abandonne à l'audience la prétendue contrefaçon pour s'en tenir à la concurrence déloyale, et, si le défendeur oppose alors l'incompétence du tribunal civil, on lui répond qu'il est trop tard, qu'il a conclu au fond, que le débat est lié sur le tout et que, d'ailleurs, il a suffi que, au début, le tribunal fût compétemment saisi de l'ensemble du débat, pour qu'il reste encore compétent, après qu'une partie des prétentions a été abandonnée.

757. — Nous ne saurions admettre ce subterfuge comme fondé. S'il est vrai que la juridiction civile puisse statuer sur des faits de concurrence déloyale se rattachant à une usurpation de marque, c'est à une double condition : il faut d'abord que la connexité soit intime et certaine; il faut ensuite que l'usurpation de marque soit admise et reconnue. Si l'usurpation est jugée ne pas exister, la juridiction civile, même d'office, doit se dessaisir de l'examen du débat sur ce point et délaisser les parties à se pourvoir comme elles aviseront. — *Ann. prop. ind.*, loc. cit.

758. — Pour nous, le tribunal civil, saisi d'une action en contrefaçon et d'une action en concurrence déloyale, ne peut plus s'occuper des prétendus faits de concurrence déloyale lorsque l'action en contrefaçon a été écartée ou abandonnée, puisqu'il n'aurait pu en connaître qu'autant que, le fait d'usurpation de marque étant admis, les autres agissements du défendeur se seraient trouvés intimement liés à celui-ci. — Montpellier, 24 févr. 1879, Mialane et Cⁱᵉ, [*Ann. prop. ind.*, 82.136]

759. — En d'autres termes, les tribunaux civils ne peuvent connaître d'une demande en dommages-intérêts formée entre commerçants pour des faits de concurrence déloyale, alors qu'une poursuite pour contrefaçon de marque de fabrique vient précisément d'être écartée comme mal fondée. — Douai, 13 avr. 1885, Bohler frères, [*Ann. prop. ind.*, 85.277]

760. — De même, si les tribunaux civils ont plénitude de juridiction et peuvent compétemment connaître d'une action en concurrence déloyale quand elle n'est que l'accessoire d'une action en contrefaçon, cette règle ne s'applique point au cas où l'action en contrefaçon, dénuée de fondement sérieux, paraît avoir été introduite dans le seul but de saisir le tribunal civil de la connaissance de faits qui relèvent de la compétence des tribunaux de commerce. — Trib. Charleville, 7 mars 1879, Chachoin, [*Ann. prop. ind.*, 82.251]

761. — De ces décisions, il est permis d'en rapprocher une qui ne touche pas au conflit possible entre des juridictions d'ordre différent, mais qui est de nature à bien montrer l'indépendance réciproque qui doit exister entre l'action en contrefaçon et celle en concurrence déloyale. Il a donc été jugé que le tribunal saisi à la fois d'une action en contrefaçon et en concurrence déloyale, est incompétent pour connaître de ce dernier chef, alors que les faits sur lesquels il est fondé ne sont pas connexes à la question de contrefaçon et se seraient produits hors du ressort de ce tribunal. — Lyon, 28 juin 1870, Rigollot, [S. 71.2.176, P. 71.564]

762. — Quoi qu'il en soit, il faut bien s'entendre sur la portée de la dérogation à la règle générale qu'établit l'art. 16 de la loi de 1857; les tribunaux civils ne sont compétents que si la reproduction du signe distinctif présente les caractères d'une véritable contrefaçon. Car, toutes les fois où l'imitation d'une marque de fabrique n'est que l'un des éléments d'une concurrence déloyale, l'action peut être portée devant la juridiction consulaire. — Paris, 8 févr. 1861, Laurent, [Teulet, 10.317]; — 5 janv. 1865, Dolfus-Mieg, [Ann. prop. ind., 65.109] — Rennes, 27 avr. 1893, Ducasse et Guiballe, [Jurispr. comm. et marit. de Nantes, 93.1.273] — Sic, Pouillet, n. 671.

763. — Les tribunaux de commerce sont donc compétents pour connaître d'une demande qui a pour objet, non pas la revendication de la propriété exclusive d'une marque de fabrique, mais bien la répression d'actes de concurrence déloyale; il importe peu que cette prétendue concurrence dériverait de l'usage abusif par un tiers d'un nom que le demandeur a le premier employé dans le commerce et dont il réclame l'usage exclusif. — Paris, 19 févr. 1859, Groult jeune, [Ann. prop. ind., 59.93]; — 19 févr. 1859, Danguis, [Ann. prop. ind., 59.125]

764. — En d'autres termes, lorsque des imitations de factures, de notes et de prospectus ne constituent pas une imitation de marque, mais des faits de concurrence déloyale, le tribunal civil est incompétent pour en connaître. — Grenoble, 8 févr. 1886, Grézier, [Ann. prop. ind., 87.151]

765. — L'art. 16, L. 23 juin 1857, est encore inapplicable au cas où il s'agit, non point d'usurpation ou de contrefaçon de marque, mais uniquement d'actes successifs de concurrence déloyale, consistant de la part d'un fabricant à faire figurer dans sa marque, en caractères apparents, le nom d'une ville où se fabriquent des produits similaires, de façon à causer une confusion sur la provenance réelle du produit. C'est devant la juridiction commerciale, conformément au droit commun, que doivent porter leur action les fabricants qui se prétendent lésés par de tels actes. — Orléans, 20 janv. 1864, Charnaux, [S. 64.2.115, P. 64.480, D. 64.5.303]

766. — Il ne dépend point d'ailleurs de la seule volonté du demandeur de déterminer la véritable nature de l'action par lui intentée. Jugé, en conséquence, que les tribunaux de commerce sont incompétents pour ordonner une modification à une marque de fabrique, alors même que les intéressés présentent la demande comme justifiée par des faits de concurrence déloyale et soutiennent en conséquence que le tribunal de commerce serait compétent. — Trib. comm. Seine, 11 oct. 1873, Roger et Gaillet, [Ann. prop. ind., 79.45] — V. aussi Paris, 17 août 1866, Petitpas, [Ann. prop. ind., 66.366] — Sic, Mayer, n. 38, p. 32, note 2. — Sur les différences entre l'action en concurrence déloyale et l'action en contrefaçon de marques, V. suprà, n. 30 et s

767. — En tout cas, un fabricant ou exploitant d'une région ou d'un bassin minéralogique, auquel un acte de l'autorité administrative, spécialement un décret de concession de mines, a reconnu l'usage du nom de la région ou du bassin minéralogique, ne peut se prévaloir de cette concession pour poursuivre en concurrence déloyale certains fabricants ou exploitants de la région ou du bassin minéralogique qui se servent de ce même nom pour la désignation de leurs produits; c'est en effet à l'autorité judiciaire seule qu'il appartient, en cas de contestation, d'attribuer, le cas échéant, la propriété de ce nom. — Trib. comm. Marseille, 17 sept. 1889, [Rec. Marseille, 90.1.11]

768. — En résumé, c'est la juridiction commerciale qui, en principe, est compétente pour connaître des faits de concurrence déloyale, mais il ne faut cependant pas oublier que cette juridiction est exceptionnelle. Aussi, a-t-il été jugé qu'un tribunal de commerce, saisi d'une action en concurrence déloyale qu'il déclare mal fondée, ne peut statuer sur une demande reconventionnelle en dommages-intérêts formée à raison d'une saisie pratiquée en vertu d'ordonnances émanées de la juridiction civile et en vue d'un autre procès que celui qui a été porté devant la juridiction commerciale. — Aix, 19 août 1867, Abadie, [Ann. prop. ind., 70-71.352] — Sic, Pouillet, n. 670.

769. — Lorsqu'un arrêté, prohibant l'usage de certaines dénominations et prononçant une condamnation à des dommages-intérêts pour concurrence déloyale, a été exécuté, il ne saurait y avoir lieu à une interprétation d'arrêt, dans le cas où des faits du même genre viennent à se produire; en pareille hypothèse,

il y a nécessairement contestation nouvelle, qui doit être portée devant les juges du premier degré. — Paris, 22 janv. 1858, Charpentier, [Ann. prop. ind., 60.88]

770. — Par une application particulière d'une théorie générale, il a été décidé que si, en principe, les sociétés ou compagnies industrielles peuvent être traduites devant les tribunaux du domicile de leurs succursales pour tous les faits qui concernent ces succursales, il en est particulièrement ainsi lorsqu'il s'agit d'apprécier des faits de concurrence déloyale imputable aux représentants de la succursale et qui se seraient accomplis au siège de cette succursale. — Lyon, 19 juill. 1887, Société lyonnaise l'*Omnium*, [Ann. prop. ind., 92.38]

Section II.

Procédure.

771. — Le silence de nos lois relativement à la concurrence déloyale fait que la procédure en ces matières est celle du droit commun. Notamment, l'intéressé outrepasserait ses droits si, pour se fournir les éléments d'une preuve, il faisait procéder par huissier à une saisie. C'est qu'en effet, la loi de 1857, spéciale aux marques de fabrique, est sans application pour la constatation des faits de concurrence déloyale. — Trib. comm. Nantes, 30 avr. 1878, Mellinet et autres, [Ann. prop. ind., 87.201] — Sic, Allart, n. 308 et 309; Pouillet, n. 673 et s.

772. — Par suite, les dommages-intérêts peuvent être prononcés à la charge du négociant qui, tout en étant en droit de poursuivre d'anciens employés en concurrence déloyale, a agi avec une rigueur excessive et a, sans droit, fait opérer une saisie qui n'eût été justifiée qu'en cas de contrefaçon proprement dite. — Lyon, 3 juin 1870, Pramondon, Corout et Cie, [Ann. prop. ind., 70-71.363]

773. — En d'autres termes, la saisie, étant une mesure exceptionnelle, ne peut être pratiquée que dans les cas formellement prévus par la loi; par suite, lorsqu'une saisie a été pratiquée au début d'une poursuite pour contrefaçon littéraire et pour concurrence déloyale, les tribunaux doivent ordonner la mainlevée de cette saisie, lorsque la poursuite pour contrefaçon ayant été écartée, les défendeurs sont condamnés pour concurrence déloyale. — Trib. Seine, 16 janv. 1883, Piégu, [Ann. prop. ind., 89.317]

774. — Mais, si la personne qui croit avoir à se plaindre de faits de concurrence déloyale ne peut recourir au ministère des huissiers pour faire procéder à des saisies, rien ne s'oppose à ce que ces officiers ministériels fassent des procès-verbaux de constat. Spécialement, un commerçant, qui se plaint de faits de concurrence déloyale, peut faire dresser, par huissiers et experts, procès-verbal de constat des marchandises sur la gabare qui les transporte au navire chargeur, du moment où la constatation de l'état des marchandises a lieu en présence et avec l'autorisation du propriétaire de la gabare. — Trib. comm. Nantes, 30 nov. 1878, précité. — Sic, Pouillet, n. 674. — V. aussi Rouen, 18 mai 1889, [J. La Loi, 13 juill. 1889] — Paris, 13 mai 1887, Picon, [Ann. prop. ind., 88.159]; — 15 févr. 1889, Bonnet, [J. La Loi, 5 avr. 1889] — Trib. comm Seine, 6 juin 1889, Picon, [J. Le Droit, 3 juill. 1889]

775. — Ils ne font, en agissant ainsi, qu'exercer l'une des fonctions pour lesquelles ils ont été institués. Aussi, ne saurions-nous admettre, avec un arrêt, que les huissiers n'ayant été investis par aucun texte de loi de la mission de constater les faits ou abus de concurrence déloyale, les procès-verbaux qu'ils dressent pour établir les faits de concurrence déloyale n'ont aucune force probante. — Bordeaux, 10 mai 1893, Violet, [Gaz. Pal., 16 janv. 1894]

776. — La faculté d'agir en concurrence déloyale appartient à toute personne intéressée et spécialement à notre époque de grand développement des syndicats, il nous paraît utile de constater que cette faculté appartient à ces personnalités; en agissant en concurrence déloyale, lorsque les intérêts du groupe sont lésés, les représentants des syndicats ne sortent pas des limites des pouvoirs qui leur sont reconnus et ne font point servir les syndicats à d'autres buts que ceux pour lesquels ils ont été créés. — V. suprà, n. 263.

777. — Il a été cependant jugé qu'un syndicat professionnel ne peut exercer une action contre un commerçant qui se livre à des agissements de concurrence déloyale vis à-vis des membres du syndicat; l'action n'appartient qu'aux intéressés et ne peut être exercée que par eux. — Aix, 26 janv. 1887, Bosset, [*Rec. d'Aix*, 87.1.28] — *Sic*, Allart, n. 310.

778. — Quant aux personnes contre lesquelles il est permis d'agir en concurrence déloyale, nous remarquerons que le mineur émancipé, autorisé à faire le commerce, étant considéré comme majeur pour les faits relatifs à son commerce, il n'y a pas lieu de mettre son curateur en cause dans les instances en concurrence déloyale dirigées contre lui. — Trib. Seine, 26 janv. 1887, [*J. La Loi*, 2 févr. 1887]

CHAPITRE IV.

RÉPRESSION DE LA CONCURRENCE DÉLOYALE.

779. — L'action en concurrence déloyale peut, en principe, être intentée pendant trente ans à partir du jour où se sont produits les faits répréhensibles, mais l'intéressé aurait tort de compter toujours sur ce long délai pour saisir la justice de sa demande; un silence assez long serait en effet interprété le plus souvent comme une renonciation au droit d'agir. Jugé, notamment, que le propriétaire d'une vignette ne peut demander sa suppression sur les factures, adresses ou prospectus d'un de ses concurrents, lorsque celui-ci en fait usage depuis longtemps au su du demandeur. — Trib. comm. Seine, 23 sept. 1858, Jacquin, [*Ann. prop. ind.*, 58.398]

780. — Pour l'action en concurrence déloyale, comme d'ailleurs pour toutes les actions en dommages-intérêts, la circonstance que, sur une première poursuite, le défendeur n'a pas été condamné, ne s'oppose pas à ce qu'une poursuite nouvelle soit utilement intentée lorsque, dans la suite, des faits semblables viennent à se reproduire. C'est qu'il n'y a chose jugée que pour les faits qui ont motivé le procès et sur lesquels le jugement a statué, les actes de concurrence pouvant, en effet, varier à l'infini, prendre des formes multiples et les mêmes faits pouvant devenir dangereux suivant les milieux et les circonstances qui les entourent et leur donnent leur juste valeur. — Trib. civ. Seine, 13 janv. 1887, Marquis, [*Gaz. Pal.*, 87.1.122] — *Sic*, Allart, n. 317 et 318; Mayer, n. 40; Pouillet, n. 691. — V. *Rép. de dr. fr.*, v° *Chose jugée*, n. 439 et s.

781. — Spécialement, la reproduction des initiales du nom d'un commerçant dont celui-ci a l'habitude de se servir pour marquer ses produits constitue un fait de concurrence déloyale qui peut donner lieu à des dommages-intérêts, alors même qu'un arrêt précédent, rendu entre les mêmes parties et ayant acquis l'autorité de la chose jugée, aurait permis au défendeur l'usage de ces initiales du moment où il est constaté que, depuis cet arrêt, des faits nouveaux se sont produits. — Cass., 1er juin 1874, Brossier, [S. 75.1.111, P. 75.264, D. 75.1.12]

782. — En sens inverse, l'arrêt qui condamne un pharmacien comme coupable de concurrence déloyale, pour avoir, dans ses prospectus et sur ses étiquettes, annoncé un médicament avec la désignation déjà employée par un autre pharmacien et de nature à établir une confusion entre la provenance des produits, n'a pas l'autorité de la chose jugée à l'égard des nouvelles poursuites dirigées contre le même pharmacien, lorsque les énonciations de ses étiquettes et annonces ont été modifiées, et qu'il offre, d'ailleurs, d'employer toute autre désignation propre à faire reconnaître l'origine de la fabrication et à éviter toute confusion. — Cass., 29 mai 1861, Charpentier, [S. 61.1.853, P. 61.679, D. 61.1.247]

783. — Dès lors, l'arrêt qui, dans ce cas, se borne à déclarer qu'il y a chose jugée sur le fait de concurrence déloyale, est nul comme faisant une fausse application de l'autorité de la chose jugée, et comme n'étant pas suffisamment motivé à l'égard des nouvelles indications différentes des premières. — Même arrêt.

784. — Les tribunaux, saisis d'une demande en concurrence déloyale peuvent, en thèse générale, prendre toutes les mesures susceptibles de mettre fin à la pratique incriminée; au cours des développements précédemment fournis, nous avons indiqué différentes mesures ordinairement prescrites par les tribunaux (modification ou suppression du nom, de l'enseigne, etc.) (V. *supra*, n. 149, 212); nous ne reviendrons pas sur ces points, pas plus d'ailleurs que sur la question des dommages-intérêts (V. *supra*, n. 63 et s.); mais il est cependant certaines mesures auxquelles

parfois les tribunaux recourent et dont il n'a encore été parlé que d'une manière incomplète; quelques renseignements à leur égard sont donc nécessaires.

785. — Observons tout d'abord, en revenant sur une mesure de protection déjà étudiée, que l'arrêt qui interdit au propriétaire d'un hôtel garni de faire entrer certains mots dans la dénomination ou désignation de son hôtel, peut être interprété en ce sens que ces mots doivent disparaître, non seulement des enseignes ou annonces, mais encore des objets à l'usage intérieur ou extérieur de l'hôtel et des personnes qui y sont reçues : le second arrêt, qui interprète ainsi le premier, ne viole pas l'autorité de la chose jugée. — Cass., 22 déc. 1863, C¹º Immobilière, [S. 64.1. 42, P. 64.321, D. 64.1.121] — V. Paris, 6 août 1862 (sol. implic.', Muller, [*Ann. prop. ind.*, 62.267]

786. — Le moyen le plus extrême auquel les tribunaux recourent est la fermeture de l'établissement dans lequel se passent les faits de concurrence déloyale. A ce sujet, il est important de noter que, comme aux termes de l'art. 1142, C. civ., toute obligation de faire se résout en dommages-intérêts, au cas de non-exécution de la part du débiteur, les tribunaux peuvent ordonner la fermeture d'un établissement et sanctionner par des dommages-intérêts éventuels l'exécution de leur décision, mais ils ne peuvent prescrire que cette fermeture de l'établissement aura lieu *manu militari*. — Paris, 28 juill. 1891, Comptoir commercial et immobilier, [*Ann. prop. ind.*, 94.113]

787. — L'une des formes sous lesquelles les tribunaux arbitrent parfois des dommages-intérêts consiste dans la condamnation du délinquant à payer les frais d'insertion du jugement dans les journaux. C'est en même temps une excellente œuvre de publicité destinée à combattre la publicité qui a nécessairement entouré les faits de concurrence déloyale. Aussi, ne semble-t-il pas que, du moment où on reconnaît cette mesure comme légale, on en doive restreindre l'application aux seuls cas où la personne poursuivie a usé des journaux pour porter atteinte au commerce de son adversaire. On comprend donc qu'il ait été décidé que les tribunaux peuvent prescrire l'insertion dans des journaux spéciaux de la décision par eux rendue, alors même que le commerçant, coupable de concurrence déloyale, n'aurait pas recouru à ce mode de publicité pour créer une confusion entre ses produits et ceux de l'autre commerçant. — Paris, 30 juin 1892, Charles Chanteaud, [*Gaz. des trib.*, 8 juill. 1892]

788. — Il y a lieu d'ordonner l'insertion du jugement de condamnation dans les journaux, lorsque les prospectus incriminés ont été répandus en grande quantité. — Trib. comm. Seine, 23 sept. 1875, Leroy, [*Ann. prop. ind.*, 76.237]

789. — Mais nous ne saurions admettre que la demande tendant à obtenir l'insertion du jugement dans les journaux n'est pas fondée, alors qu'il n'est pas établi que les défendeurs n'ont pas fait de publicité par la voie de la presse. — Paris, 10 nov. 1887, Truffault, [*Ann. prop. ind.*, 80.115; *Gaz. Pal.*, 87.2.620] — Rennes, 27 avr. 1893, Ducasse et Guibal, [*Jurispr. comm. et marit. de Nantes*, 93.1.285]

790. — Remarquons, en terminant, qu'une partie qui a obtenu d'un tribunal de commerce un jugement qu'elle est autorisée à insérer dans un journal, n'abuse pas de son droit en faisant publier ce jugement le jour même de sa signification. — Douai, 21 avr. 1891, Herbeau, [*Jurispr. cour de Douai*, 1891, p. 161]

791. — Indépendamment de la publication du jugement dans les journaux, les tribunaux peuvent parfois ordonner sa reproduction dans des affiches dont alors ils limitent le nombre. — V. notamment à cet égard, Trib. comm. Seine, 1er juill. 1859, Lemercier et C¹º, [*Ann. prop. ind.*, 59.360]

CHAPITRE V.

DROIT INTERNATIONAL.

792. — C'est une question vivement controversée que celle de savoir si les étrangers peuvent invoquer le texte de l'art. 1382, C. civ., pour faire cesser et condamner en France les faits de concurrence déloyale dont ils prétendent avoir à se plaindre. La jurisprudence semble portée à leur dénier ce droit; nous pensons que cette solution est contraire aux vrais principes; mais, avant de l'établir, il nous paraît essentiel de bien montrer sur quel terrain la question doit être portée; il ne faut pas oublier, en effet, que l'action en concurrence déloyale est une action purement civile et que, notamment, on conçoit très-bien, au cas d'imitation de marque ou de nom commercial, qu'elle soit intentée, sans que l'on ait besoin de recourir à l'application des lois pénales de 1824 et de 1857 sur le nom commercial et sur les marques de fabrique ou de commerce.

793. — C'est donc commettre un abus de raisonnement que de dire : l'action en concurrence déloyale ne doit être admise qu'au profit des personnes qui peuvent se prévaloir des dispositions des lois de 1824 et de 1857 ; par suite, on ne peut prétendre, notamment, que l'action en concurrence déloyale n'est ouverte qu'aux étrangers dont les pays protègent les commerçants ou industriels français contre la concurrence déloyale dont ils sont les victimes. — V. Allart, n. 53 et 311 ; Bert, p. 139 et s. ; Pouillet, n. 694.

794. — Sans étendre directement à l'action en concurrence déloyale les conditions indiquées dans les lois de 1824 et de 1857, on arrive parfois à ce même résultat en prétendant que les dispositions des lois de 1824 et de 1857 ne peuvent conserver toute leur influence dans le domaine qui leur est propre que si l'action en concurrence déloyale est soumise aux règles de réciprocité inscrites dans ces lois. « Que deviendraient, dit M. Huard (*Propriété industrielle*, n. 146), le système de réciprocité, les espérances de traités internationaux fondées sur lui par ses partisans, si, par un biais ingénieux, on arrive à protéger l'étranger qui n'offre pas au Français la même protection? D'ailleurs, la jurisprudence s'était prononcée en sens contraire avant la loi de 1857. — Cass., 12 avr. 1854, Kirby, [S. 55.1.827, P. 55.2. 137, et les renvois] — Si le législateur de 1857 avait entendu modifier cette jurisprudence, il est très-probable qu'il l'eût exprimé formellement ». — Sic, Ruben de Couder, *loc. cit.*, n. 171.

795. — L'objection consiste donc à dire que l'on ne peut permettre à un étranger qui n'est pas dans le cas d'invoquer les lois de 1824 et de 1857, de demander des dommages-intérêts en argumentant du délit civil de concurrence déloyale, parce qu'autrement on tournerait la disposition de la loi qui n'a pas voulu accorder aux étrangers une protection sans condition. Cette objection ne nous paraît pas décisive. Il y a une grande différence entre l'application des lois spéciales de 1824 et de 1857 et l'application de l'art. 1382, C. civ., et on ne peut dire que l'étranger sera dans la même situation selon qu'il invoque l'une ou l'autre disposition. La protection est autrement énergique quand on peut faire infliger une peine sévère aux contrevenants, procéder par voie de saisie, etc., ou quand on ne peut que demander des dommages-intérêts. Ce qui prouve que la protection de l'art. 1382, C. civ., est insuffisante, c'est que les nationaux ne s'en sont pas contentés et ont demandé une loi établissant des peines et une procédure spéciale. On peut donc, sans inconséquence, permettre d'invoquer l'art. 1382, C. civ., à ceux qui ne peuvent invoquer les lois de 1824 et de 1857. Pourquoi les étrangers, au cas d'imitation de marques, ne seraient-ils pas assimilés à des Français qui n'auraient pas rempli les formalités de la loi de 1857, qui ne pourraient dès lors se prévaloir des dispositions de celle-ci, mais seraient toujours recevables à se plaindre d'un fait de concurrence déloyale? — Renault, note sous Trib. Seine, 8 mai 1878, Rovoland, [S. 80.2.113, P. 80.458] — Pataille, *Ann. prop. ind.*, 57.362 ; Rendu, n. 421 ; Dufourmantelle, p. 142.

796. — Cette argumentation ainsi écartée, on en produit une autre pour dénier aux étrangers le bénéfice de l'action en concurrence déloyale ; on se prévaut du principe de l'art. 11, C. civ., et on prétend que l'action en concurrence déloyale est une de ces actions qui n'appartiennent en principe qu'aux nationaux. Nous ne pouvons admettre cette objection comme fondée; sans entrer dans l'examen des difficultés que soulève l'interprétation de l'art. 11, C. civ., nous nous contenterons d'observer, avec M. Bozérian que : « le droit pour l'étranger de faire le commerce en France n'est pas un droit civil; en s'y livrant, il accomplit un acte autorisé par le droit des gens. Il peut donc invoquer à son secours l'aide de la loi française, toutes les fois qu'il ne rencontre pas un obstacle exceptionnel, qui arrête ou paralyse l'exercice de son action ». Il tire un puissant argument d'analogie des décisions d'après lesquelles un étranger est recevable à poursuivre une compagnie de chemin de fer, afin de lui faire défendre d'exercer un commerce contraire à ses statuts, et par exemple le commerce des charbons de terre, et d'obtenir contre elle des dommages-intérêts pour faits de commerce illicite. — V. Bozérian,

Consultation délibérée à l'occasion de l'affaire Rowland. — Trib. Seine, 8 mai 1878, précité. — V. *Rép. de dr. fr.*, v° *Chemin de fer*, n. 215 et 216.

797. — Jugé cependant, que l'action privée nécessaire pour obtenir des tribunaux français la réparation pécuniaire du dommage résultant d'une concurrence commerciale caractérisée par la vente de produits similaires, avec imitation ou contrefaçon des noms ou marques employés par un commerçant anglais, établi en France, constitue un droit civil de la nature de ceux que l'art. 11, C. civ., n'accorde aux étrangers en France qu'à la condition de réciprocité stipulée dans les traités (ou de réciprocité promise dans les lois internes). — Cass., 16 nov. 1857, Klug, [S. 58.1.199, P. 58.1118, D. 58.1.55]

798. — Que spécialement, le droit d'agir en concurrence déloyale n'est pas reconnu aux négociants anglais ; les traités de Ryswick et d'Utrecht, en supposant que ces traités soient toujours en vigueur, ne contiennent à cet égard aucune stipulation positive. — Même arrêt. — Cette déduction particulière ne serait plus exacte depuis notamment que la Grande-Bretagne et la France font l'une et l'autre partie de l'Union de 1883 pour la protection de la propriété industrielle.

799. — Que le principe que les étrangers n'ayant pas d'établissement en France ne peuvent, sauf le cas de réciprocité, prétendre au bénéfice des lois du 22 juill. 1824 et du 23 juin 1857, s'applique aussi bien lorsqu'il s'agit d'exercer l'action civile ou l'action pénale instituée par ces deux lois spéciales que lorsqu'il s'agit de réclamer par la voie commerciale, la réparation des faits de concurrence déloyale analogues à ceux prévus par ces lois, mais en se fondant sur les art. 1382 et 1383, C. civ. — Nîmes, 2 déc. 1893, Société South bend iron work, [*J. La Loi*, 19 déc. 1893]

800. — On ne peut prétendre, pour la première fois, en appel, que des étrangers, n'ayant pas d'établissement en France, ne peuvent invoquer les dispositions de la législation française relatives à la concurrence déloyale; on est, en ce cas, non pas en présence d'une de ces exceptions qui, aux termes de l'art. 173, C. proc. civ., doit être soulevée avant toute défense, mais bien en présence d'un moyen de nature à mettre en question l'existence même du droit. — Même arrêt.

801. — Les citoyens américains peuvent, en France, invoquer, pour faire respecter leurs noms et leurs marques, les dispositions de la loi française, absolument comme s'ils étaient Français ; ils peuvent, au lieu d'intenter l'action civile ou l'action pénale des lois de 1824 et de 1857, s'en tenir purement et simplement à l'action en concurrence déloyale. — Même arrêt.

802. — La jurisprudence semble donc être définitivement fixée dans un sens défavorable aux étrangers ; il n'en a pas toujours été ainsi. On peut, en effet, citer à l'appui de notre opinion, un arrêt qui implicitement reconnaît le droit des étrangers à la protection de l'art. 1382, C. civ., puisqu'il décide que les tribunaux français sont compétents pour connaître des questions de concurrence déloyale naissant en France entre étrangers qui y résident. — Paris, 22 mars 1855, Warton, [*Ann. prop. ind.*, 55-56.40] — Sic, Pataille, *loc. cit.*

803. — Dans tous les cas, si nous ne nous attachons plus qu'aux questions de compétence, il est incontestable que, par application de l'art. 14, C. civ., les tribunaux français sont compétents pour connaître des procès en concurrence déloyale intentés par des Français contre des étrangers, alors même que les faits reprochés se seraient passés en pays étranger. — Paris, 25 janv. 1856, Emmanuel Bloc, [*Ann. prop. ind.*, 56.57]

804. — De même encore, le négociant qui a deux maisons de commerce, l'une à l'étranger, l'autre en France, peut être poursuivi en France pour les annonces qu'il a fait uniquement publier à l'étranger et qui, même en France, et par réaction, peuvent créer une confusion entre ses produits et ceux d'une maison rivale. — Paris, 9 mai 1863, Bardel et Cⁱᵉ, [*Ann. prop. ind.*, 63.252] — Sic, Pouillet, n. 625.

805. — Les tribunaux français sont compétents pour connaître d'une action en concurrence déloyale, pendante entre deux Français, alors même que les faits reprochés se seraient passés à l'étranger. — Riom, 10 août 1859 (sol. impl.), Chaileton, [*Ann. prop. ind.*, 59.409]

806. — On a aussi décidé que l'individu qui, établi en France, commet à l'étranger des actes qui, appréciés d'après la loi française, constitueraient des faits de concurrence déloyale, est par cela même justiciable des tribunaux français, alors d'ailleurs que, par suite des relations entre le pays étranger et la France, cette personne peut, en France, tirer profit des manœuvres auxquelles elle se livre à l'étranger. — Angers, 15 déc. 1891, Syndicat du commerce des vins de Champagne, [J. *La Loi*, 10-11 janv. 1892; *Journ. du dr. int. pr.*, 1892, p. 1144] — V. Pouillet, *La propriété industrielle* (de Berne), 1892, p. 125.

807. — Spécialement, celui qui, à l'aide de menu-réclames, de prospectus et d'annonces, répandus et publiés en Angleterre, cherche à vendre, sous le nom de Champagne, des vins mousseux de Saumur, peut être poursuivi devant les tribunaux français qui, au surplus, n'ont pas à rechercher si certains actes prohibés en France, sont tolérés ou permis en Angleterre, du moment où, d'ailleurs, ces faits accomplis à l'étranger profitent en France à l'intéressé. — Même arrêt.

808. — ... Que les tribunaux français peuvent, en pareille hypothèse, condamner le défendeur à des dommages-intérêts à raison des faits par lui accomplis à l'étranger comme à raison de ceux qu'il a perpétrés en France. — Même arrêt.

809. — Les solutions admises par la cour d'Angers nous paraissent contestables; nous ne pouvons mieux faire que reproduire les observations qui accompagnent l'arrêt de 1891 dans le *Journal du droit international privé* : « la cour s'est abstenue d'argumenter de l'interprétation large donnée à l'art. 14, C. civ., et grâce à laquelle les étrangers peuvent être cités, devant les tribunaux français, pour des faits commis à l'étranger; il en a peut-être été ainsi parce que les faits reprochés aux défendeurs ne constituaient pas de quasi-délits d'après la loi du pays étranger où ils avaient été accomplis; l'art. 14, C. civ., ne pouvait donc être de mise dans une espèce où véritablement il n'y avait pas eu d'obligation née à l'étranger; la cour a néanmoins considéré que les juridictions françaises étaient compétentes pour prononcer une condamnation à des dommages-intérêts; pour cela, elle s'est bornée à constater que les journaux étrangers, renfermant les annonces répréhensibles, avaient accès en France; il est permis de penser que la cour aurait dû imposer aux demandeurs une justification plus complète que celle tirée de l'introduction *possible* des journaux anglais en France; il ne faut pas oublier, en effet, que la cour paraît admettre que les faits reprochés aux intimés sont tolérés ou permis en Angleterre; cela étant, elle aurait dû, semble-t-il, exiger des demandeurs qu'ils prouvent que des exemplaires des journaux anglais incriminés étaient entrés en France et que même l'introduction était le fait des négociants poursuivis. Aucune faute n'ayant été, par hypothèse, commise à l'étranger, il fallait, pour rendre légitime en France l'action judiciaire, qu'une faute eût été commise en France. »

810. — Après quelques hésitations, la jurisprudence paraît fixée en ce sens qu'en principe, les faits qui motivent une demande en dommages-intérêts sont régis par la loi du lieu où ces faits ont été commis (V. *infra*, v° *Responsabilité*); mais on reconnaît que l'application de la loi étrangère aux délits civils perpétrés en pays étrangers doit cependant être écartée lorsque cette loi est contraire à l'ordre public. Il a, en conséquence, été décidé que le banquier auquel le prince de Monaco a concédé le monopole des opérations de banque dans l'étendue de la principauté, n'est pas fondé à assigner pour concurrence déloyale une maison de banque française, qui a établi sur la partie française du territoire du chef-lieu de la principauté une succursale, à laquelle, dans ses prospectus, annonces et en-tête de lettres, elle donne le nom de cette ville, si le demandeur ne justifie pas avoir acquis un droit de propriété sur ce nom, en dehors des dispositions constitutives de son monopole, lesquelles, étant contraires aux règles d'ordre public reçues en France, n'y peuvent recevoir application. — Cass., 29 mai 1894, Morley Unwin, [*Gaz. Pal.*, 27 juin 1894] — Aix, 19 déc. 1892, Morley Unwin, [S. et P. 93.2.201, et la note de M. Naquet]

CHAPITRE VI.

LÉGISLATION COMPARÉE.

811. — « L'action en concurrence déloyale, si usuelle en France, est presque inconnue dans les autres pays, tout au moins en ce qui, de près ou de loin, touche aux marques de fabrique ou au nom commercial. On tient généralement que les cas dont le législateur a voulu atteindre la répression en ces matières sont explicitement contenus dans la loi spéciale et que

tout ce qui n'est pas défendu par cette loi est permis. » — Maillard de Marafy, t. 4, p. 212.

§ 1. *Allemagne.*

812. — Même dans les parties de l'Allemagne où sont en vigueur les dispositions du Code civil français ou celles d'un Code qui, comme le Code général pour les Etats prussiens et le Code saxon, par exemple, contient un article analogue à l'art. 1382, C. civ. franç., l'action en concurrence déloyale ne peut jamais être invoquée comme complément des dispositions de la loi spéciale de 1874 sur les marques de fabrique et le nom commercial.

813. — Le tribunal de l'Empire (Reichsgericht) a fait une première application de cette théorie dans un arrêt du 30 nov. 1880. Une société par actions, qui vendait des eaux minérales sous la désignation de « Apollinaris Brunnen » prétendait avoir à se plaindre d'un concurrent qui débitait des eaux minérales sous le nom de « Apollinis Brunnen ». Comme dans le pays où les faits répréhensibles avaient été commis, la législation française était encore en vigueur, la demande était subsidiairement basée sur la théorie que notre jurisprudence a su déduire du texte général de l'art. 1382, C. civ.; mais le tribunal de Leipzig a déclaré que « l'art. 1382 ne peut plus être invoqué, vu que la loi d'Empire sur les marques a voulu régler toutes ces propriétés commerciales, soit noms, figures, dénominations, etc., d'une manière uniforme et exclusive ». — *Journ. du dr. int. pr.*, 1886, p. 389. — V. aussi Reichsgericht, 10 nov. 1880, Gebrüder Tharbecke, [Maillard de Marafy, t. 1, p. 199]

814. — Le tribunal de l'Empire a consacré à nouveau cette même théorie dans son arrêt du 2 juill. 1886 (*Journ. du dr. int. pr.*, 1886, p. 401, Maillard de Marafy, t. 1, p. 196). Cet arrêt est intervenu dans l'affaire, pour ainsi dire classique, de la main noire; nous empruntons tous les détails sur ce procès important à un remarquable article de M. Otto Mayer sur le conflit des lois en Allemagne en matière de marques de commerce et de concurrence déloyale (*Journ. du dr. int. pr.*, 1886, p. 385). Voici quelles étaient les circonstances de fait : la manufacture des tabacs de Strasbourg avait, le 12 sept. 1875, déposé comme marque une vignette dans laquelle était représentée une main noire; elle avait négligé de renouveler le dépôt en temps utile; la radiation de sa marque fut prononcée le 26 sept. 1885; immédiatement un concurrent s'en empara et il fit défense à la manufacture des tabacs de continuer à s'en servir; celle-ci actionna son concurrent en nullité du dépôt de la marque.

815. — Le tribunal de Strasbourg accueillit la demande de la manufacture des tabacs par un jugement du 30 oct. 1885 (*Journ. du dr. int. pr.*, 1886, p. 391); pour le tribunal, la loi sur les marques n'a créé une uniformité de droit pour tout l'Empire allemand qu'en ce qui concerne les droits résultant du dépôt même; pour tout ce qui reste en dehors de ces derniers, la législation particulière subsiste; mais cette manière de voir a été condamnée par la cour de Colmar (3 févr. 1886, *Journ. du dr. int. pr.*, 1886, p. 398, Maillard de Marafy, t. 1, p. 192) et aussi par le Reichsgericht.

816. — Pour écarter la solution admise par le tribunal de commerce de Strasbourg, chacune de ces juridictions supérieures s'est placée à un point de vue différent; pour la cour de Colmar, la demande doit être repoussée parce que « le système de la loi sur les marques est que la priorité du dépôt donne un droit définitif et qu'il serait contraire à ce système de laisser contester un pareil droit en se basant sur la possession antérieure de la marque. »

817. — « Mais la théorie adoptée par le Reichsgericht va plus loin. Elle ne s'attache pas au caractère spécial que pourra avoir la marque de la loi allemande et qui mettrait celle-ci à l'abri d'une attaque en raison d'une prétendue concurrence déloyale. Elle se place sur un terrain plus élevé. D'après les principes qui régissent les rapports réciproques des lois d'Empire et des lois particulières, celles-là restreignent par le seul fait de leur existence le domaine de ces dernières : la législation de l'Empire s'étant emparée d'une matière à régler par les lois civiles, les lois civiles des Etats particuliers disparaissent non seulement en tant qu'elles sont contraires aux nouveaux textes, mais pour tout ce qui concerne cette matière. Elles ne peuvent pas même vouloir couvrir des lacunes; car où la loi d'Empire n'a rien défendu, rien prescrit, elle est censée avoir exprimé la volonté que rien ne doit être défendu ni ordonné ». — Mayer,

Journ. du dr. int. pr., 1886, p. 387. — La cour de Colmar, par arrêt du 10 janv. 1888, Simonin-Blanchard, [Maillard de Marafy, t. 1, p. 350] et par arrêt du 18 sept. 1888, Menier, [Maillard de Marafy, t. 1, p. 349], s'est rangée à cette manière de voir.

818. — Jugé encore qu'aucune protection n'est accordée par la loi de 1874, contre l'apposition, sur les produits d'une maison, d'une fausse indication géographique constituant une simple adjonction à la forme non contestée de cette maison et l'on ne saurait invoquer, à défaut de cette protection, la concurrence déloyale consistant dans la tromperie commise au détriment du public et dans les obstacles apportés au débit des marchandises du demandeur. — Trib. de l'Empire, 20 avr. 1892, Cie des tabacs ottomans, [*La propriété industrielle* (de Berne), 1893, p. 122]

819. — Ces décisions des tribunaux allemands ont rencontré une vigoureuse résistance de la part de la doctrine : « J'ai plaidé de toutes mes forces, dit Kohler, la cause de la protection contre la concurrence déloyale et démontré que cette protection résultait de l'état actuel de notre droit, sans qu'il fût besoin d'aucune innovation législative, absolument comme dans d'autres pays où avait, sans le secours de la loi, déduit une semblable protection du principe de la bonne foi et du droit de tout individu à se protéger lui-même contre les atteintes frauduleuses venant du dehors ». — *De la protection en Allemagne des marques de fabrique ou de commerce étrangères, Journ. du dr. int. pr.*, 1887, p. 164; Rosenthal, *Grünhut's Zeitschrift*, t. 13, p. 682.

820. — Une telle limitation n'a pas toujours été apportée au texte de l'art. 1382, C. civ. fr., dans les pays allemands où ce texte est resté en vigueur; il résulte, en effet, d'un arrêt de la cour de Cologne, 9 nov. 1854, Hayem, [*Ann. pr. ind.*, 55.6], que si, à l'époque où l'arrêt fut rendu, le bénéfice de l'action en concurrence déloyale fut refusé à un négociant français, dans les provinces rhénanes, ce fut uniquement parce qu'il n'existait pas alors, en matière de marques, de traité de réciprocité entre la France et la Prusse et, parce que la France n'usait point encore du système de la réciprocité législative. Certains auteurs qui admettent l'existence de l'action en concurrence déloyale reconnaissent que les étrangers doivent à son égard être traités de la même manière que les industriels allemands. — V. Kohler, *loc. cit.*, p. 165.

821. — A une époque plus récente, peu après l'annexion de l'Alsace et de la Lorraine à l'Allemagne, la cour de Colmar, 9 avr. 1873, Say, [*Ann. prop. ind.*, 73.148], a fait application au profit d'un français des dispositions de l'art. 1382, C. civ., à l'encontre d'un industriel qui, durant la guerre de 1870-1871, avait introduit sous de fausses marques, des produits de qualité inférieure.

822. — Si restreinte que soit en Allemagne l'idée de la protection contre la concurrence déloyale, il ne faudrait pas croire cependant qu'elle n'existe pas; qu'il nous soit permis de citer à ce sujet un arrêt du tribunal d'Empire du 1er nov. 1887, [*Seuffert's Archiv*, t. 43, n. 274] — Il s'agissait, en l'espèce, d'un négociant qui avait porté à son actif des certificats qui, dans l'esprit de leurs auteurs, avaient pour objet les produits d'un autre industriel; le tribunal de l'Empire se refusa à prononcer des dommages-intérêts par ce seul motif que le demandeur n'avait pu établir qu'une seule personne, sur le vu des prospectus incriminés, lui eût retiré la pratique pour la porter aux défendeurs La circonstance que le tribunal d'Empire a cru nécessaire d'écarter par ce moyen la demande portée devant lui implique que, dans certains cas particuliers, la législation allemande connaît l'action en concurrence déloyale.

823. — Il semble que la lacune des lois allemandes qui vient d'être signalée est sur le point d'être comblée : dans une proposition de loi relative aux marques que le Reichstag a adoptée, le 19 avr. 1894 en troisième lecture, on avait, lors de la seconde lecture, introduit un § 15-b, ainsi conçu : « Quiconque, dans le but de tromper le commerce, fait, en ce qui concerne l'origine, l'acquisition, les qualités particulières de certaines marchandises et les distinctions obtenues pour elles, ou en ce qui concerne l'importance des approvisionnements, la cause de la vente ou la fixation des prix, de fausses indications de nature à induire en erreur sur la nature, la valeur ou la provenance de la marchandise, sera passible d'amende jusqu'à 3,000 marcs ou d'emprisonnement jusqu'à trois mois, sans préjudice des dommages-intérêts pouvant être réclamés par la partie. A la requête des intéressés et sur la présentation des parties nécessaires, le tribunal pourra prendre, par la voie d'une ordonnance préjudicielle, des dispositions de nature à empêcher les annonces et arrangements combinés en vue d'induire en erreur. »

824. — « Cette proposition, dit M. Paul Schmid, était dirigée contre les manifestations les plus caractérisées de la concurrence déloyale dans le commerce des marchandises. On citait à l'appui les succès obtenus par la jurisprudence française dans sa lutte contre la déloyauté commerciale. Ce paragraphe, déjà adopté en seconde lecture, a malheureusement échoué en troisième lecture, sur la menace du gouvernement de retirer tout le projet de loi au cas où cette disposition serait adoptée. Le gouvernement a toutefois laissé entrevoir qu'il présenterait bientôt un projet de loi sur la concurrence déloyale ». — *La propriété industrielle* (de Berne), 1894, p. 63. — V. aussi, *ibid.*, 1893, p. 47.

825. — En regard de cette promesse du gouvernement allemand, il est peut-être utile de placer l'opinion de l'un des jurisconsultes qui, en Allemagne, se sont le plus particulièrement occupés de cette question de la concurrence déloyale; pour lui, une réforme de la législation allemande, sur ce point, n'est guère à espérer ; « le terrain de la concurrence commerciale, chez nous, est le terrain d'une liberté absolue et entière, où aucun fait n'est soumis à produire son titre de légitimité; il suffit qu'il ne soit pas défendu d'une manière spéciale et expresse, pour qu'il soit permis et ne rende pas responsable du dommage causé. L'affaire de la « main noire » a démontré une fois de plus quelle est la puissance de ces idées... La théorie adoptée par notre arrêt ne sera pas d'une importance éphémère ». — *Journ. du dr. int. pr.*, 1886, p. 389.

§ 2. Autriche.

826. — Aucun industriel ne peut, pour l'enseigne extérieure de ses locaux d'exploitation ou de sa demeure, pas plus que dans des circulaires, des annonces publiques ou des prospectus de prix courants, s'approprier, contrairement au droit, le nom, la raison commerciale, les armes ou la marque particulière de fabrique d'un autre fabricant ou producteur indigène. Il ne peut, par les mêmes moyens, qualifier faussement les objets de sa propre fabrication en les faisant passer pour objets provenant d'une autre fabrique. Un semblable empiètement donne à la partie lésée le droit de se pourvoir devant l'autorité compétente à l'effet d'empêcher l'emploi ultérieur de l'enseigne abusive et de faire interdire la qualification frauduleuse. — L. sur l'industrie (Gewerbeordnung), 15 mars 1883, art. 46, *Ann. lég. étr.*, 1884, p. 947. — V. aussi art. 49.

827. — Le plaignant ne cesse pas d'avoir droit à être légalement protégé, lors même que son nom, sa raison commerciale, ses armes, la désignation spéciale de son établissement, plus ou moins déguisés dans l'annonce trompeuse par des additions, des prétéritions ou modifications pouvant échapper à l'attention (Même art.).

828. — Si l'un des empiètements dont il vient d'être parlé a été sciemment commis, l'infraction est punissable, aux termes de la loi sur l'industrie. Ce n'est, en principe, qu'à la requête de la partie lésée, que peut être intentée une action criminelle ; si cette partie retire la demande de poursuites avant la signification à l'accusé de la décision judiciaire, il n'y a plus lieu de lui appliquer aucune peine, sans préjudice néanmoins de l'action civile en indemnité qui peut être intentée contre lui (art. 47). Notons, à ce sujet, que les tribunaux ont tout pouvoir discrétionnaire pour apprécier aussi bien l'existence que la valeur du dommage causé (art. 50).

829. — La protection assurée aux fabricants et producteurs indigènes s'étend aux fabricants et producteurs étrangers, lorsque l'État auquel ces derniers appartiennent, accorde à son tour aux étrangers une égale protection (art. 48).

§ 3. Belgique.

830. — Dans ce pays, l'art. 1382, C. civ. fr., qui y est encore en vigueur, a reçu, en principe, la même interprétation large que celle que les tribunaux français lui ont donné. Il est cependant essentiel de signaler une différence capitale entre la jurisprudence de chacun des deux pays; la loi belge du 1er avr. 1879 sur les marques de fabrique se rapproche considérablement de la loi française correspondante du 23 juin 1857; c'est cependant au cas d'imitation de marque qu'existe cette différence caractéristique dont nous parlons. On admet généralement, en France, que l'action en concurrence déloyale peut être utilement invoquée par le propriétaire d'une marque qui a négligé de la déposer (V. *supra*, n. 613 et s., 630). Tel était le système consacré dans le projet de loi déposé par le gouvernement belge, mais la Chambre des représentants fit subir au texte de l'art. 2 les modifications nécessaires pour empêcher que ce système puisse être reproduit en justice. — Braun, *Nouveau traité des marques de fabrique et de commerce*, etc., n. 33 et 83; *Propriété industrielle* (de Berne), 1893, p. 35; Picard, *Belgique judiciaire*, 1877, p. 500; Maillard de Marafy, t. 2, p. 35 (où sont reproduits les débats parlementaires sur ce point important). — V. Trib. comm. Gand, 25 avr. 1891, [*Journ. trib.* (B.), 91.819] — *Contrà*, Trib. Charleroi, 3 nov. 1891, Leclercq, [*Pand. pér.* (B.), 92.146]

831. — Il faut bien s'entendre d'ailleurs sur la portée de la restriction mise par le législateur belge à la généralité de l'art. 1382 : l'emploi par un tiers d'une marque non déposée ne peut jamais constituer à lui seul un fait de concurrence déloyale; mais il en est différemment des manœuvres illicites, qui ont pu accompagner et vicier cet emploi : « un négociant, dit M. Braun (n. 83), présente à ses clients, comme provenant de telle maison, des produits d'une autre origine, et qui n'ont de commun avec les premiers que la même marque dont l'usage n'a pas été monopolisé. Il ne se contente pas de profiter de la confusion à laquelle cette identité d'étiquettes peut donner lieu, il la favorise par des réclames, il la provoque par des affirmations mensongères. Ou bien, adoptant une tactique opposée, il représente la marchandise de son concurrent comme une imitation de la sienne, il la dénigre et la déprécie publiquement et cherche ainsi à détourner à son profit la clientèle d'une maison rivale : incontestablement, l'auteur de ces manœuvres ajoute à l'acte licite, consistant dans l'emploi de la même marque, des actes illicites qui engagent sa responsabilité et le rendront passibles de dommages-intérêts. »

832. — Si donc la loi belge ne connaît d'autre mode d'appropriation des marques que le dépôt, des dommages-intérêts peuvent néanmoins être dus si, en dehors de l'imitation de la marque, il y a eu emploi de manœuvres frauduleuses constituant une concurrence déloyale pour vendre des produits aux lieu et place d'autres (ressemblances des enveloppes des marchandises, papiers, dimensions, couleurs, inscriptions diverses). — Bruxelles, 8 nov. 1875, Spies, [*Pasicr. belg.*, 76.2.23, Clunet, 76.300]

833. — Cela étant, il y a lieu de distinguer entre ce qui peut constituer une marque et qui n'est protégé que si l'on a procédé au dépôt prévu par la loi, et ce qui ne peut être protégé comme marque et ce qui par conséquent est protégé par l'action en concurrence déloyale, en l'absence de toute formalité préliminaire. « Nous ne nous dissimulons pas, dit à ce sujet M. Braun (n. 33), que dans la pratique la distinction dont nous parlons soulèvera souvent des difficultés, plus encore que par le passé, en raison de la généralité des termes de l'art. 1er (de la loi de 1879). Mais pas plus sous la nouvelle que sous l'ancienne législation, il ne sera possible de voir une marque de fabrique dans tous les signes extérieurs d'un produit et de son contenant, ni une imitation de marque de fabrique, dans toute ressemblance extérieure donnée à des produits similaires. »

834. — La concurrence déloyale prend en Belgique les mêmes formes qu'en France et nous pourrions indiquer un grand nombre de décisions belges qui ont statué sur nos questions; nous nous contenterons de signaler quelques-unes des plus récentes de manière à donner de l'action en concurrence déloyale en Belgique une idée suffisamment précise. — En Belgique comme en France, le nom d'un lieu renommé de fabrication constitue la propriété collective des fabricants du pays; ils ont droit de poursuivre ceux qui l'usurpent et de leur réclamer des dommages-intérêts pour le préjudice que leur a causé cet acte de concurrence déloyale. — Trib. comm. Tournai, 16 oct. 1891, [*Journ. trib.* (B.), 10 déc. 1892] — V. *Rép. du dr. fr.*, n. 240 et s.

835. — Ainsi, commet un abus celui qui vend comme chaux du bassin de Tournai, la chaux de Basecles de moindre qualité et à un prix moindre; peu importe qu'il se soit servi de cette qualification au lieu de celle de chaux de Tournai, le public ne faisant pas de différence entre ces deux dénominations, tandis qu'il fait une différence entre la chaux de Tournai et la chaux de Basecle. — Même arrêt.

836. — En vain le défendeur chercherait à se justifier en disant que c'est à la demande d'un acheteur qu'il a appliqué sur ses sacs une marque spéciale dont il ne se sert jamais. — Même arrêt.

837. — En Belgique comme en France, c'est un point délicat que celui de savoir si un ancien employé qui vient de fonder une maison de commerce ou d'industrie peut se prévaloir de son ancienne qualité. Jugé, en ce sens, qu'un ancien employé excède

les limites de la libre concurrence quand il fait valoir dans des affiches, annonces ou circulaires adressées au public, le nom et la réputation de la maison à laquelle il a été attaché et dont il connaît les relations et les secrets. — Bruxelles, 2 mai 1891, Kakker, [*Pand. pér.* (B.), 1891, p. 867] — V. *Rép. du dr. fr.*, n. 338 et s.

838. — Mais décidé que le fait d'adresser au public, même en y comprenant les clients de son ancien patron, des circulaires pour se recommander ne constitue pas de la part de l'employé un acte de concurrence déloyale. — Trib. comm. Anvers, 1er mai 1890, [*Jurisp. port Anvers*, 1892, p. 41]

839. — En disant dans ses circulaires qu'il a acquis des connaissances spéciales dans une des premières maisons de la ville l'employé n'a pu causer aucun tort à son ancien patron. — Même jugement.

840. — Lorsqu'un commerce, organisé dans de vastes proportions et avec force réclames et publicité, vise une clientèle pour ainsi dire européenne, l'enseigne qui sert à désigner les magasins où il s'exerce peut être revendiquée même à l'étranger, alors que l'intention de la concurrence illicite se révèle de façon indiscutable par l'imitation presque servile de la marque des demandeurs et par l'adoption de leurs procédés commerciaux. — Liège, 17 déc. 1885, Hériot et Cie (Grands magasins du Louvre), [*Ann. prop. ind.*, 87.281] — V. *Rép. du dr. fr.*, n. 393 et s.

841. — L'argument tiré des distances peut être une cause d'atténuation du préjudice éprouvé, mais il n'empêche pas le fait de la concurrence illicite. — Même arrêt.

842. — Lorsqu'un industriel a créé la dénomination de « Trois François », abréviation et jeu de mots pour caractériser, par leur prix infime et jusqu'alors inconnu de 3 fr. 60 la pièce, les objets de son commerce et leur spécialité, il est du devoir de la concurrence loyale de respecter cette possession, tout au moins dans les localités où celle-ci s'exerce. — Liège, 30 juin 1887, Mehay, [*Ann. prop. ind.*, 88.136]

843. — Mais, en supposant que, par suite de la priorité de la possession, un négociant ait, à Bruxelles, un droit exclusif à l'usage de la dénomination commerciale *Old England*, il ne peut agir en concurrence déloyale contre ceux qui prennent la même dénomination mais qui ont soin d'y ajouter les mots : de Paris, Rouen, Bordeaux, etc. — Bruxelles, 12 févr. 1887, Hermann Ehrenfield, [*Journ. des trib.* (B.), 13 mars 1887, [Clunet, 87.213]

844. — Lors des débats de la loi du 22 mars 1886 sur le droit d'auteur, M. Montefiore-Lévy avait déposé au Sénat un amendement ainsi conçu : « Tout journal peut reproduire un article ou un télégramme publiés dans un autre journal, à la condition d'en indiquer la source, à moins que ceux-ci ne portent la mention spéciale que la reproduction est interdite ». Il s'agissait d'étendre la protection de la loi sur le droit d'auteur à tous les télégrammes transmettant même de simples nouvelles politiques et n'offrant aucun caractère littéraire; cet amendement, voté au Sénat, fut repoussé à la Chambre des représentants; on considéra que la disposition sortait du domaine de la propriété littéraire pour rentrer dans le domaine de la concurrence déloyale. — Benoît et Deschamps, p. 425; Wouwermans, *Loi du 22 mars 1886*, n. 63. — V. *Rép. du dr. fr.*, n. 537 et s.

845. — Le fabricant qui se livre à des manœuvres pour tenter de profiter de la notoriété attachée à certains produits débités par un autre, pour bénéficier de la réputation acquise par ce fabricant grâce à ses efforts et à la publicité faite à ses frais est obligé de réparer le dommage ainsi causé. Peu importe que chacun des éléments de l'imitation appartienne au domaine public; c'est leur réunion, leur assemblage intentionnel qui constitue le fait illicite — Trib. comm. Anvers, 17 avr. 1876, de Beukelaer, [*Jur. Anvers*, 77.1.337; Clunet, 77.564]

846. — La concurrence doit être libre, mais la liberté s'arrête au point où elle lèse les droits d'autrui; s'il est vrai que chacun peut vendre ses produits comme il l'entend, un commerçant n'a cependant pas le droit de présenter au public une substance quelconque comme étant celle débitée par un concurrent, alors qu'elle n'a rien de commun avec cette dernière, et en outre de l'offrir à un prix dérisoire en comparaison de celui du concurrent. — Trib. comm. Bruxelles, 3 juill. 1890, Booke et Vendendriessche, [*Pand. pér.* (B.), 92, n. 74] — V. *Rép. du dr. fr.*, n. 631 et s.

847. — Jugé encore que l'imprimeur qui travaille pour le compte d'un négociant en étiquettes, ne commet pas de concurrence déloyale, lorsqu'il fait figurer dans un album chacune des étiquettes qu'il fabrique pour ce négociant, qu'il présente cet album aux clients ordinaires de ce négociant, alors même qu'il offre de fournir à meilleur marché des étiquettes analogues, du moment où d'ailleurs, après chaque tirage, il a restitué à l'intéressé les pierres lui appartenant, et qu'il n'a pu ainsi en faire un usage abusif. — Bruxelles, 15 oct. 1890, Stumgès et Cie, [*Journ. trib.* (B.), 90.1413]

848. — Il y a concurrence déloyale donnant lieu à des dommages-intérêts, lorsqu'un commerçant lance dans le public des circulaires où une société concurrente, nommément désignée, est l'objet de vives attaques au sujet de la manière dont elle répartit les bénéfices entre ses membres. — Trib. comm. Gand, 14 févr. 1894, Société coopérative Vooruit, [*Jurispr. commerc. des Flandres*, 94.182] — V. *Rép. du dr. fr.*, n. 687 et s.

849. — En Belgique, comme en France, le tribunal de commerce est compétent pour connaître entre commerçants d'une action en dommages-intérêts qui a pour base des propos malveillants tenus dans un but de concurrence déloyale. — Bruxelles, 18 mai 1884, Siegerist-Sterckx, [S. 82.4.15, P. 82.2.25] — V. *Rép. du dr. fr.*, n. 737 et s.

850. — Mais les tribunaux belges ont, à la différence des tribunaux français, reconnu à tous les étrangers le droit d'intenter l'action en concurrence déloyale. En conséquence, le droit pour tout individu ou pour toute société de faire respecter son nom ou sa raison sociale doit être protégé dans la personne d'un étranger comme dans celle d'un régnicole. — Trib. comm. Bruxelles, 28 oct. 1889, La Banque parisienne, [*Belg. jud.*, 89. 1499] — Bruxelles, 7 févr. 1890, Même aff., [*Belg. jud.*, 90.326 ; Clunet, 90.143] — V. *Rép. du dr. fr.*, n. 792 et s.

§ 4. ÉGYPTE.

851. — L'un des motifs mis en avant par Nubar-pacha pour la création des tribunaux mixtes était la nécessité de garantir légalement la propriété littéraire, artistique et industrielle (V. Darras, *Du droit des auteurs et des artistes dans les rapports internationaux*, n. 298); les tribunaux mixtes ont été créés, et la législation égyptienne ne possède pas encore en ces matières de loi spéciale (1); les intéressés ne sont cependant point désarmés complètement; les tribunaux mixtes leur accordent des dommages-intérêts au cas de violation de leurs droits. L'absence de loi spéciale fait que ces usurpations sont uniquement punies comme des faits de concurrence déloyale. Aussi devons-nous rappeler ici les principales décisions judiciaires qui ont servi à établir une jurisprudence que l'on peut actuellement considérer comme constante.

852. — Jugé, à cet égard, qu'à défaut de texte dans la législation égyptienne sur la protection des marques de fabrique et de commerce, le juge peut réprimer la contrefaçon, même au profit d'un étranger, en s'appuyant sur l'art. 11, C. civ. égypt., et sur l'art. 34 du règlement d'organisation judiciaire décidant qu'en cas de silence, d'insuffisance ou d'obscurité de la loi, le juge se conformera aux principes du droit naturel et aux règles de l'équité. — Cour mixte Alexandrie, 9 janv. 1879, Stross, Norsa et Schleinger, [*Rec. off. urr. Alexandrie*, 1876-1879, p. 94] ; — 14 avr. 1887, Laroche-Joubert, [Clunet, 89.141] — Trib. comm Alexandrie, 29 mars 1886, Laroche-Joubert, [Clunet, 86.470]

853. — La sauvegarde du droit n'est pas subordonnée au dépôt de la marque au greffe des actes notariés ou au greffe du tribunal de commerce. — Cour mixte Alexandrie, 30 déc. 1891, Giuseppe Sullam, [Clunet, 93.233]

854. — La jurisprudence des tribunaux de la réforme a admis en principe que tout fabricant ou négociant qui justifie avoir le premier usé d'une marque nouvelle possède en Egypte un droit exclusif à cet usage; quiconque imite donc sa marque de façon à amener une possibilité de confusion dans l'esprit des consommateurs contrevient aux règles de la loyauté en matière commerciale et, en doit, par cela même, réparation au point de vue civil. — Trib. mixte d'Alexandrie, 17 mars 1894, Martell et Cie, [*Bull. de la chambre de comm. franç. d'Alexandrie*, 15 avr. 1894]

855. — Il importe peu que l'imitation soit plus ou moins minutieusement identique avec l'original, car l'acheteur en général n'a ni le loisir, ni l'envie, ni l'habitude de soumettre à un examen

scrupuleux la chose qu'il achète ; il suffit qu'au premier coup d'œil elle se présente à lui telle que celle qu'il avait l'intention d'acheter. — Même jugement.

856. — Ce n'est point une raison parce que, dans une marque contrefaite, le contrefacteur a apposé son nom ou la véritable désignation de son produit pour en conclure que la contrefaçon ou la concurrence déloyale n'existe plus; la confusion n'en reste pas moins possible, le public s'attachant davantage à la forme ou à l'apparence d'une marque qu'au nom ou à la désignation qui l'accompagne. — Même jugement.

857. — La fabrication, l'importation et la vente en Egypte de produits revêtus d'une marque contrefaite donnent lieu à une action en concurrence déloyale recevable devant les tribunaux mixtes d'Egypte; cette action est générale et atteint tous ceux qui, de près ou de loin, ont participé à la concurrence déloyale. — Cour mixte Alexandrie, 14 avr. 1887, précité.

858. — Spécialement, l'action à laquelle donne lieu toute atteinte à la propriété sur les marques peut être légitimement dirigée, non seulement contre ceux qui ont mis en vente ou vendu en Egypte des produits contrefaits, mais aussi contre ceux qui se sont bornés à les y introduire. — Cour mixte Alexandrie, 10 mai 1893, Feuter et Cie, [Clunet, 94.175; *Bull. lég. et jur. Egypt.*, t. 5, p. 239]

859. — Ce n'est point seulement en matière de propriété industrielle que, pour combattre des faits de concurrence déloyale, les tribunaux mixtes d'Egypte ont tiré argument de la généralité des termes de l'art. 34 du règlement d'organisation judiciaire ou de l'art. 11, C. civ.; le tribunal mixte d'Ismaïla (17 juill. 1876, Arnoux, *Bull. off. prop. ind.*, 20 mai 1886, *Propriété industrielle* (de Berne), 86.64, Lyon-Caen et Delalain, t. 2, p. 24, note), et, sur appel, la cour mixte d'Alexandrie (1er mars 1877, *Bull. off. prop. ind.*, loc. cit., *Propriété industrielle*, loc. cit., Lyon-Caen et Delalain, t. 2, p. 22), se sont prévalus de ces textes pour condamner à des dommages-intérêts les personnes qui, sans autorisation, avaient reproduit des photographies dont la propriété appartenait à autrui. — V. Darras, *Du droit des auteurs et des artistes dans les rapports internationaux*, p. 18, note 1.

860. — D'une manière plus générale, il a été décidé que le défaut d'une loi spéciale en vigueur en Egypte et ayant pour objet de déterminer les conditions de protection et de garantie de la propriété littéraire et artistique ne saurait avoir pour conséquence de détruire le droit dans son principe, mais qu'elle a uniquement pour résultat de le placer sous la sauvegarde des règles du droit naturel et de l'équité. — C. mixte Alexandrie, 18 avr. ou 18 août 1888, Ricordi, [Clunet, 90.148; Lyon-Caen et Delalain, t. 2, p. 25]; — 27 mars 1889, Puthod et Cie, [Lyon Caen et Delalain, t. 2, p. 26]; — 8 mai 1889, Gonzalès, délégué de la société des gens de lettres, [Clunet, 90.180; Lyon-Caen et Delalain, t. 2, p. 28]

861. — En conséquence, toute atteinte portée à la propriété artistique et littéraire donne lieu contre celui qui en est l'auteur à une action en réparation du préjudice qui peut en être résulté. — Mêmes arrêts.

862. — Dans la première de ces affaires, le tribunal mixte d'Alexandrie avait repoussé la demande de l'éditeur italien Ricordi, parce que, tout en reconnaissant qu'à défaut de lois qui un point particulier, il y a lieu d'appliquer les principes du droit naturel et de l'équité, la propriété artistique et littéraire lui avait paru être un droit *sui generis*, limité dans sa durée et dans ses effets et sanctionné depuis trop peu de temps et de façons trop différentes dans les divers Etats pour être protégé en Egypte, surtout au profit des étrangers.

863. — Jugé enfin, qu'on ne saurait mettre l'industrie exercée par les agences télégraphiques sous la sauvegarde des privilèges que la législation moderne accorde aux produits de l'esprit humain, mais que ces agences peuvent se plaindre de la concurrence déloyale qui leur est faite lorsque des journaux reproduisent sans droit des nouvelles par elles données, avant que les nouvelles ne soient devenues publiques, c'est-à-dire avant qu'elles n'aient été annoncées par la voie de la presse. — C. mixte Alexandrie, 13 avr. 1892, Agence Havas, [*Bull. lég. et jurispr. Egypt.*, 92.201] — V. Darras, *Droit d'auteur* (de Berne), 1892, p. 129.

§ 5. ÉTATS-UNIS.

864. — Bien que la langue juridique des Etats-Unis ne connaisse pas l'expression de concurrence déloyale ou d'autre ex-

<hr>

(1) Signalons toutefois que le gouvernement égyptien a soumis dernièrement aux observations des gouvernements étrangers, et notamment du gouvernement français, un projet de loi concernant les marques de fabrique et de commerce : ce texte est reproduit dans la *Revue pratique de droit industriel*, 1893, p. 438.

pression équivalente, on ne saurait douter que cette notion existe dans la législation ou mieux dans la jurisprudence américaine; on peut même faire observer que cette notion y revêt sous certains rapports une ampleur plus grande qu'en France, puisqu'à raison de la multiplicité des lois locales relatives aux marques et de l'insuffisance de la loi fédérale sur ce même sujet, les intéressés recourent plutôt, devant les cours d'équité, à la voie civile, qui est uniforme (dommages-intérêts et injonction), qu'à la voie pénale qui parfois n'est pas ouverte et qui, en tous cas, varie d'État à État. — V. sur notre question, Maillard de Marafy, t. 2, p. 321 ; t. 4, p. 1-117, *passim.*

865. — Le souci de la loyauté commerciale est même, aux États-Unis, poussé beaucoup plus loin que dans certains autres pays. Nous voulons parler d'une exception que les demandeurs, agissant devant les cours d'équité, se voient assez souvent opposer : c'est l'exception des mains nettes. Voici ce qu'il faut entendre par là : « l'accès du prétoire est refusé absolument au demandeur, s'il y a, dans son fait, quelque chose de contraire à la morale, si, par exemple, il trompe le public, à quelque titre que ce soit, par annonces, circulaires, ou intitulé du produit. C'est ainsi, pour expliquer cette règle par des exemples, qu'il a été jugé : que la seule présence dans une marque d'une médaille qui n'a pas été obtenue en réalité, ne permet pas au propriétaire de cette marque de poursuivre le contrefacteur (aff. Gold Medal Salvator); que de fausses indications et des exagérations dans les prospectus et sur les étiquettes du demandeur, le rendent indigne de poursuivre un contrefacteur (C. de circuit de Pennsylvanie, oct. 1855, Heat), etc., etc. » — Maillard de Marafy, t. 4, p. 102. — V. aussi d'ailleurs, Cour supérieure de Cincinnati, Société anonyme de la Bénédictine, [Clunet, 89.502 et la note de M. Darras]

866. — Après les explications générales qui précèdent, il paraît suffisant d'indiquer quelques espèces plus particulièrement intéressantes ou importantes. Jugé, d'une part, que chacun a le droit absolu de faire usage de son nom, honnêtement, pour ses affaires propres, dans le but de faire connaître sa maison, alors même qu'il pourrait ainsi porter préjudice aux affaires d'un homonyme. En ce cas, les inconvénients ou les pertes qu'éprouvent ceux qui ont le droit de porter le même nom constituent le *damnum absque injuria.* — Cour suprême du Massachusetts, 19 juin 1888, Cⁱᵉ des ciments russes, [Maillard de Marafy, t. 4, p. 442] — V. aussi, Cour de circuit de Californie, 1875, Hardy, [Maillard de Marafy, t. 2, p. 313] — V. sur d'autres espèces, Maillard de Marafy, t. 4, p. 60.

867. — L'homonyme n'a d'autre devoir que de ne causer aucun dommage volontaire, le dommage résultant du seul fait de l'homonyme étant simplement un fait fâcheux pour la partie lésée. — Cour d'appel de New-York, sept. 1875, Meneely, [Maillard de Marafy, t. 4, p. 166; Clunet, 83.24]

868. — Mais, d'autre part, la doctrine, en matière de prête-nom, ne diffère pas notablement de celle qui a généralement cours. Les tribunaux ont décidé, par exemple, dans le Maryland, que lorsqu'un produit est connu sous le nom de *Stonebraker nerve and bove liniment,* le frère de Stonebraker n'a pas le droit de prêter son nom à des tiers pour leur permettre de tromper le public. La Cour de circuit pour le New-Jersey a décidé que lorsqu'un bleu est connu sous le nom de bleu cristal de Sawyer, un tiers n'a pas le droit de s'entendre avec un nommé Sawyer, étranger à la fabrication du bleu, pour vendre du bleu de Sawyer, alors surtout que l'étiquette rappelle, par l'analogie des couleurs, celle du demandeur. — Cour de circuit de New-Jersey, 1ᵉʳ juin 1881, Sawyer, [Maillard de Marafy, t. 4, p. 61]

869. — Une Cour de Pennsylvanie a réprimé (déc. 1868, Calton : Maillard de Marafy, t. 4, p. 51), comme un emploi abusif du nom d'autrui le fait de se dire « ancien opérateur chez... »

870. — Lorsqu'un fabricant fait figurer dans les étiquettes placées sur ses produits le nom d'un lieu de localité, il peut s'opposer à ce qu'un négociant, établi en dehors de ce lieu, fasse figurer ce même nom sur ses étiquettes; les tribunaux n'ont pas à rechercher si ce nom peut constituer une véritable marque de commerce. — Cour de circuit des États-Unis, New-York, 1885, Anhenser Bush brewing Association, [Clunet, 86.616]

§ 6. GRANDE-BRETAGNE.

871. — La jurisprudence anglaise suit en principe les mêmes errements que la jurisprudence américaine (V. *Rép. du dr. fr.,* n. 864 et s.). Il y a même lieu de remarquer que l'exception des mains nettes dont il a été précédemment question a précisément pris naissance en Angleterre (V. *Rép. du dr. fr.,* n. 865; Maillard de Marafy, t. 4, p. 368), mais on doit faire observer que l'Angleterre possède une loi particulière sur les marques de fabrique, ce qui restreint d'autant le domaine de la concurrence déloyale, dans le sens où nous l'avons entendu dans cette étude.

872. — Le droit coutumier (*Common law*) subsiste d'ailleurs, à côté de la loi écrite; le droit coutumier ne permettant pas qu'une personne vende ses produits de manière à faire croire que ce sont les produits d'un tiers, ce dernier peut demander la délivrance d'une injonction pour empêcher la répétition de certains faits dommageables; il importe peu que quelques-uns des signes reproduits soient de nature à être enregistrés en vertu de la loi de 1883 sur les brevets, dessins et marques de fabrique. — Haute-Cour de justice, division de chancellerie, 21 juin 1887, Great tower Street Sea Cᵒ, [*Prop. ind.* (de Berne), 88.129; Maillard de Marafy, t. 4, p. 365]

873. — La Haute Cour de justice, division de chancellerie (12 mai 1892, Huntley et Palmers, *Prop. ind.* (de Berne), 93.94), a considéré comme un acte de concurrence déloyale le fait, par une personne réellement établie dans une ville, de faire figurer, comme un de ses concurrents dans sa marque, le nom de cette ville, alors que l'emploi de ce nom pouvait faire croire au public que les produits par lui vendus sortaient des usines de son concurrent qui seul avait jusque-là exploité ces produits.

§ 7. ITALIE.

874. — À l'égard de ce pays, il est essentiel de faire tout d'abord la même observation importante que celle précédemment produite à l'égard de la Belgique. Dans l'un et l'autre État, tout signe distinctif susceptible d'être déposé à titre de marque de fabrique ou de commerce, n'est protégé que si l'intéressé a procédé au dépôt; l'art. 1151, C. civ. ital., analogue à l'art. 1382, C. civ. fr., ne peut, si cette formalité n'a pas été accomplie, être d'aucun secours contre l'usurpation. Cela résulte manifestement du texte de l'art. 1, L. ital. 30 août 1868, sur les marques (V. aussi art. 10) — Cass. Florence, 22 févr. 1875, Borgognini, [*Giurisprudenza italiana,* 75.1.367, Maillard de Marafy, t. 5, p. 40] — Trib. Florence, 17 août 1874, Blancard et Hogg, [Maillard de Marafy, t. 5, p. 40] — *Dio,* Amar, *Dei nomi, dei marchi et degli altri segni et della concorrenza nell' industria è nel commercio,* n. 170; Vidari, *Corso di diritto commerciale,* t. 1, n. 286; Maillard de Marafy, t. 5 p. 40. — *Contra,* Turin, 9 oct. 1891, [*Giurisprudenza di Torino,* 92.122] — Cottarelli, dans l'*Enciclopedia giuridica italiana,* et cité par Amar, p. 201.

875. — Mais il est une particularité de cette même loi de 1868, qui enlève à la remarque précédente une partie de son importance; d'après cette loi (art. 1), d'une part, toute marque, pour être admise au dépôt, doit nécessairement contenir, sauf exception, le nom de celui qui l'emploie; on comprend donc que même ceux qui n'ont pas l'intention de déposer leur marque y font cependant figurer leur nom, en vue de lui donner les apparences d'une marque véritable; d'après cette même loi (art. 5), d'autre part, le nom commercial d'une personne est protégé sans qu'il soit nécessaire, ni d'inscription, ni de dépôt. Il en résulte donc que le plus souvent le propriétaire d'une marque déposée qui ne pourrait se plaindre de l'usurpation de sa marque pourra agir à raison de l'usurpation du nom si, ce qui est vraisemblable, le contrefacteur a reproduit ou imité à la fois l'un et l'autre. — Amar, la *Prop. ind.* (de Berne), 1889, p. 109 ; Maillard de Marafy, t. 5, p. 45, 111. (L'art. 285 du nouv. C pén. de 1889, punit d'ailleurs très-sévèrement l'imitation des noms).

876. — Si d'ailleurs l'usurpation d'une marque non déposée ne peut être réprimée par la voie civile, il n'en est ainsi que s'il s'agit d'une simple usurpation, non accompagnée d'autres agissements déloyaux; sinon, cette usurpation peut entrer comme élément dans une poursuite en concurrence déloyale. — Amar, n. 304.

877. — Certains signes qui, en France, seraient admis comme pouvant constituer une marque valable, des lettres et des chiffres, la forme d'un produit par exemple, ne peuvent pas en Italie faire l'objet d'un dépôt; c'est dire que, pour ces signes, l'action en concurrence déloyale est recevable en l'absence de tout dépôt. — Amar, n. 365 et 369.

878. — Cette réserve faite, la jurisprudence italienne entend la notion de la concurrence déloyale avec la même ampleur que la jurisprudence française. — Ainsi, la concurrence déloyale ne s'exerce pas seulement par la confusion créée entre les produits, mais encore par tous les moyens frauduleux et tous les artifices par lesquels on cherche à s'emparer de la clientèle d'autrui. Faire croire qu'un journal a un directeur, alorsqu'il n'en a pas, dire que le nouveau directeur rédigeait précédemment un autre journal, alors qu'il n'en est rien, et se procurer les adresses du journal concurrent par un employé ayant quitté son ancien patron, tout cela constitue des actes illicites qui engagent la responsabilité civile de leur auteur. — Turin, 27 févr. 1892, Giordano Orsini et L. Brachetto et Cie, [*Prop. ind.* (de Berne), 93.46. — V. d'ailleurs sur la question de concurrence déloyale, en Italie, Amar, n. 357 et s. — V. aussi Ermanno Albasini Scrosati, *Prop. ind.* (de Berne), année 1891, p. 87 et 115; Maillard de Marafy, t. 5, v° *Italie*, p. 1 et s.

879. — « L'Italie ne possède pas de loi sur les récompenses industrielles, mais les principes de droit commun y sont appliqués en cette matière, tels qu'ils l'étaient en France, avant la loi du 30 avr. 1886. — Il a été jugé, par exemple, qu'un fils ne peut se prévaloir des médailles ou autres distinctions données à son père, quand celui-ci était le chef d'une maison vendue ultérieurement à un autre de ses fils. — Lucques, 7 juin 1870, Marziali, [Maillard de Marafy, t. 5, p. 61] — V. aussi Amar, n. 374.

§ 8. Luxembourg (*Grand-Duché de*).

880. — La loi du 28 mars 1883 sur les marques a été visiblement inspirée par la loi belge de 1879; par conséquent, tout signe distinctif de nature à constituer une marque peut être impunément reproduit si l'intéressé n'en a pas fait le dépôt prescrit par la loi; l'art. 5 du projet contenait même la disposition expresse suivante : « à défaut de dépôt, aucune action, ni civile, ni répressive, n'est recevable contre l'usage de la marque par un tiers ». Cette disposition ne figure pas, il est vrai, dans la loi de 1883, mais, si elle a été supprimée, ce n'est que parce que la loi belge qui cependant consacre la solution que nous venons d'indiquer, ne renferme elle-même aucune disposition de cette nature.

881. — Remarquons d'ailleurs que le Conseil d'Etat qui, par ses observations, a amené cette suppression, ajoutait cette remarque, utile à noter : « Le propriétaire de la marque pourra bien agir en concurrence déloyale, si des manœuvres illicites ont accompagné l'usage de la marque : mais, dans ce cas, l'action sera fondée sur les manœuvres frauduleuses, et non sur l'usage de la marque non déposée, puisqu'il reste légalement libre ». — Maillard de Marafy, t. 5, p. 373.

882. — La législation luxembourgeoise ne contient pas de disposition particulière sur le nom commercial; c'est le principe général de l'art. 1382, C. civ. franç., qui, en ces matières, offre à l'intéressé le moyen de s'opposer à toute usurpation. — Rabaroust, *Ann. lég. étr.*, 1884, p. 563.

§ 9. Pays-Bas.

883. — Il serait possible de reproduire à l'égard de la loi du 25 mai 1880 sur les marques, les mêmes observations que celles précédemment fournies à l'égard des lois de la Belgique, de l'Italie et du Luxembourg; une marque n'est garantie contre les usurpations, même au point de vue purement civil, que si elle a été préalablement déposée; avant l'accomplissement de cette formalité, l'art. 1401 de la loi civile (art. 1382, C. civ. fr.) ne peut être d'aucun secours pour l'intéressé. — Stern, *La nouvelle législation hollandaise sur les marques de fabrique et de commerce, particulièrement en ce qui concerne les étrangers : Journ. du dr. int. pr.*, 1881, p. 136; Maillard de Marafy, t. 6, p. 104.

884. — Sauf cette réserve, la notion de concurrence déloyale paraît avoir, aux Pays-Bas, la même importance qu'en France. — Il a été jugé que celui qui usurpe faussement et sans droit la qualité d'agent d'une maison connue et qui agit sous ce nom et dans cette qualité, commet un acte illicite qui l'expose au paiement de dommages-intérêts. — Amsterdam, 21 janv. 1886, Heidsieck et Cie, [Clunet, 88.562] — V. d'ailleurs, Molengraaf, *Analyse des Cours des Pays-Bas en matière de concurrence déloyale*, Rechtsgeleerd Magazijn, 1887, 373-435.

§ 10. Roumanie.

885. — Les principes admis semblent être les mêmes qu'en France; en tous cas, comme la loi des 14-26 avr. 1879, relative aux marques, est pour ainsi dire calquée sur la loi française de 1857, les propriétaires de marques non déposées peuvent agir au civil contre les contrefacteurs en tirant argument de la généralité des termes de l'art. 998, C. civ. roumain. — V. en ce sens Galatz, 20 févr. 1892, Lœwenthal frères, [Maillard de Marafy, t. 6, p. 365]

§ 11. Suisse.

886. — D'après l'art. 50, C. fédér. des oblig. du 14 juin 1881 : « Quiconque cause sans droit un dommage à autrui, soit à dessein, soit par négligence ou par imprudence, est tenu de le réparer ». Faisant une juste application de ce texte, les tribunaux suisses ont établi une jurisprudence qui, à beaucoup d'égards, se rapproche de celle qui existe en France. Il est cependant certains points de différence qu'il est utile de noter.

887. — Tout d'abord, à la différence de ce qui se passe en France, le dépôt d'une marque est, en Suisse, non pas déclaratif de droit, mais constitutif de droit; par suite, aucune action civile ne protège contre les usurpations les signes qui pourraient être déposés à titre de marque (arg. art. 28, § 3, L. 26 sept. 1890). — Maillard de Marafy, t. 6, p. 533. — V. aussi König, *Des droits des étrangers en Suisse en matière de marques de fabrique et de commerce : Journ. du dr. int. pr.*, année 1883, p. 598. — Il est donc nécessaire de faire remarquer que les lois fédérales des 19 déc. 1879 et 26 sept. 1890 ne protègent que les marques de fabrique et de commerce, c'est-à-dire les signes apposés sur les marchandises ou sur leur emballage afin d'en attester la provenance, mais non point les énonciations qui peuvent figurer sur des réclames, enseignes, bâtiments de fabrique, etc. — Trib. féd., 18 mars 1893, Welle, *Journ. trib.* (Lausanne), 93.584] — Ces énonciations sont donc garanties par l'action civile, sans qu'il soit besoin d'aucun dépôt.

888. — La loi du 26 sept. 1890 prévoit et punit les fausses indications de provenance, ainsi que les fausses mentions de récompenses industrielles.

889. — Quant à la question du respect du nom commercial, elle se pose, en Suisse, sous une forme différente de celle sous laquelle elle se pose en France; en Suisse, à l'exemple de ce qui se passe en Allemagne, il existe un registre de commerce, sur lequel on porte tout ce qui peut intéresser l'état juridique des personnes; c'est ainsi que tout individu capable de s'obliger par contrat a le droit de se faire inscrire sur le registre de commerce du lieu où il demeure (art. 865, C. fédér. des oblig.) : or, d'après l'art. 868, lorsqu'une raison est inscrite sur le registre de commerce, un autre chef de maison ne peut en user dans la même localité, encore qu'il porte personnellement le nom qui constitue cette raison. Il est tenu, en pareil cas, de faire à son nom une adjonction qui le distingue nettement de la raison déjà inscrite ». — V. encore, en ce qui concerne la raison commerciale des sociétés, art. 871 et s.

890. — Mais, comme il arrive souvent que plusieurs personnes de la même localité portent le même nom, et qu'en conséquence les raisons de commerce formées au moyen de ce nom ne se distinguent d'habitude que par des différences relativement insignifiantes (emploi ou suppression d'initiales ou de prénoms, différences dans ces derniers ou dans leur ordre, etc.), le tribunal fédéral, le 16 oct. 1891. Hediger. [Maillard de Marafy, t. 6, p. 539, *Prop. ind.* (de Berne), 92.49], a considéré comme suffisamment distinctes les deux raisons suivantes : H. Hediger et fils, d'une part, Hediger et Cie, d'autre part.

891. — La raison de commerce a pour objet de désigner la personne du chef de la maison, mais non point l'entreprise exploitée par lui. Dès lors, les dispositions légales concernant les raisons de commerce ne sont point applicables aux enseignes d'hôtel; la protection de ces dernières résulte des principes généraux en matière de concurrence déloyale. — Trib. féd., 4 sept. 1891, Christen, [*Prop. ind.* (de Berne), 91.141] — V. aussi, dans le même sens, Trib. comm. Zurich, 9 mars 1894, Weiss, [*Sem. jud.* (Genève), 11 juin 1894] — Siegmund, *Guide des préposés au registre du commerce*, trad. Le Fort, p. 176.

892. — Le propriétaire d'un hôtel est ainsi fondé à interdire à des tiers l'usage, dans la même localité, d'une enseigne d'hôtel imitant la sienne de manière à faire naître des confusions, et à exiger des dommages et intérêts pour le préjudice que lui cause une telle concurrence déloyale. — Même arrêt.

893. — Le fait par un employé de se livrer, pour son compte personnel, au même genre de travail que celui pour lequel il est payé par son patron, constitue une juste cause de renvoi et un motif légitime pour rompre le contrat qui les unit l'un à l'autre — Cour d'appel et de cassation du canton de Berne, 26 févr. 1891, Tschannen, [Gerichtspraxis des Bundeszivilrechts, 1892, n. 44, *Sem. jud.* (Genève), 1892, p. 350]

894. — L'engagement pris par une personne qui remet ses affaires, de ne participer, à l'avenir, en aucune façon à une entreprise analogue à celle qu'elle cède, et cela dans un rayon de territoire strictement déterminé, ne saurait être considéré comme illicite, contraire aux bonnes mœurs, ou comme limitant la liberté d'industrie et la liberté individuelle dans une mesure contraire à l'ordre public. — Trib. féd., 10 juin 1893, Roux, [*Sem. jud.* (Genève), 9 oct. 1893; *Journ. des trib.* (Lausanne), 93.513]

895. — Mais est nulle, comme contraire à la liberté personnelle, l'interdiction conventionnelle de concurrence, qui n'est limitée ni quant au temps, ni quant au lieu. Il en est ainsi également, au moins dans la règle, alors même que l'interdiction ne concerne qu'un genre déterminé de commerce ou une profession déterminée, si ce commerce ou cette profession sont tels qu'en dehors d'eux celui à qui s'adresse l'interdiction de les exercer n'est pas en mesure de déployer son activité économique. — Trib. féd., 3 juin 1893, Schmid, Bauer et Cⁱᵉ, [*Journ. des trib.* (Lausanne), 18 nov. 1893; *Sem. jud.* (Genève), 9 oct. 1893]

896. — Toutefois, l'engagement pris par un employé de ne pas faire concurrence à son patron, après avoir quitté sa maison, n'a en lui-même rien d'immoral ou d'illicite. Dès lors, si l'employé a reçu une somme d'argent aux fins de s'abstenir de faire concurrence à son patron, il est tenu de la lui restituer s'il contrevient à cet engagement; en effet, l'art. 75, C. comm., n'est pas applicable dans un pareil cas. — Même arrêt.

897. — L'allocation de dommages-intérêts du chef d'une concurrence déloyale est subordonnée, aux termes des art. 50 et s., C. oblig., à l'existence d'un dommage. Il ne saurait en être attribué à raison de l'imitation d'un produit par un concurrent, alors que cette imitation est telle que toute possibilité d'erreur et de confusion se trouve exclue. — Trib. féd., 24 juill. 1893, Grezier, [*Prop. ind.* (Berne), 93.162]

898. — Spécialement, on ne saurait condamner à des dommages-intérêts le fabricant qui imitant les produits de la grande Chartreuse emploie, pour les étiquettes, un papier de couleur orange foncé au lieu d'un papier jaune pâle, indique sur ses étiquettes la mention, en grandes lettres, que le produit par lui offert en vente n'est qu'une imitation de la Chartreuse et se sert de bouteilles qui se distinguent des véritables par l'absence du renflement du cou et le manque de l'emblème de la Grande Chartreuse sur le verre. — Même arrêt.

* 9 7 8 2 0 1 6 1 9 4 5 3 9 *